FORUM
ARBEITS- UND SOZIALRECHT

Herausgegeben von
Prof. Dr. Meinhard Heinze und Prof. Dr. Horst Konzen

Band 11

Rechtliche Probleme bei der Standortplanung von medizinisch-technischen Geräten

Eine Untersuchung unter Berücksichtigung der Vorschriften des Gesundheits-Reformgesetzes und des Gesundheitsstrukturgesetzes

Oliver Ricken

Centaurus Verlag & Media UG 1994

Die Deutsche Bibliothek – CIP-Einheitsaufnahme

Ricken, Oliver:
Rechtliche Probleme bei der Standortplanung von medizinisch-technischen Grossgeräten : eine Untersuchung unter Berücksichtigung der Vorschriften des Gesundheits-Reformgesetzes und des Gesundheitsstrukturgesetzes / Oliver Ricken. – Pfaffenweiler : Centaurus-Verl.-Ges., 1994
(Forum Arbeits- und Sozialrecht ; Bd. 11)
Zugl.: Münster (Westfalen), Univ., Diss., 1994
ISBN 978-3-89085-979-8 ISBN 978-3-86226-453-7 (eBook)
DOI 10.1007/978-3-86226-453-7
NE: GT

ISSN 0936-028X * D 6

Satz: Vorlage des Autors

Meinen Eltern

Vorwort

Diese Arbeit lag im Wintersemester 1993/94 der Rechtswissenschaftlichen Fakultät der Westfälischen Wilhelms-Universität Münster als Dissertation vor. Das Manuskript wurde Mitte 1993 abgeschlossen. Rechtsprechung und Schrifttum spiegeln diesen Stand wieder.

Mein besonderer Dank gilt meinem hochgeschätzten Doktorvater, Herrn Professor Dr. Meinhard Heinze, der die Arbeit von Anfang an betreut und gefördert hat. Er hat mir in großzügiger Weise während meiner Tätigkeit am Institut für Arbeits-, Sozial- und Wirtschaftsrecht den Freiraum gewährt, der für die Erstellung einer solchen Arbeit erforderlich ist. Dafür und für die Aufnahme der Arbeit in die Schriftenreihe "Forum Arbeits- und Sozialrecht" bin ich ihm zu Dank verpflichtet. Dank schulde ich ferner Herrn Professor Dr. Dr. h.c. (F) Wilfried Schlüter für die zügige Erstellung des Zweitgutachtens. Darüber hinaus verdanke ich wertvolle Anregungen Herrn Privatdozenten Dr. Raimund Waltermann, der meine Arbeit stets mit großem Interesse begleitet hat.
Weiter möchte ich mich bei allen Freunden und Kollegen für ihre stetige Diskussionsbereitschaft sowie die mir gewährte moralische Unterstützung bedanken. Zu danken habe ich dabei besonders Frau Annette Papenheim, die auch die Korrektur der Druckvorlage übernommen hat.

Schließlich gilt mein herzlichster Dank meinen Eltern, denen die vorliegende Arbeit gewidmet ist. Ihre mannigfaltige Unterstützung hat erst das Entstehen dieser Arbeit ermöglicht.

Münster, im Mai 1994

Oliver Ricken

Inhaltsverzeichnis

Literaturverzeichnis

ACHTERBERG, Norbert: Allgemeines Verwaltungsrecht, 2. Aufl., Heidelberg 1986.

ANDREAS, Manfred: Die Bundesausschüsse der Ärzte und Krankenkassen, Bonn - Bad Godesberg 1975.

BAADER, Emil: Parlamentsvorbehalt, Wesentlichkeitsgrundsatz, Delegationsbefugnis, Juristenzeitung 1992, S. 394 ff.

BACH, Lüder/ HOBERG, Rolf: Regionale Standortplanung für medizinische Großgeräte, Bayreuth 1984.

BARTHOLOMEYCZIK, Horst: Die Kunst der Gesetzesauslegung, 2. Aufl., Frankfurt a.M. 1960.

BERLINER KOMMENTAR ZUM BAUGESETZBUCH; hrsg. v. Otto Schlichter und Rudolf Stich, Köln/Berlin/Bonn/München 1988, (zit.: Berliner Kommentar (Bearb.)).

BESKE, F.: Kassenärztliche Bedarfsplanung, Köln 1977.

BLEY, Helmar: Lexikon der Grundbegriffe des Sozialrechts, Baden-Baden 1988.

BOCHUMER KOMMENTAR ZUM SOZIALGESETZBUCH; Allgemeiner Teil, hrsg. v. Wilhelm Wertenbruch, Berlin/New York 1979, (zit.: Bochumer Kommentar (Bearb.)).

BRACKMANN, Kurt: Handbuch der Sozialversicherung einschl. des Sozialgesetzbuchs und angrenzender Gebiete, 11. Aufl., Loseblattausgabe, Sankt Augustin, Stand 1.9.1989.

BRANDECKER, Karl/ DIETZ, Otmar/ BOFINGER, Werner: Krankenhausfinanzierungsgesetz, Bundespflegesatzverordnung und Folgerecht - Kommentar -, Loseblattausgabe, Wiesbaden, Stand März 1989.

BREDEHORN, Dennis: Die Rechtsnatur der Richtlinien im Kassenarztrecht, Frankfurt a.M./ Bern/ New York/ Paris 1988.

BROCKHAUS ENZYKLOPÄDIE; 17. Aufl. des Grossen Brockhaus, 1. Band, Wiesbaden 1966.

BROHM, Winfried: Baurecht, in Staatslexikon Recht, Wirtschaft, Gesellschaft, hrsg. v. d. Görres-Gesellschaft, 7. Aufl., 1. Band, Freiburg/Basel/Wien 1985, Sp. 550 ff.

BRUCKENBERGER, Ernst: Abstimmung medizinisch-technischer Großgeräte in der Bundesrepublik Deutschland (I), das Krankenhaus 1990, S. 274 ff.

BRUCKENBERGER, Ernst: Abstimmung medizinisch-technischer Großgeräte in der Bundesrepublik Deutschland (II), das Krankenhaus 1990, S. 324 ff.

BRUCKENBERGER, Ernst: Aktive Kooperation zur Steuerung medizinisch-technischer Großgeräte, Krankenhaus-Umschau 1985, S. 431 ff.

BRUCKENBERGER, Ernst: Das Bundessozialgerichtsurteil zu den Großgeräterichtlinien und seine Konsequenzen im GSG, das Krankenhaus 1993, S. 30 ff.

BRUCKENBERGER, Ernst: Der Bundestag ist jetzt am Zuge, Deutsches Ärzteblatt 1984, Ausg. B, S. 1341 f.

BRUCKENBERGER, Ernst: Dauerpatient Krankenhaus, Diagnosen und Heilungsansätze, Freiburg im Breisgau 1989, (zit.: Bruckenberger, Dauerpatient Krankenhaus).

BRUCKENBERGER, Ernst: "Diagnostischer Overkill"- und das niedersächsische Kooperationsmodell, Deutsches Ärzteblatt 1985, Ausg. B, S. 2175 ff.

BRUCKENBERGER, Ernst: Geringerer Anstieg bei medizinisch-technischen Großgeräten, Deutsches Ärzteblatt 1987, Ausg. B, S. 422.

BRUCKENBERGER, Ernst: Großgeräteausschuß nach § 122 SGB V, Führen und Wirtschaften im Krankenhaus 1989, S. 252 ff.

BRUCKENBERGER, Ernst: Großgeräteausschuß nach § 122 SGB V in Niedersachsen, Niedersächsisches Ärzteblatt 1990, Heft 3, S. 9 ff.

BRUCKENBERGER, Ernst: Großgeräteplanung im vereinigten Deutschland, Führen und Wirtschaften im Krankenhaus 1991, S. 184 ff.

BRUCKENBERGER, Ernst: Großgeräte-Richtlinien als Stein der Weisen ?, Führen und Wirtschaften im Krankenhaus 1986, Heft 2 (März/April), S. 14 ff.

BRUCKENBERGER, Ernst: Großgerätezuwachs in Deutschland ungebremst, Deutsches Ärzteblatt 1991, Ausg. B, S. 770.

BRUCKENBERGER, Ernst: Hoher Zuwachs an Großgeräten in den neuen Bundesländern, Deutsches Ärzteblatt 1992, Ausg. B, S. 2030.

BRUCKENBERGER, Ernst: Kostendämpfung oder bloßer Planungs-Fetischismus, Selecta 1984, S. 1979 ff.

BRUCKENBERGER, Ernst: Kosten-Nutzen-Analyse der Nierenlithotripsie, Arbeit und Sozialpolitik 1990, S. 142 ff.

BRUCKENBERGER, Ernst: Medizinisch-technische Großgeräte: Einsatzplanung - Angebotssteuerung - aktive Kooperation, Niedersächsisches Ärzteblatt 1985, Heft 19, S. 15 ff.

BRUCKENBERGER, Ernst: Medizinisch-technische Großgeräte: Sprunghafte Zunahmen, Deutsches Ärzteblatt 1988, Ausg. B, S. 1520 f.

BRUCKENBERGER, Ernst: Von der Länderkompetenz zum "Einkaufsmodell" der Krankenkassen, das Krankenhaus 1993, S. 77 ff.

BRUCKENBERGER, Ernst: Zur Problematik der abgestimmten Nutzung medizinisch-technischer Großgeräte, in Bedarf und Bedarfsplanung im Gesundheitswesen, hrsg. v. Hans Rüdiger Vogel, Stuttgart 1983, S. 49 ff., (zit.: Bruckenberger, Bedarf und Bedarfsplanung).

BÜCHNER, Johannes-Jürgen: Privatwirtschaft und Krankenhaus II, Führen und Wirtschaften im Krankenhaus 1991, S. 279 ff.

BYDLINSKI, Franz: Juristische Methodenlehre und Rechtsbegriff, 2. Aufl., Wien/ New York 1991.

DAGTOGLOU, Prodomos: Kollegialorgane und Kollegialakte der Verwaltung, Stuttgart 1960.

DENNINGER, Erhard: Arzneimittel-Richtlinien und Verschreibungsfähigkeit, Baden-Baden 1981.

DEUTSCHER BUNDESTAG (Hrsg.): Strukturreform der gesetzlichen Krankenversicherung: Endbericht der Enquete-Kommission des 11. Deutschen Bundestages, Band 1 u. 2, Bonn 1990.

DEUTSCHES RECHTS-LEXIKON; hrsg. von Horst Tilch, 2. Aufl., Band 1 (A-F), München 1992.

DOTTER, Jörg: Ist der Ausschluß der Vergütung von Leistungen nach § 92 Abs. 6 SGB V, die mit nicht in die Standortplanung einbezogenen medizinisch-technischen Großgeräten erbracht werden, mit dem Grundgesetz unvereinbar und deshalb ungültig?, Zentralblatt für Sozialversicherung, Sozialhilfe und Versorgung 1992, S. 258 ff.

EBSEN, Ingwer: Bedarfsorientierte Regulierungen der Zulassung von Leistungserbringern zur Gesetzlichen Krankenversicherung und das Grundrecht der Berufsfreiheit, Zeitschrift für Sozialreform 1992, S. 328 ff.

ENGISCH, Karl: Einführung in das juristische Denken, 8. Aufl., Stuttgart/ Berlin/ Köln/ Mainz 1983.

ENNECCERUS, Ludwig/ NIPPERDEY, Hans Carl: Allgemeiner Teil des Bürgerlichen Rechts, Erster Halbband, 15. Aufl., Tübingen 1959.

ERICHSEN, Hans-Uwe/ MARTENS, Wolfgang (Hrsg.): Allgemeines Verwaltungsrecht, 9. Aufl., Berlin/ New York 1992, (zit.: Erichsen/ Martens (Bearb.)).

ERNST, Werner/ ZINKAHN, Willy/ BIELENBERG, Walter u.a.: Baugesetzbuch, Kommentar, Loseblattausgabe, München, Stand 1. Mai 1990, (zit.: Ernst/ Zinkahn/ Bielenberg (Bearb.)).

ERNST, Werner/ Hoppe, Werner: Das öffentliche Bau- und Bodenrecht, Raumplanungsrecht, 2. Aufl., München 1981.

EYERMANN, Erich/ FRÖHLER, Ludwig/ Kormann, Joachim: Verwaltungsgerichtsordnung, Kommentar, 9. Aufl., München 1988.

FABER, Heiko: Verwaltungsrecht, 3. Aufl., Tübingen 1992.

FORSTHOFF, Ernst: Lehrbuch des Verwaltungsrechts, Erster Band, Allgemeiner Teil, 10. Aufl., München 1973.

FÜLLBRANDT, Walter: Humanität und Wirtschaftlichkeit dürfen im Krankenhaus keine Gegensätze werden, das Krankenhaus 1992, S. 336 ff.

GEMEINSCHAFTSKOMMENTAR ZUM SOZIALGESETZBUCH; Gesetzliche Krankenversicherung (GK-SGB V), hrsg. v. Bernd Baron von Maydell, Loseblattausgabe, Neuwied, Stand Mai 1993, (zit.: GK - SGB V - Bearb.).

GENZEL, Herbert: Gesundheitsstrukturreform und stationäre Versorgung, Bayerische Verwaltungsblätter 1989, S. 481 ff.

GENZEL, Herbert/ HANISCH, Rudolf/ ZIMMER, Carl Ludwig: Krankenhausfinanzierung in Bayern, 2. Aufl., Loseblattausgabe, Stuttgart Rechtsstand Nov. 1987.

GESAMTKOMMENTAR SOZIALVERSICHERUNG; Band 8, Sozialgerichtsgesetz Teil 1, bearb. v. Helmar Bley, Loseblattausgabe, Wiesbaden, Stand Febr. 1993, (zit.: Gesamtkommentar SozVers - Bearb.).

GRÜNENWALD, Klaus/ WETTSTEIN, Angelika: Krankenhaus-Finanzierungsrecht, Loseblattausgabe, Berlin, Stand 1991.

GRUNDMANN, Alexander/ LORIG, Michael: Kooperation bei der Nutzung von Großgeräten, das Krankenhaus 1991, S. 403 ff.

HARSDORF, Herbert/ FRIEDRICH, Gottfried: Krankenhausfinanzierungsgesetz - Kommentar -, 3. Aufl., Stuttgart/ Berlin/ Köln/ Mainz 1983.

HASSELFELDT, Gerda: Die ambulante ärztliche Versorgung in der Bundesrepublik Deutschland. Rede der Bundesministerin für Gesundheit vor der Kassenärztlichen Bundesvereinigung in Hamburg am 29.4.1991, Bulletin vom 3.5.1991, Nr. 44, S. 328 ff.

HAUCK, Karl/ HAINES, Hartmut: Sozialgesetzbuch - SGB V - Gesetzliche Krankenversicherung, Kommentar, bearb. v. Karl Hauck u.a., Loseblattausgabe, Berlin, Stand 1.6.1993.

HEINZE, Christian: Das planungsrechtliche Abwägungsgebot, Neue Zeitschrift für Verwaltungsrecht 1986, S. 87 ff.

HEINZE, Meinhard: Die Vertragsstrukturen des SGB V, Die Sozialgerichtsbarkeit 1990, S. 173 ff.

HEITZER, Willi: Planung und Vergütung medizinisch-technischer Großgeräte aus der Sicht der Krankenversicherung, Sozialer Fortschritt 1992, S. 112 ff.

HERDER-DORNEICH, Philipp: Gesetzliche Krankenversicherung heute: Erfahrungen aus der Kostenexplosion und Steuerungsaufgaben in den 80er Jahren, Köln 1983.

HERZOG, Roman/ PIETZNER, Rainer: Planung. Plan, in Evangelisches Staatslexikon, hrsg. v. Roman Herzog u.a., Band II (N-Z), 3. Aufl., Stuttgart 1987, Sp. 2503 ff.

HESS, Rainer: Planung und Vergütung medizinischer Großgeräte aus der Sicht der Ärzteschaft, Sozialer Fortschritt 1992, S. 114 f.

HILLER, Axel: Verbindlichkeit und Verfassungsmäßigkeit der Richtlinien für Ärzte und Krankenkassen, Baden-Baden 1989.

HINDERER, Ewald/ SIEBIG, Josef: Funktionsprobleme der Großgeräteplanung, das Krankenhaus 1987, S. 496 ff.

HINDERER, Ewald/ SIEBIG, Josef: Staatliche Bedarfsplanung medizinischer Großgeräte, das Krankenhaus 1984, S. 189 ff.

HINTZ, Harald/ ORF, Herbert: Mobile Medizintechnik, KrankenhausTechnik 1990, S. 44 ff.

HOBERG, Rolf: Standortplanung für medizinisch-technische Großgeräte, Medizin Mensch Gesellschaft Bd. 11 (1986), S. 72 ff.

HOPPE, Werner: Gerichtliche Kontrolldichte bei komplexen Verwaltungsentscheidungen, in Verwaltungsrecht zwischen Freiheit, Teilhabe und Bindung, Festgabe aus Anlaß des 25jährigen Bestehens des Bundesverwaltungsgerichts, hrsg. v. Otto Bachof u.a., München 1978, S. 295 ff., (zit.: Hoppe, BVerwG-Festschrift).

HOPPE, Werner/ SCHLARMANN, Hans: Rechtsschutz bei der Planung von Straßen und anderen Verkehrsanlagen, 2. Aufl., München 1981.

HOPPE, Werner: Zur Rechtskontrolle von Bebauungsplänen, in Öffentliches Recht und Politik, Festschrift für Hans Ulrich Scupin, hrsg. v. Norbert Achterberg, Berlin 1973, S. 121 ff., (zit.: Hoppe, Festschrift für Scupin).

JAHN, Kurt (Hrsg.): Sozialgesetzbuch für die Praxis - Gesetzliche Krankenversicherung (SGB V), Kommentar, bearb. v. Hartwig Balzer u.a., Loseblattausgabe, Freiburg, Stand Febr. 1992, (zit.: Jahn - Bearb.).

JÖRG, Michael: Das neue Kassenarztrecht, München 1993.

JÖHR, W. A./ SINGER, H. W.: Die Nationalökonomie im Dienste der Wirtschaftspolitik, 2. Aufl., Göttingen 1964.

KASSELER KOMMENTAR; Sozialversicherungsrecht, bearb. v. Winfried Funk u.a., Loseblattausgabe, München, Stand 1. März 1993, (zit.: Kass. Kom.-Bearb.).

KIRCHBERGER, Stefan: Technischer Fortschritt in der Medizin, Strukturen der Kostenentwicklung - Strukturen der Leistungserbringung, Soziale Sicherheit 1987, S. 5 ff.

KIRCHBERGER, Stefan: Überlegungen zur Diffusion und Nutzung der Computertomographie in Nordrhein-Westfalen, Medizin Mensch Gesellschaft Bd. 14 (1989), S. 87 ff.

KIRCHBERGER, Stefan: Unkalkulierte Folgen mangelhafter Planung im Gesundheitswesen - das Beispiel Nierenlithotripsie, Arbeit und Sozialpolitik 1988, S. 320 ff.

KIRSCH, Franz Jakob/ LUBECKI, Paul: Neue Versorgungsstrukturen, Die Ortskrankenkasse 1993, S. 240 ff.

KLEIN, Franz/ FLOCKERMANN, Paul G./ KÜHR, Christian (Hrsg.): Kommentar zum Einkommensteuergesetz, 3. Aufl., Neuwied/ Darmstadt 1981.

KNACK, Hans Joachim (Hrsg.): Verwaltungsverfahrensgesetz (VwVfG), Kommentar, bearb. v. Jost-Dietrich Busch u.a., 3. Aufl., Köln/ Berlin/ Bonn/ München 1989.

KNIPS, Walter: Die Problematik wirtschaftspolitischer Zielkonflikte, Tübingen 1970.

KOHNE, Horst: Akzeptable Vergütungsregelung - Apotheker als Konkurrenten? - Zu den Großgeräte-Richtlinien, Westfälisches Ärzteblatt 1990, S. 71 ff.

KOPP, Ferdinand O.: Mittelbare Betroffenheit im Verwaltungsverfahren und Verwaltungsprozeß, Die Öffentliche Verwaltung 1980, S. 504 ff.

KOPP, Ferdinand O.: Verwaltungsgerichtsordnung, 9. Aufl., München 1992.

KRANKENHAUSGESELLSCHAFT SCHLESWIG-HOLSTEIN E.V.: Medizinisch technische Großgeräte - Großgeräteausschuß nach § 122 SGB V, Mitteilungen, Lfd.Nr.: 099 vom 25.08.1989, S. 1 f.

KRAUSE, Peter: Bedarfslenkung bei Großgeräten durch Vergütungsausschluß, Die Sozialgerichtsbarkeit 1992, S. 55 ff.

KRAUSKOPF, Dieter/ FEUERSTEIN, Manfred: Krankenhausfinanzierungsgesetz, Loseblattausgabe, Sankt Augustin, Stand Jan. 1989.

LADEUR, Karl-Heinz: Die rechtliche Kontrolle planerischer Prognosen, Natur + Recht 1985, S. 81 ff.

LARENZ, Karl: Methodenlehre der Rechtswissenschaft, 6. Aufl., Berlin u.a. 1991.

LAUFS, Adolf/ UHLENBRUCK, Wilhelm u.a.: Handbuch des Arztrechts, München 1992, (zit.: Laufs/Uhlenbruck (Bearb.)).

LEHMANN, Heinrich/ HÜBNER, Heinz: Allgemeiner Teil des Bürgerlichen Gesetzbuches , 15. Aufl., Berlin 1966.

LESZCYNSKI, Dietrich von: Der Gesetzgeber wird im Bereich der medizinischen Großgeräte zum Handeln aufgefordert, Die Sozialgerichtsbarkeit 1992, S. 328 f.

LIEBOLD, Rolf/ ZALEWSKI, Thomas: Kassenarztrecht, 5. Aufl., Loseblattausgabe, Berlin/ Wiesbaden, Stand Jan. 1993.

LUBECKI, Paul: Einsatz von Großgeräten, Die Ortskrankenkasse 1991, S. 492 ff.

LUBECKI, Paul: Fortführung der Großgeräteplanung, Die Ortskrankenkasse 1992, S. 393 f.

LUBECKI, Paul: Handeln des Gesetzgebers gefordert, Die Ortskrankenkasse 1992, S. 203 ff.

LUBECKI, Paul: Medizintechnische Großgeräte -, Standortplanunng nach dem GRG, Die Ortskrankenkasse 1990, S. 459 ff.

LUBECKI, Paul: Sicherung der Qualität und Wirtschaftlichkeit, Die Ortskrankenkasse 1992, S. 512 ff.

LUBECKI, Paul: Wirtschaftlichkeit medizinisch-technischer Großgeräte, Die Ortskrankenkasse 1986, S. 218 ff.

MAUNZ, Theodor/ DÜRIG, Günter/ HERZOG, Roman/ SCHOLZ, Rupert u.a.: Grundgesetz, Kommentar, Loseblattausgabe, München, Stand Sept. 1991.

MAURER, Hartmut: Allgemeines Verwaltungsrecht, 8. Aufl., München 1992.

MEDIZINISCH-TECHNISCHE GROßGERÄTE, - Symposium - Dokumentation, bearb. v. Fritz Diekmann u. Robert Riefenstahl, Berlin 1987.

MEYER-LADEWIG, Jens: Sozialgerichtsgesetz, 5. Aufl., München 1993.

N. N.: Beschaffung und Einsatz von CT-Geräten, Mitteilungen der Bayerischen Krankenhausgesellschaft (BKG) 1980, Nr. 11, lfd. Ziffer 232, S. 3 f.

N.N.: Medizingroßgeräte: Stufenkonzept zur Überwindung des Nachholbedarfs vorgeschlagen, Krankenhaus-Umschau 1991, S. 184 f.

N.N.: Medizinische Großgeräte, Deutsches Ärzteblatt 1991, Ausg. B, S. 125.

N.N.: Medizinisch-technische Großgeräte müssen gemeldet werden, Deutsches Ärzteblatt 1982, Ausg. B., Heft 45, S. 22.

N.N.: Mehr Kooperation!, Deutsches Ärzteblatt 1993, Ausg. B, S. 289.

N.N.: Neue Konflikte vorprogrammiert, Krankenhaus-Umschau 1993, S. 336 f.

N.N.: NRW: Computertomographen nicht mehr genehmigungspflichtig, das Krankenhaus 1992, S. 96.

N.N.: Verwaltungsaufbau und Aufbau des Gesundheitswesens in den neuen Bundesländern, das Krankenhaus 1990, S. 445 ff.

NIEHUES, Norbert: Das Erfordernis der "Planrechtfertigung" als Instrument des verfassungsrechtlichen Eigentumsschutzes (Art. 14 Abs. 3 Satz 1 GG), Wirtschaft und Verwaltung 1985, S. 250 ff.

OBERMAYER, Klaus: Kommentar zum Verwaltungsverfahrensgesetz, hrsg. v. Dirk Ehlers u. Christoph Link, 2. Aufl., Neuwied 1990.

OBERMAYER, Klaus: Verwaltungsakt und innerdienstlicher Rechtsakt, Stuttgart/ München/ Hannover 1956, (zit.: Obermayer, Verwaltungsakt).

OSSENBÜHL, Fritz: Die Kontrolle von Tatsachenfeststellungen und Prognoseentscheidungen durch das Bundesverfassungsgericht, in Bundesverfassungsgericht und Grundgesetz, Festgabe aus Anlaß des 25jährigen Bestehens des Bundesverfassungsgerichts, hrsg. v. Christian Starck, 1. Bd., Tübingen 1976, S. 458 ff., (zit.: Ossenbühl, BVerfG-Festschrift).

OSSENBÜHL, Fritz: Verwaltungsvorschriften und Grundgesetz, Bad Homburg v. d. H./ Berlin/ Zürich 1968, (zit.: Ossenbühl, Verwaltungsvorschriften).

OSSENBÜHL, Fritz: Welche normativen Anforderungen stellt der Verfassungsgrundsatz des demokratischen Rechtsstaates an die planende staatliche Tätigkeit, dargestellt am Beispiel der Entwicklungsplanung ?, in Verhandlungen des fünfzigsten Deutschen Juristentages, hrsg. v. der Ständigen Deputation des Deutschen Juristentages, Band I (Gutachten), München 1974, S. B 1 ff., (zit.: Ossenbühl, Gutachten).

PANT, Peter: Krankenhausgesetz Nordrhein-Westfalen, Kommentar, 17. Aufl., Köln u.a. 1988.

PEINE, Franz-Joseph: Raumplanungsrecht, Tübingen 1987.

PETERS, Horst/ MENGERT, Georg: Handbuch der Krankenversicherung, Teil II, 18. Aufl., Loseblattausgabe, Stuttgart/ Berlin/ Köln/ Mainz, Stand 31.1.1988.

PETERS, Horst/ SAUTTER, Theodor/ WOLFF, Richard: Kommentar zur Sozialgerichtsbarkeit, bearb. v. Hubertus Hommel u.a., Loseblattausgabe, 4. Aufl., Stuttgart/ Berlin/ Köln, Stand Dez. 1992.

PFANNENSTIEL, P.: Drohender Übermacht der Apparate die ärztliche Kompetenz entgegenstellen, Die Ersatzkasse 1986, S. 113 ff.

PLAGEMANN, Hermann: Anmerkung zum Urteil des Bundessozialgerichts vom 26. 10. 1989 - 6 RKa 3/89, Die Sozialgerichtsbarkeit 1990, S. 501 ff.

PLASSMANN, Walter: Honorierung bleibt ungeklärt, Ärztliche Praxis 1992, Nr. 50, S. 24.

PREIßLER, Reinhold: Grenzen kassenärztlicher Selbstverwaltung am Beispiel der Großgeräte-Standortplanung, Neue Juristische Wochenschrift 1991, S. 739 f.

PREIßLER, Reinhold: Die neuen Großgeräterichtlinien des Bundesausschusses der Ärzte und Krankenkassen vom 16.10.1990, Medizinrecht 1991, S. 119 ff.

PRÖßDORF, Klaus: Krankenhauswesen, in Das Grüne Gehirn, hrsg. v. Walter Bachmann, 10. Aufl., Bd. 1, Loseblattausgabe, Starnberg-Percha, Stand 1.1.1993, Kap. D1.

ROBBERS, Jörg/NEUBERT, Dorothée: Anmerkung zum Urteil des 6. Senats des BSG vom 14. 5. 1992 - 6 RKa 41/91, das Krankenhaus 1993, S. 48 f.

ROBBERS, Jörg: Die Verbindlichkeit der Krankenhausplanung für die Parteien der Pflegesatzvereinbarung, das Krankenhaus 1987, S. 412 ff.

RONELLENFITSCH, Michael: Einführung in das Planungsrecht, Darmstadt 1986, (zit.: Ronellenfitsch, Planungsrecht).

RONELLENFITSCH, Michael: Eingriffe in Natur und Landschaft bei der wasserwirtschaftlichen Planfeststellung, VerwaltungsArchiv 1986, S. 177 ff.

SCHAUENBURG, Birgit: Auswirkungen des GSG auf die vertragsärztliche Versorgung, Die Betriebskrankenkasse 1993, S. 176 ff.

SCHELLEN, Peter: Die Bewertungsausschüsse der Ärzte (Zahnärzte) und Krankenkassen nach dem Krankenversicherungs-Kostendämpfungsgesetz, Diss. Bochum 1982.

SCHEWE, Dieter: Die Beschwörung des "Wirtschaftlichen" im neuen SGB V - ein Vergleich der 65 Nennungen des "Wirtschaftlichen" und 35 ähnlicher Begriffe, Die Sozialgerichtsbarkeit 1989, S. 410 ff.

SCHMIDT, Ludwig (Hrsg.): Einkommensteuergesetz, erläutert von Ludwig Schmidt u.a. ., 12. Aufl., München 1993.

SCHMITT GLAESER, Walter/ KÖNIG, Eberhard: Grundfragen des Planungsrechts. Eine Einführung (2. Teil), Juristische Arbeitsblätter 1980, S. 414 ff.

SCHNAPP, Friedrich E.: Auswirkungen des KVKG auf die Gliederung der Krankenversicherung, Die Ersatzkasse 1978, S. 497 ff.

SCHNAPP, Friedrich E.: Zum Behördenbegriff im Kassenarztrecht, Zeitschrift für Sozialreform 1984, S. 140 ff.

SCHNATH, Matthias: Anmerkung zum Urteil des 6. Senats des BSG vom 9. 5. 1990 - 6 RKa 27/88, Die Sozialgerichtsbarkeit 1991, S. 328 f.

SCHNATH, Matthias: Bedarfsplanung und Konkurrenzschutz im Kassenarztrecht, Sankt Augustin 1992, (zit.: Schnath, Bedarfsplanung).

SCHNEIDER, Günther: Entwicklungstendenzen bei der kassenärztlichen Leistungserbringung mit medizinisch-technischen Großgeräten, Neue Juristische Wochenschrift 1991, S. 2329 ff.

SCHNEIDER, Günther: Kassenarztrecht, Köln/ Berlin/ Bonn/ München 1983, (zit.: Schneider, Kassenarztrecht).

SCHNEIDER, Günther: Medizinisch-technische Großgeräte in der Gesetzlichen Krankenversicherung, Sankt Augustin 1990, (zit.: Schneider, Medizinisch-technische Großgeräte).

SCHNEIDER, Günther: Die rechtliche Behandlung medizinisch-technischer Großgeräte in der Gesetzlichen Krankenversicherung aus der Sicht des Prozeßrechts, Die Sozialgerichtsbarkeit 1990, S. 89 ff.

SCHULIN, Bertram: Anmerkung zum Urteil des Bundessozialgerichts vom 1.10.1990 - 6 RKa 30/90, Juristenzeitung 1992, S. 419 ff.

SCHUNCK, Egon/ DE CLERCK, Hans: Verwaltungsgerichtsordnung mit ergänzenden Bundesgesetzen und den Ausführungsgesetzen der Länder, Kommentar, 3. Aufl., Siegburg 1977.

SCHWING, Claus: Ärztliche Argumente gegen ökonomische Planspiele, Krankenhausarzt 1990, S. 719 ff.

SCHWING, Claus: Preis kontra Qualität. Umstrittene Niederfeld-Geräte, Arzt und Wirtschaft 1989, Heft 6, S. 26 ff.

SIEGMUND, Manfred: Die Planungskompetenzen der Bundesregierung und ihre Schranken nach dem Bonner Grundgesetz, Diss. Köln 1976.

SIEWERT, Joachim: Das Kassenarztrecht, 4. Aufl., Sankt Augustin 1992.

SILOMON, Hero (Hrsg.): Technologie in der Medizin, Stuttgart 1983.

SOZIALGESETZBUCH, Fünftes Buch - SGB V - GKV, Kommentar, bearb. v. Hans Joachim Maaßen u.a., Loseblattausgabe, Heidelberg, Stand Juni 1993, (zit.: GKV - Bearbeiter).

STACKELBURG, Johann Magnus von u.a.: Steuerung der Versorgungsstrukturen durch das GSG, Die Ortskrankenkasse 1993, S. 58 ff.

STATISTISCHES BUNDESAMT (Hrsg.): Monatszahlen/Bevölkerung, Statistischer Wochendienst 1993, Heft 26 (7. Juli 1993), S. 3.

STEINHILPER, Gernot: Anmerkung zum Urteil des 6. Senats des BSG vom 14.5.1992 - 6 RKa 41/91, Medizinrecht 1993, S. 35 ff.

STEINHILPER, Gernot: Übergangsbestimmungen für die Bedarfsplanung medizinisch-technischer Großgeräte (§ 85 Abs. 2a SGB V), Medizinrecht 1993, S. 163 ff.

STEINBERG, Rudolf: Planrechtfertigung und Planungsleitsätze in der straßenrechtlichen Planfeststellung, Neue Zeitschrift für Verwaltungsrecht 1986, S. 812 ff.

STEINER, Udo: Allgemeine Rechtsprobleme der staatlichen Krankenhausbedarfsplanung, Die Fortbildung 1978, S. 65 ff.

STELKENS, Paul/ BONK, Heinz Joachim/ SACHS, Michael: Verwaltungsverfahrensgesetz, Kommentar, 4. Aufl., München 1993.

STERN, Klaus/ MÜNCH, Paul/ HANSMEYER, Karl-Heinrich: Gesetz zur Förderung der Stabilität und des Wachstums der Wirtschaft, Stuttgart/ Berlin/ Köln/ Mainz 1972, (zit.: Stern/ Münch/ Hansmeyer).

STERN, Klaus: Das Staatsrecht der Bundesrepublik Deutschland, Band II, München 1980.

TETTINGER, Peter J.: Überlegungen zu einem administrativen "Prognosespielraum", Deutsches Verwaltungsblatt 1982, S. 421 ff.

THIEME, Werner: Verwaltungslehre, 4. Aufl., Köln/ Berlin/ Bonn/ München 1984.

THIERINGER, Rolf: Der künftige Bedarf an Krankenhausleistungen, das Krankenhaus 1990, S. 257 ff.

TIEMANN, Burkhard/ TIEMANN, Susanne: Kassenarztrecht im Wandel, Berlin u.a. 1983.

TRAUTMANN, Hans: Gemeinsamer Betrieb medizinisch-technischer Großgeräte, das Krankenhaus 1991, S. 79 ff.

TRÜBNERS DEUTSCHES WÖRTERBUCH, hrsg. v. Alfred Götze, Erster Band, Berlin 1939.

ULE, Carl Hermann/ LAUBINGER, Hans-Werner: Verwaltungsverfahrensrecht, 3. Aufl., Köln/ Berlin/ Bonn/ München 1986.

VOLLMER, Rudolf J./ GRAEVE, Karl Heinz: Gesetz zur wirtschaftlichen Sicherung der Krankenhäuser und zur Regelung der Krankenhauspflegesätze (Krankenhausfinanzierungsgesetz - KHG) - Kommentar -, Loseblattausgabe, Bonn, Stand Juni 1992.

VOLLMER, Rudolf J.: Das Krankenhaus in der Rechtsprechung des Bundesverwaltungsgerichts (II), das Krankenhaus 1988, S. 354 ff.

VOLLMER, Rudolf J.: Das Krankenhaus in der Rechtsprechung des Bundesverwaltungsgerichts (III), das Krankenhaus 1988, S. 457 ff.

VOLLMER, Rudolf J.: Die Neuordnung der Krankenhausfinanzierung, Teil 1, Die Betriebskrankenkasse 1985, S. 41 ff.

VOLLMER, Rudolf J.: Die Neuordnung der Krankenhausfinanzierung, Teil 2, Die Betriebskrankenkasse 1985, S. 202 ff.

VOLLMER, Rudolf J./ HOFFMANN, Gerd: Staatliche Planung und Vertragsfreiheit im neuen Krankenhausrecht, Melsungen 1987.

VOLLMER, Rudolf J.: Vertragsrechtliche Auswirkungen für den stationären Bereich, Führen und Wirtschaften im Krankenhaus 1989, S. 3 ff.

WABNITZ, Reinhard Joachim: Das Hessische Krankenhausgesetz 1989 (HKHG), das Krankenhaus 1990, S. 104 ff.

WABNITZ, Reinhard Joachim: Landeskrankenhausgesetz (LKG) für Rheinland-Pfalz, Wiesbaden 1988.

WABNITZ, Reinhard Joachim: Medizinisch-technische Großgeräteplanung in Rheinland-Pfalz, Krankenhaus-Umschau 1985, S. 842 ff.

WERTENBRUCH, Wilhelm: Sozialverfassung - Sozialverwaltung, Frankfurt a.M. 1974.

WIEGAND, Dietrich: Kassenarztrecht, 2. Aufl., Heidelberg 1991.

WIGGE, Peter: Kassenarztrecht im Wandel, Die Sozialgerichtsbarkeit 1993, S. 158 ff.

WIGGE, Peter: Die Stellung der Ersatzkassen im gegliederten System der gesetzlichen Krankenversicherung nach dem GRG vom 20.12.1988, Berlin 1992, (zit.: Wigge, Ersatzkasse).

WIMMER, Raimund: Die Abrechnung ärztlicher Sachleistungen mit Großgeräten, Neue Juristische Wochenschrift 1993, S. 766 ff.

WIMMER, Raimund: Wer zuerst kommt, darf diagnostizieren ?, Die Neue Ärztliche Nr. 176 vom 16. 9. 1987, S. 2.

WIRZBACH, Hanns-Joachim: Großgeräteplanung, Konfusion - und kein Ende ?, Deutsches Ärzteblatt 1990, Ausg. B, S. 1852.

WIRZBACH, Hanns-Joachim: Medizinisch-technische Großgeräte: Richtlinien aktualisiert, Deutsches Ärzteblatt 1990, Ausg. B, S. 2772 ff.

WOLFF, Hans J./ BACHOF, Otto: Verwaltungsrecht I, 9. Aufl., München 1974, (zit.: Wolff/Bachof, VerwR I).

WOLFF, Hans J./ BACHOF, Otto: Verwaltungsrecht II, 4. Aufl., München 1976, (zit.: Wolff/Bachof, VerwR II).

ZEZSCHWITZ, Friedrich von: Verfassungswidrige Richtlinienkompetenz der Bundesausschüsse für Ärzte und Zahnärzte nach dem SGB V, in Geschichtliche Rechtswissenschaft: Ars tradendo innovandoque aequitatem sectandi, Freundesgabe für Alfred Söllner zum 60. Geburtstag, hrsg. v. Gerhard Köbler/ Meinhard Heinze/ Jan Schapp, Gießen 1990, S. 645 ff., (zit.: von Zezschwitz, Festschrift für Söllner).

ZIMMER, Carl Ludwig: Die Einsatzplanung medizinisch-technischer Großgeräte in Bayern, Krankenhaus-Umschau 1990, S. 932 ff.

ZUCK, Rüdiger: Die Anschaffung medizinisch-technischer Großgeräte dargestellt am Beispiel des Computer-Tomographen, Medizinrecht 1985, S. 137 ff.

ZUCK, Rüdiger: Hat das Krankenhaus einen Rechtsanspruch auf Förderung nach § 9 KHG ?, Neue Juristische Wochenschrift 1984, S. 642 ff.

ZUCK, Rüdiger/ HINDERER, Ewald/ QUAAS, Michael: Krankenhausgesetz Baden-Württemberg, Loseblattausgabe, Stuttgart/Berlin/Köln/Mainz, Stand Februar 1990, (zit.: Zuck/Hinderer/Quaas (Bearb.)).

ZUCK, Rüdiger: Rechtsschutz im Rahmen des § 122 SGB V, Führen und Wirtschaften im Krankenhaus 1990, S. 136 ff.

Abkürzungsvereichnis

a.A.	anderer Ansicht
Abb.	Abbildung
AbfG	Abfallbeseitigungsgesetz
a.F.	alte Fassung
Alt.	Alternative
Anm.	Anmerkung
Art.	Artikel
Aufl.	Auflage
Ausg.	Ausgabe
Az.	Aktenzeichen
BABl.	Bundesarbeitsblatt
BAnz.	Bundesanzeiger
BauGB	Baugesetzbuch
BayVBl.	Bayerische Verwaltungsblätter
BB	Der Betriebs-Berater
BbG	Bundesbahngesetz
Bd.	Band
Bearb., bearb.	Bearbeiter, bearbeitet
Beschl.	Beschluß
BFH	Bundesfinanzhof
BGBl. I	Bundesgesetzblatt, Teil I
BGBl. II	Bundesgesetzblatt, Teil II
BKG	Bayerische Krankenhausgesellschaft
BKK	Die Betriebskrankenkasse

BMV-Ä	Bundesmantelvertrag für Ärzte
BR-Drucks.	Bundesratsdrucksache
Breithaupt	Sammlung von Entscheidungen aus dem Sozialrecht, begr. v. Hermann Breithaupt
BR-Prot.	Stenographische Berichte des Bundesrates
BSG	Bundessozialgericht
BSGE	Entscheidungen des Bundessozialgerichts
BT-Drucks.	Bundestagsdrucksache
BT-Prot.	Stenographische Berichte des Bundestages
Buchholz	Sammel- und Nachschlagewerk der Rechtsprechung des Bundesverwaltungsgerichts, hrsg. v. K. Buchholz
BVerfG	Bundesverfassungsgericht
BVerfGE	Entscheidungen des Bundesverfassungsgerichts
BVerwG	Bundesverwaltungsgericht
BVerwGE	Entscheidungen des Bundesverwaltungsgerichts
bzw.	beziehungsweise
d.h.	das heißt
Diss.	Dissertation
DOK	Die Ortskrankenkasse
DÖV	Die Öffentliche Verwaltung
DtÄrzteBl.	Deutsches Ärzteblatt
DVBl.	Deutsches Verwaltungsblatt
EKV-Ä	Arzt/Ersatzkassen-Vertrag
etc.	et cetera
f & w	Führen und Wirtschaften im Krankenhaus

f., ff.	folgende
GG	Grundgesetz
GGR-Ä´86	Richtlinien des Bundesausschusses der Ärzte und Krankenkassen für den bedarfsgerechten und wirtschaftlichen Einsatz von medizinisch-technischen Großgeräten (Großgeräte-Richtlinien-Ärzte) - in der Fassung vom 4. 12. 1986
GGR-Ä'90	Richtlinien des Bundesausschusses der Ärzte und Krankenkassen für den bedarfsgerechten und wirtschaftlichen Einsatz von medizinisch-technischen Großgeräten (Großgeräte-Richtlinien-Ärzte) - in der Fassung vom 16. 10. 1990, zuletzt geändert durch Beschluß vom 26. 2. 1991
GK-SGB V	Gemeinschaftskommentar zum Sozialgesetzbuch; Gesetzliche Krankenversicherung
GKV	Gesetzliche Krankenversicherung
GKV-(Bearb.)	Sozialgesetzbuch, Fünftes Buch - SGB V - GKV; Kommentar
GRG	Gesundheits-Reformgesetz
GSG	Gesundheitsstrukturgesetz
Hrsg., hrsg.	Herausgeber, herausgegeben
Hs.	Halbsatz
i.d.F.	in der Fassung
i.e.S.	im engeren Sinne
i.R.d	im Rahmen des

i.S.v.	im Sinne von
i.V.m.	in Verbindung mit
JA	Juristische Arbeitsblätter
JZ	Juristenzeitung
Kass.Kom.	Kasseler Kommentar Sozialversicherungsrecht
KennZiff.	Kennziffer
KHG	Krankenhausfinanzierungsgesetz
KHG a.F.	Krankenhausfinanzierungsgesetz in der Fassung vor Inkrafttreten des Gesundheitsstrukturgesetzes
KHG n.F.	Krankenhausfinanzierungsgesetz in der Fassung des Gesundheitsstrukturgesetzes
KOV	Kriegsopferversorgung
Krankenhausrecht	Krankenhausrecht: Entscheidungssammlung/ herausgegeben und bearbeitet von der Deutschen Krankenhausgesellschaft
KRS	Krankenhaus-Rechtsprechung, Ergänzbare Sammlung der Entscheidungen aus dem gesamten Krankenhauswesen/ herausgegeben von Behrend Behrends u. Werner Gerdelmann
KURS	Krankenversicherung und Unfallversicherung in Rechtsprechung und Schrifttum/ herausgegeben von G. Schröder-Printzen u.a.
lfd.	laufend
LSG	Landessozialgericht

MBl.NW.	Ministerialblatt für das Land Nordrhein-Westfalen
MedR	Medizinrecht
Mio.	Millionen
MMG	Medizin Mensch Gesellschaft
m.w.N.	mit weiteren Nachweisen
n.F.	neue Fassung
NJW	Neue Juristische Wochenschrift
N.N.	nomen nescio
Nr.	Nummer
NuR	Natur und Recht
NVwZ	Neue Zeitschrift für Verwaltungsrecht
o.g.	oben genannt(-e)
OVG	Oberverwaltungsgericht
PET	Positronen-Emissions-Computer-Tomograph
Pkt.	Punkt
RGZ	Entscheidungen des Reichsgerichts in Zivilsachen
Rn.	Randnummer
RVO	Reichsversicherungsordnung
Rz.	Randzahl
S.	Seite, Satz
SG	Sozialgericht
SGb	Die Sozialgerichtsbarkeit

SGB I	Sozialgesetzbuch Erstes Buch Allgemeiner Teil
SGB V	Sozialgesetzbuch Fünftes Buch Gesetzliche Krankenversicherung
SGB V a.F.	Sozialgesetzbuch Fünftes Buch Gesetzliche Krankenversicherung in der Fassung des Gesundheits-Reformgesetzes
SGB V n.F.	Sozialgesetzbuch Fünftes Buch Gesetzliche Krankenversicherung in der Fassung des Gesundheitsstrukturgesetzes
SGB X	Sozialgesetzbuch Zehntes Buch Verwaltungsverfahren
SGG	Sozialgerichtsgesetz
sog.	sogenannt(-e)
SozR	Sozialrecht. Rechtsprechung und Schrifttum/ bearbeitet von den Richtern des Bundessozialgerichts
SozSich	Soziale Sicherheit
SozVers	Die Sozialversicherung
Sp.	Spalte
Tz.	Textzahl
u.a.	und andere, unter anderem
Urt.	Urteil
v.	von, vom
VerwArch	Verwaltungsarchiv
VG	Verwaltungsgericht

VGH	Verwaltungsgerichtshof
vgl.	vergleiche
VwGO	Verwaltungsgerichtsordnung
VwVfG-NW	Verwaltungsverfahrensgesetz für das Land Nordrhein-Westfalen
Wahlp.	Wahlperiode
WiVerw	Wirtschaft und Verwaltung
WWiG	Weinwirtschaftsgesetz
z.B.	zum Beispiel
ZfS	Zentralblatt für Sozialversicherung
ZSR	Zeitschrift für Sozialreform

Einleitung

Der Einsatz moderner Medizintechnik bietet neue Möglichkeiten Krankheiten zu erkennen und zu heilen[1]. Dieses hat in den letzten Jahren zu einem Anstieg bei den bereitgehaltenen Medizingeräten geführt[2]. Ob mit der Technisierung der Medizin auch immer ein Zuwachs an medizinischer Qualität erfolgt, mag dahinstehen[3]. Jedenfalls hat der vermehrte Einsatz der Apparatemedizin zu dem beigetragen, was als Kostenexpansion im Gesundheitswesen bezeichnet wird[4]. Reaktion des Gesetzgebers auf diese durch die technische Entwicklung hervorgerufene Kostensteigerung war die Einführung einer bedarfsorientierten Standortplanung bei medizinisch-technischen Großgeräten. Die gesetzgeberischen Aktivitäten endeten letztlich in der als "integrierte Selbstverwaltungslösung" bezeichneten Regelung des § 122 SGB V[5]. Die Anwendung des § 122 SGB V macht jedoch in der Praxis erhebliche Schwierigkeiten[6], was zum einen in der fehlenden Akzeptanz der Großgeräteplanung bei den Betroffenen beruht[7]. Zum anderen bestehen neben dem § 122 SGB V eine Vielzahl anderer, die Großgeräteplanung betreffende Regelungselemente, die z.T. unterschiedlichen Rechtsquellen entstammen[8].

---

1) Vgl.: Hinderer/Siebig, das Krankenhaus 1984, S. 189.

2) Herder-Dorneich, S. 44.

3) Insofern zweifelnd: Pfannenstiel, Die Ersatzkasse 1986, S. 113.

4) Herder-Dorneich, S. 44 f.; Deutscher Bundestag (Hrsg.), Bericht der Enquete-Kommission, Bd. 1, S. 228; Silomon, S. 33 f.

5) Kass.Kom.-Hess, § 122 SGB V, Rn. 1.

6) Hasselfeldt, Bulletin v. 3.5.1991, Nr. 44, S. 329.; Kass.Kom.-Hess, § 122 SGB V, Rn. 1; Zimmer, Krankenhaus-Umschau 1990, S. 932; Zuck, f & w 1990, S. 136; Genzel, BayVBl. 1989, S. 486.

7) Thieringer, das Krankenhaus 1990, S. 259 f.

8) Bruckenberger, das Krankenhaus 1990, S. 331.

Im Hinblick auf diese Problemlage ist es Ziel der Arbeit, aus den unterschiedlichen rechtlichen Vorgaben den Rahmen für ein handhabbares Planungssystem für den Großgerätebereich zu entwickeln. Dabei soll auch auf allgemeine planungsrechtliche Grundsätze zurückgegriffen und diese in den Bereich der sozialrechtlichen Planung übertragen werden.

Nicht Gegenstand der Arbeit sind dagegen die gegen die Großgeräteplanung erhobenen verfassungsrechtlichen Bedenken[9]. Vielmehr soll nachgewiesen werden, daß die Regelungen zur Großgeräteplanung bei ordnungsgemäßer Anwendung Grundlage einer effektiven, da rechtlich durchsetzbaren Steuerung sind und mit diesen Regeln ein angemessener Bestand medizinisch-technischer Großgeräte in der Bundesrepublik Deutschland gewährleistet werden kann. Dabei sollen sowohl die Vorschriften des Gesundheits-Reformgesetzes als auch deren Weiterentwicklung im Gesundheitsstrukturgesetz untersucht werden.

---

9) Hierzu ausführlich:
Schneider, Medizinisch-technische Großgeräte, S. 1 ff.; Ebsen, ZSR 1992, S. 328 ff.

Erster Teil: Die Großgeräteproblematik

A. Begriffsbestimmung

Um zu einem umfassenden Steuerungssystem im Großgerätebereich zu gelangen, war vorher der Steuerungsgegenstand und die Steuerungsmethode zu bestimmen.

I. Medizinisch-technische Großgeräte

Gegenstand der Steuerung sind sog. medizinisch-technische Großgeräte. Diese Umschreibung bestimmter medizinischer Apparaturen findet sich in verschiedenen gesetzlichen Vorschriften, so u.a. in den §§ 92 Abs. 1 S. 2 Nr. 9, 92 Abs. 6, 122 SGB V a.F., den §§ 85 Abs. 2a, 122 SGB V n.F. und den §§ 10, 17 Abs. 3 Nr. 3 KHG.

Will man zu einem einheitlichen Steuerungssystem im Bereich der Großgerätemedizin kommen, so stellt sich die Frage, ob der Begriff der medizinisch-technischen Großgeräte in all diesen Vorschriften die gleiche Bedeutung hat, also einheitlich auszulegen ist. Zwar wird in aller Regel ein wiederkehrender Ausdruck innerhalb desselben Gesetzes gleich zu verstehen sein, während dieselben Formulierungen in verschiedenen Gesetzen eher auch einen verschiedenen Sinn haben können[10].
Für eine gesetzesübergreifende Einheitlichkeit des Begriffs der medizinisch-technischen Großgeräte spricht aber schon die ausdrückliche Verknüpfung der oben genannten Normen. So wird in § 122 Abs. 2 S. 1 SGB V a.F. ausdrücklich auf § 92

10) RGZ 153, 1, (20); Bartholomeyczik, S. 21.

SGB V a.F. und auf § 10 KHG a.F. Bezug genommen, wobei wiederum auf § 10 KHG a.F. in § 17 Abs. 3 Nr. 3 KHG verwiesen wird. Auf die Neufassung des § 122 SGB V, die einen Verweis auf § 10 KHG n.F. enthält, wird in § 85 Abs. 2a SGB V n.F. hingewiesen. Bei einer derartigen Verknüpfung der Normen untereinander liegt eine einheitliche Auslegung des Begriffs der medizinisch-technischen Großgeräte nahe.

Das gilt umso mehr, da gerade Ziel der Einführung des § 122 SGB V war, die unterschiedlichen Abstimmungs- und Sanktionsvorschriften für die Standortbestimmung und den Einsatz medizinisch-technischer Großgeräte zu einer integrierten Lösung zusammenzufassen[11]. Notwendige Voraussetzung dafür ist hingegen, daß die dafür relevanten Vorschriften im Hinblick auf das Gesamtsteuerungssystem auszulegen sind, was bedeutet, daß von einem einheitlichen Begriff der medizinisch-technischen Großgeräte ausgegangen werden muß[12].

Die gesetzlichen Vorschriften konkretisieren aber nicht, was unter medizinisch-technischen Großgeräten zu verstehen ist[13]. Selbst wenn der Bundesminister für Gesundheit von seiner Verordnungsermächtigung nach § 122 Abs. 2 SGB V n.F. Gebrauch macht und einen Großgerätekatalog aufstellt, fehlt es für die Bestimmung des Umfanges der Verordnungsermächtigung an einer ausdrücklichen Definition eines medizinisch-technischen Großgerätes durch ein Gesetz.

---

11) Vgl. den Regierungsentwurf zum Gesundheitsreform-Gesetz, BR-Drucks. 200/88, S. 204.

12) So schon Vollmer/Graeve, § 10 KHG, KennZiff. 310.20.

13) Vgl.: Brandecker/Dietz/Bofinger, § 10 KHG, Anm. 3. Der Hinweis von Wimmer, NJW 1993, S. 768, auf die Vorschriften des Hochschulbauförderungsgesetzes steht dem nicht entgegen, da wegen des unterschiedlichen Regelungszwecks der dort genannten Vorschriften eine Definition ausschließlich anhand der Investitionskosten vorgenommen wird, welche für die Großgeräteplanung unbrauchbar ist.

Der Begriff "Medizinisch-technisches Großgerät" legt nahe, daß das technische, medizinischen Zwecken dienende Gerät eine entsprechende Größenordnung haben muß[14]. Die Größe eines medizinisch-technischen Gerätes läßt sich aber in Beziehung setzen sowohl zur räumlichen Ausdehnung, zu dem erwarteten Auslastungsgrad und zum erforderlichen Investitionsvolumen[15] als auch zur Kostenintensität des Geräteeinsatzes. Eine nur am Wortlaut orientierte Auslegung vermag also nicht eine Begriffsklärung für medizinisch-technische Großgeräte herbeizuführen[16].

Klärung schafft vielmehr eine unter teleologischen Gesichtspunkten vorgenommene Analyse des Begriffs "Großgerät"[17]. Entsprechend der teleologischen Interpretation ist für die Auslegung auf die Ziele und Zwecke der jeweiligen Norm abzustellen[18].

Zweck der die Großgeräteplanung betreffenden Vorschriften ist es, überflüssige Kapazitäten zu vermeiden, die für eine medizinisch ausreichende, zweckmäßige sowie qualitativ hochwertige Patientenversorgung notwendigen Großgeräte rationell und wirtschaftlich einzusetzen und dabei einen angemessenen Weg zwischen zuwendungsorientierter und technischer Medizin zu finden[19]. Damit wird durch die Vorschriften zur Großgeräteplanung u.a. die in § 70 SGB V enthaltene Verpflichtung der Krankenkassen und Leistungserbringer der gesetzlichen Krankenversicherung konkretisiert, eine qualitativ hochwertige, humane und wirtschaftliche

---

14) Schneider, Medizinisch-technische Großgeräte, S. 27.

15) Vgl. dazu: Harsdorf/Friedrich, § 17 KHG, Tz. 203.5.; Schneider, Medizinisch-technische Großgeräte, S. 27.

16) BSG, MedR 1993, S. 29; a.A.: Schneider, Medizinisch-technische Großgeräte, S. 27 - unter Vermischung verschiedener Auslegungskriterien.

17) Vgl.: Hinderer/Siebig, das Krankenhaus 1984, S. 190.

18) Larenz, S. 332.

19) Vollmer/Graeve, § 10 KHG, KennZiff. 310.05, Rn. B 26.

Versorgung der Versicherten sicherzustellen[20]. Das Bedürfnis nach Planung läßt sich daher nur bei solchen technisch hochwertigen medizinischen Apparaturen begründen, bei denen der rationelle und wirtschaftliche Einsatz gefährdet ist. Eine solche Gefährdung der Wirtschaftlichkeit bei der Versorgung der Versicherten durch die Apparatemedizin ist insbesondere bei sehr kostenintensiven Geräten vorhanden. Demzufolge sind die in die Planung einbezogenen medizinisch-technischen Geräte solche Apparate, die hohe Kosten verursachen. Diese allgemeine Kostenintensität läßt sich auch nicht nur auf hohe Investitionskosten beschränken[21], sondern muß im Sinne der Gesetzesintention, eine effektive aber wirtschaftliche Großgeräteversorgung zu gewährleisten, das gesamte Kostenspektrum und damit auch die Betriebskosten medizinisch-technischer Großgeräte betreffen[22]. Die Kostenintensität ist dabei nicht aus der Sicht der Anbieter medizinisch-technischer Leistung zu betrachten, sondern ist entsprechend der Intention des § 70 SGB V auf der Nachfragerseite, also bei den Krankenkassen, zu messen. Diese finanzieren im Krankenhausbereich eine etwaige Unterauslastung, die zu hohen Einzelkosten führt, über hohe Pflegesätze, während im ambulanten Bereich infolge des erhöhten Amortisationsdrucks durch die Vertragsärzte nicht notwendige und damit unwirtschaftliche Großgeräteindikationen gestellt und von den Krankenkassen letztlich vergütet werden[23].

Demnach sind medizinisch-technische Großgeräte solche medizinischen Zwecken dienende Geräte, die infolge hoher Investions- und Betriebskosten zu einer dem

---

20) Vollmer/Graeve, § 10 KHG, KennZiff. 310.05, Rn. B 23 f.

21) So aber: Schneider, Medizinisch-technische Großgeräte, S. 27 f.; Harsdorf/Friedrich, § 17 KHG, Tz. 203.5.

22) Brandecker/Dietz/Bofinger, § 10 KHG, Anm. 3; Hinderer/Siebig, das Krankenhaus 1984, S. 190; Heitzer, Sozialer Fortschritt, S. 113.

23) Lubecki, DOK 1990, S. 459.

Wirtschaftlichkeitsgebot der gesetzlichen Krankenversicherung widersprechenden Kostensteigerung führen können[24].

Für die Definition der medizinisch-technischen Großgeräte auf der Grundlage ihrer Kostenintensität wird z.T. eine bestimmte Wertgrenze herangezogen. Genannt werden dabei Wertgrenzen in Höhe von 500.000,- DM[25] bis zu 1.000.000,- DM[26] jeweils bezogen auf die Investitionskosten.

Die Annahme einer fixen Wertgrenze für die Großgerätedefinition setzt jedoch voraus, daß sich die Großgeräteeigenschaft allein anhand der Investitionskosten bestimmen läßt. Dabei würden die Höhe der Betriebskosten unberücksichtigt bleiben, was nicht den Zielvorstellungen der Großgeräteplanung entspricht[27]. Außerdem würde die Annahme einer festen Wertgrenze dazu führen, daß zur Umgehung der Planungsvorgaben die Leistungserbringer Gerätetypen einsetzen, deren Investitionskosten unterhalb der Wertgrenzen liegen, deren Betriebskosten aber gegenüber den teureren Geräten weitaus höher zu veranschlagen sind, da diese Geräte infolge ihrer sparsameren Ausstattung nicht die Gewähr für eine effektive Behandlung bieten

---

24) Bruckenberger, das Krankenhaus 1990, S. 275; Hinderer/Siebig, das Krankenhaus 1984, S. 190; Vollmer/Graeve, § 10 KHG, KennZiff. 310.20.
Vgl. auch BSG, MedR 1993, S. 29:
"Als Großgeräte im Sinne des Gesetzes sind danach - .... - solche medizinisch-technischen Geräte aufzufassen, die wegen der ungewöhnlich hohen Anschaffungs-, Installations- und Betriebskosten ständig eine bestimmte Mindestfrequenz (Auslastungsgrad) benötigen, um zu wirtschaftlich tragbaren Bedingungen betrieben werden zu können, und bei denen deshalb im Fall eines Überangebots die Gefahr einerseits einer ungerechtfertigten Leistungsausweitung und andererseits einer Beeinträchtigung der für die bedarfsgerechte medizinische Versorgung notwendigen Großgerätestandorte besteht."

25) N.N., DtÄrzteBl. 1982, Ausg. B, Heft 45, S. 22.

26) Harsdorf/Friedrich, § 17 KHG, Tz. 203.5; Hinderer/Siebig, das Krankenhaus 1984, S. 190; Schneider, Medizinisch-technische Großgeräte, S. 28.

27) S.o.

können[28]. Aus diesen Gründen kann im Hinblick auf die vom Gesetzgeber erstrebte effektive Großgeräteplanung für die Großgerätedefinition keine zahlenmäßige Wertgrenze bei den Investitionskosten herangezogen werden[29].

Der Begriff des medizinisch-technischen Großgerätes läßt sich daher nur anhand der Investitions- und Betriebskosten umschreiben.

Da es weiter an einer gesetzlichen Präzisierung fehlt, ist von einem unbestimmten Rechtsbegriff auszugehen[30].

Es stellt sich allerdings dann die Frage, ob es sich bei dem unbestimmten Rechtsbegriff des medizinisch-technischen Großgerätes um einen solchen mit Beurteilungsspielraum handelt.

Von einem Beurteilungsspielraum bei einem unbestimmten Rechtsbegriff wird dann ausgegangen, wenn der Gesetzgeber durch die Verwendung des unbestimmten Rechtsbegriffs die Verwaltung zu eigenverantwortlichen, gerichtlich nur eingeschränkt überprüfbaren Entscheidungen ermächtigen wollte[31]. Von der Rechtsprechung anerkannt wird ein solcher Beurteilungsspielraum etwa bei Prognoseentscheidungen, also bei der Einschätzung von zukünftigen, tatsächlichen Entwicklungen[32]. Wenn sich der Begriff "Großgerät" an den Kosten ausrichtet, so läßt sich deren Entwicklung nur insofern schwer einschätzen, als diese von unterschied-

---

28) Zu der Problematik der sog. Billig-Geräte vgl.: Schwing, Arzt und Wirtschaft 1989, Heft 6, S. 26 ff.

29) Vgl.: N.N., DtÄrzteBl. 1982, Ausg. B, Heft 45, S. 22.

30) Brandecker/Dietz/Bofinger, § 10 KHG, Anm. 3; Schneider, Medizinisch-technische Großgeräte, S. 27; Vollmer/Graeve, § 10 KHG, KennZiff. 310.20.

31) Maurer, S. 119.

32) Ule/Laubinger, S. 386; BVerwGE 62, 86, (107 f.); BVerwG, DVBl. 1979, S. 878 f.; BVerwG, DVBl. 1982, S. 302; BVerwG, NVwZ 1986, S. 212; BVerwG, NJW 1988, S. 3222.

lichen, z.T. schwer meßbaren Faktoren abhängen, etwa von der Bereitschaft der Ärzte, die medizinisch-technischen Geräte einzusetzen oder von der weiteren technischen Entwicklung, die die Angebots- und Nachfragestrukturen bei medizinischen Apparaturen verändern kann. Der Klassifizierung einer Anlage als Großgerät geht die Einschätzung der entstehenden Kosten voraus. Mithin enthält die Definition eines Gerätes als medizinisch-technisches Großgerät eine Beurteilung über eine zukünftige tatsächliche Entwicklung im Bereich der Kosten also diesbezüglich eine Prognoseentscheidung[33]. Hinsichtlich dieser Prognoseentscheidung steht der Verwaltung bei der Einordnung eines medizinisch-technischen Gerätes ein gerichtlich nicht überprüfbarer Beurteilungsspielraum zu[34].

Im Ergebnis ist der Begriff "medizinisch-technisches Großgerät" damit ein unbestimmter Rechtsbegriff mit Beurteilungsspielraum, wobei die Gesamtkosten einer medizinisch-technischen Anlage das Definitionskriterium sind.

II. Plan / Planung

Im Zusammenhang mit medizinisch-technischen Großgeräten wird der Begriff der Planung bundesgesetzlich nur in § 92 Abs. 6 SGB V a.F. verwendet. Danach sind in den Großgeräte-Richtlinien auch solche Regelungen über den Ausschluß der Vergütung solcher Leistungen zu treffen, die mit nicht in die *Standortplanung* einbezogenen medizinisch-technischen Großgeräten erbracht werden.

---

33) A.A.: Vollmer/Graeve, § 10 KHG, KennZiff. 310.20.

34) Im Ergebnis ebenso: Schneider, Medizinisch-technische Großgeräte, S. 26 und Brandecker/Dietz/ Bofinger, § 10 KHG, Anm. 3, die einen Beurteilungsspielraum schon wegen der extremen Unbestimmtheit des Großgerätebegriffs annehmen. Dagegen spricht sich das BSG (MedR 1993, S. 31) unter Hinweis auf die gebotenen Rechtsschutzmöglichkeiten gegen eine Beurteilungsermächtigung aus. Allerdings sieht das BSG auch nicht die der Großgerätedefinition immanenten prognostischen Elemente.

Der Zentralbegriff für Planung allgemein ist der Plan[35]. Darunter wird ein Entwurf verstanden, "in dem eine beabsichtigte Handlung bzw. eine Mehrheit von Handlungen sowie die damit verfolgten Ziele gedanklich vorweggenommen werden, um den gewünschten Erfolg möglichst sicher, leicht und rasch zu erreichen."[36] Der Vorgang, also das Verfahren, was zum Plan führt, ist die Planung[37]. Planung als Verfahren ist vom Ergebnis, dem Plan her gekennzeichnet durch Zukunftsbezogenheit, Zielorientiertheit, Methodik des Vorgehens und einem gewissen Zeithorizont[38].

Im Hinblick auf die zeitliche Dimension werden für die Planung im wesentlichen vier Abschnitte gebildet; die Planaufstellung, die Planfeststellung, die Planumsetzung sowie die Plangewährleistung[39].

Für die Standortplanung von medizinisch-technischen Großgeräten stellt sich dann die Frage, inwieweit sich derartige Planungsphasen rechtlich nachweisen lassen und welche Voraussetzungen jeweils daran zu knüpfen sind.

B. Geschichtliche Entwicklung der Großgeräteplanung

Erste Ansätze für eine Koordination im Großgerätebereich gingen Ende der 70er bzw. Anfang der 80er Jahre von einigen Bundesländern aus[40]. So veröffentlichten die Länder Hessen und Niedersachsen 1979 sowie das Land Nordrhein-Westfalen

35) Thieme, Rn. 457.

36) Herzog/Pietzner, Sp. 2503; Achterberg, S. 549; Forsthoff, S. 302 ff.

37) Thieme, Rn. 457.

38) Stern, S. 704; Peine, S. 4.

39) Vgl.: Achterberg, S. 551; Ossenbühl, Gutachten, S. B-36; Siegmund, S. 19 f.; Stern, S. 711.

40) Bruckenberger, das Krankenhaus 1990, S. 278.

1980[41] ihre Vorstellungen über den Bedarf und die Standorte von medizinisch-technischen Großgeräten[42]. Dabei war Niedersachsen das einzige Land, das von Beginn an nicht nur die medizinisch-technischen Großgeräte in Krankenhäusern, sondern auch die der Arztpraxen berücksichtigte[43]. Eine wirkliche Steuerung der medizinisch-technischen Großgeräte sollte hingegen allenfalls im stationären Bereich über die jeweilige Krankenhausbedarfplanung oder durch die Steuerung im Rahmen der Investitionskostenfinanzierung erfolgen[44]. Mit dem Krankenhaus-Kostendämpfungsgesetz vom 22. Dezember 1981[45] wurde erstmals eine bundesgesetzliche Verpflichtung des Krankenhauses zur Abstimmung medizinisch-technischer Großgeräte in Form des § 11a KHG einschließlich einer Sanktionsvorschrift in § 17 Abs. 3 S. 2 KHG in das KHG eingeführt.[46] Nach dieser Sanktionsvorschrift konnten die Kosten für einen Großgeräteeinsatz bei einer nicht abgestimmten oder den Festsetzungen des Krankenhausbedarfsplans widersprechenden Anlage nicht im Pflegesatz geltend gemacht werden. Gleichzeitig wurde auf Empfehlung des Bundestagsausschusses für Arbeit und Sozialordnung eine Großgeräteregelung für die Kassenärzte in die RVO aufgenommen (§ 368n Abs. 8 RVO)[47], mit dem Ziel, die für den Krankenhausbereich vorgesehene Regelung auch auf den Bereich der niedergelassenen Ärzte zu erstrecken[48]. Danach hatten

41) Vgl.: MBl.NW 1980, S. 950 ff.

42) Bruckenberger, f & w 1989, S. 252.

43) Bruckenberger, Niedersächsisches Ärzteblatt 1990, Heft 3, S. 9.

44) Bruckenberger, Bedarf und Bedarfsplanung, S. 49.

45) Gesetz zur Änderung des Gesetzes zur wirtschaftlichen Sicherung der Krankenhäuser und zur Regelung der Krankenhauspflegesätze (Krankenhaus-Kostendämpfungsgesetz) vom 22. Dezember 1981, BGBl. I S. 1568.

46) Vollmer/Graeve, § 10 KHG, KennZiff. 310.01, Rn. A 4.

47) BT-Drucks. 9/976, S. 18; Vollmer/Graeve, § 10 KHG, KennZiff. 310.01, Rn. A 4.

48) BT-Drucks. 9/976, S. 35.

u.a. die an der kassenärztlichen Versorgung teilnehmenden Ärzte eine beabsichtigte Anschaffung, Nutzung oder Mitbenutzung medizinisch-technischer Großgeräte den kassenärztlichen Vereinigungen anzuzeigen, die wiederum darauf hinzuwirken hatten, daß auch die Leistungserfordernisse benachbarter Krankenhäuser sowie die Erfordernisse der kassenärztlichen Versorgung berücksichtigt wurden. Jedoch unterließ es der Gesetzgeber für den ambulanten Bereich eine entsprechende Sanktionsvorschrift aufzunehmen, was zu einer dualistischen Planung und damit zu Konflikten zwischen ambulanten und stationären Versorgungsbereich führte[49]. Um diese für Ärzte und Krankenhäuser unterschiedliche Rechtslage zu vereinheitlichen und damit die Erfolgsaussichten einer umfassenden Großgeräteplanung zu steigern, kam es zu mehreren Novellierungsversuchen, die aber alle im Stadium der Gesetzesinitiative stecken blieben[50].

So brachte das Land Hessen 1983[51], die SPD-Fraktion im Deutschen Bundestag[52] und der Bundesrat[53] im Jahr 1984 Gesetzentwürfe in das Gesetzgebungsverfahren ein, die auch eine konkretere Ausgestaltung der Großgeräteplanung im kassenärztlichen Bereich einschließlich einer entsprechenden Sanktionsregelung vorsahen[54]. Letztlich scheiterten alle diese Gesetzesinitiativen.

---

49) Die unterschiedlichen Auswirkungen der Großgeräteplanung im ambulanten und stationären Bereich werden von Seiten der Krankenhausträger als ständiger Kritikpunkt der Planung erachtet:
Bruckenberger, das Krankenhaus 1990, S. 279; Füllbrandt, das Krankenhaus 1992, S. 340; Hinderer/Siebig, das Krankenhaus 1987, S. 496.

50) Schneider, SGb 1990, S. 90; Bruckenberger, das Krankenhaus 1990, S. 279.

51) Vgl.: BR-Drucks. 499/83.

52) Vgl.: BT-Drucks. 10/1329.

53) Vgl.: BT-Drucks. 10/1625.

54) Bruckenberger, das Krankenhaus 1990, S. 279; Hinderer/Siebig, das Krankenhaus 1984, S. 190; Schneider, SGb 1990, S. 90; Schneider, Medizinisch-technische Großgeräte, S. 38 ff.

Grund ihres Scheiterns war ein Tätigwerden der Träger der Selbstverwaltung[55]. Kern deren Vorgehens waren die am 28. März 1986 inkraftgetretenen Richtlinien des Bundesausschusses der Ärzte und Krankenkassen[56], die ein bedarfsplanerisches Konzept für die medizinisch-technischen Großgeräte beinhalteten[57]. Im Zusammenhang mit der Einführung der Großgeräte-Richtlinien wurde § 25 BMV-Ä um eine Regelung im Absatz 4 erweitert[58], die die Ausführung ärztlicher Sachleistung mit medizinisch-technischen Großgeräten von der Zustimmung der Kassenärztlichen Vereinigung abhängig machte, wobei diese zu versagen war, sofern die Leistungen mit nicht den Richtlinien entsprechenden Geräten erbracht werden sollten[59].

Damit lag mit den Großgeräte-Richtlinien von 1986 und den Bestimmungen des BMV-Ä insofern eine umfassende Regelung zur Großgeräteproblematik vor, die sich allerdings auf den Bereich der ambulanten Versorgung beschränkte.[60] Nach dem Tätigwerden der Träger der Selbstverwaltung wurde eine Weiterverfolgung der Gesetzesinitiativen die Großgeräteplanung betreffend verneint[61].

---

55) Schneider, Medizinisch-technische Großgeräte, S. 41; Wimmer, Die neue Ärztliche, Nr. 176 (16.9.1987), S. 2: "Der Bundesausschuß der Ärzte und Krankenkassen hat die damaligen gesetzgeberischen Initiativen, wohl mit augenzwinkernder Zustimmung ihrer Initiatoren, durch die Großgeräte-Richtlinien-Ärzte unterlaufen und damit Gesetzesänderungen zunächst verhindert."

56) Richtlinien des Bundesausschusses der Ärzte und Krankenkassen über den bedarfsgerechten und wirtschaftlichen Einsatz von medizinisch-technischen Großgeräten (Großgeräte-Richtlinie-Ärzte) vom 10.12.1985, BAnz. v. 27.3.1986, Nr. 60a, S. 3 ff.

57) Bruckenberger, das Krankenhaus 1990, S. 279.

58) Liebold-Zalewski, § 25 BMV-Ä, Tz. 323c.

59) Für das Verhältnis zu den Ersatzkassen galt entsprechend § 5 Nr. 12a des Arzt/Ersatzkassenvertrages.

60) Bruckenberger, das Krankenhaus 1990, S. 279.

61) Schneider, SGb 1990, S. 90;
Während die Mehrheit von CDU/CSU und FDP im Bundestagsausschuß für Arbeit und Sozialordnung am 30.9.1986 aufgrund der Selbstverwaltungsregelungen von einem fehlenden Erfordernis zur gesetzlichen Regelung ausging, bezweifelte die Fraktion der SPD

Mit Inkrafttreten des Gesundheits-Reformgesetzes am 1.1.1989[62] wurde die Großgeräteplanung ausdrücklich in den §§ 92, 122 SGB V gesetzlich normiert. Insbesondere die Einrichtung eines Großgeräteausschusses sollte die bislang unterschiedlichen Abstimmungs- und Sanktionsvorschriften für die Standortbestimmung und den Einsatz medizinisch-technischer Großgeräte im stationären und ambulanten Bereich zu einer integrierten Selbstverwaltungslösung zusammenführen[63].

Schon bald nach Inkrafttreten der neuen Großgerätevorschriften führten Unsicherheiten bei der praktischen Umsetzung dazu, daß mehrere Gesetzentwürfe zur Änderung der Großgerätevorschriften in das Gesetzgebungsverfahren eingebracht wurden[64]. Diese Änderungen sollten insbesondere klarstellenden Charakter besitzen, um so die Schwierigkeiten bei der praktischen Umsetzung zu beseitigen[65]. Hingegen wurden die vorgeschlagenen Änderungen im Bundestag als ungeeignet angesehen, die Großgeräteproblematik abschließend einer befriedigenden Lösung zuzuführen, so daß die Änderungsvorschläge keinen Erfolg hatten[66].

Das Bundessozialgericht erklärte am 1.10.1990 dann den in den Großgeräte-Richtlinien'86 und im BMV-Ä enthaltenen Vergütungsausschluß für ärztliche Leistun-

---

die Rechtmäßigkeit der durch die Großgeräte-Richtlinien und § 25 BMV-Ä getroffenen Selbstverwaltungslösung (vgl.: BT-Drucks. 10/6099, S. 4).

62) Gesetz zur Strukturreform im Gesundheitswesen (Gesundheits-Reformgesetz) vom 20.12.1988 (BGBl. I 2477).

63) BR-Drucks. 200/88, S. 204.

64) BR-Drucks. 65/90 (Beschluß) - KOV-Anpassungsgesetz 1990; BR-Drucks. 647/91 - Zweites Gesetz zur Änderung des Fünften Buches Sozialgesetzbuch; BR-Drucks. 726/91 (Beschluß) - Gesetz zur Änderung des Krankenhausfinanzierungsgesetzes und des Fünften Buches des Sozialgesetzbuches (SGB V).

65) Vgl. BR-Drucks. 65/90 (Beschluß), S. 13.

66) Bericht des Abgeordneten Dr. Hüsch, BT-Prot. 11. Wahlp., 216. Sitzung vom 20.6.1990, S. 17068 A - B.

gen, die mit nicht in die Standortplanung einbezogenen Geräten erbracht wurden, sowohl für die Zeit vor Inkrafttreten des SGB V als auch unter Geltung des SGB V für rechtswidrig[67]. Daraufhin beschloß der Bundesausschuß der Ärzte und Krankenkassen am 16.10.1990 eine Neufassung der Großgeräte-Richtlinien-Ärzte[68]. Die Neufassung enthielt eine Liste der medizinisch-technischen Großgeräte, Meßzahlen bzw. Kriterien für die Standortplanung sowie Regelungen über Genehmigung und Vergütung, darunter einen Vergütungsausschlußtatbestand (D 4.3. GGR-Ä '90). Gegenüber der Großgeräte-Richtlinie von 1986 fehlten jedoch Regelungen über die regionale Standortplanung (C GGRÄ'86). Außerdem trat eine Neufassung des Bundesmantelvertrages[69] und des Arzt-/Ersatzkassenvertrages[70] in Kraft, worin die bisher geltenden vertraglichen Regelungen modifiziert wurden.[71]

Aber auch trotz dieser Neuregelung schien der Regelungsbedarf im Großgerätebereich noch nicht befriedigt[72].

So wurde die Neufassung der Großgeräte-Richtlinien vielfach als verfassungswidrig erachtet, so daß insbesondere Kassenärzte auf dem Klageweg Standortgenehmigungen für planwidrige medizinisch-technische Großgeräte in ihren Arztpraxen erhielten[73]. Als Reaktion darauf wurden etwa in Nordrhein-Westfalen für den Kranken-

---

67) BSG, NJW 1991, S. 782.

68) Richtlinien des Bundesausschusses der Ärzte und Krankenkassen für den bedarfsgerechten und wirtschaftlichen Einsatz von medizinisch-technischen Großgeräten (Großgeräte-Richtlinien-Ärzte) vom 16.10.1990, BABl. 12/1990, S. 24 f, zuletzt geändert durch Beschluß vom 26.2.1991, DtÄrzteBl. 1991, Ausg. A, S. 1374.

69) Bundesmantelvertrag-Ärzte (BMV-Ä), DtÄrzteBl. 1990, Ausg. B, S. 2306 ff.

70) Arzt-/Ersatzkassen-Vertrag, DtÄrzteBl. 1990, Ausg. B, S. 2061 ff.

71) Vgl.: § 7 BMV-Ä bzw. § 29 EKV-Ä.

72) Vgl.: Hasselfeldt, Bulletin vom 3.5.1991, Nr. 44, S. 329.

73) LSG Baden-Württemberg, MedR 1991, S. 272 ff; LSG Rheinland-Pfalz, Beschluß v. 7.5.1991, Az.: L 5 EA Ka 5/91 - S 1 EA Ka 13/91 Mz, S. 2; SG Karlsruhe, Beschuß v. 15.5. 1991, Az.: S 5 Ka 512/91 EA, S. 8; SG München, SozSich 1992, S. 383.

hausbereich die Computer-Tomographen aus der Liste der abstimmungspflichtigen medizinisch-technischen Großgeräte gestrichen, um so die Gleichbehandlung der Krankenhäuser mit den Arztpraxen zu erreichen[74]. Weiter setzte der Bundesausschuß der Ärzte und Krankenkassen, da sich eine Standortplanung von medizinisch-technischen Großgeräten nicht rechtssicher durchsetzen ließe, mit Beschluß vom 6. März 1992 den Vollzug der Großgeräte-Richtlinien aus[75]. Dieser Beschluß wurde jedoch umgehend durch den Bundesminister für Gesundheit beanstandet[76].
Erst durch das Urteil des Bundessozialgerichts vom 14. Mai 1992[77] wurden erstmalig die Anforderungen an eine verfassungsgemäße Großgeräteplanung näher konkretisiert. Trotz der teilweise geäußerten Kritik[78], ist dieses Urteil dann u.a. Grundlage der Neufassung des § 122 SGB V durch das Gesundheitsstrukturgesetz geworden[79].

Die letztliche Klärung der verfassungsrechtlichen Bedenken wird jedoch erst erfolgen, wenn das Bundesverfassungsgericht über einen Vorlagebeschluß des Sozialgerichts München[80] zur Großgeräteplanung entscheidet.

---

74) N.N., das Krankenhaus 1992, S. 96; BR-Prot., 636. Sitzung vom 8.11.1991, S. 496 f. (Heinemann).

75) Lubecki, DOK 1992, S. 203 f.; Lubecki, DOK 1992, S. 492.

76) Lubecki, DOK 1992, S. 515.

77) BSG, MedR 1993, S. 26 ff.; dazu: Lubecki, DOK 1992, S. 393 f.

78) Plassmann, Ärztliche Praxis 1992, Nr. 50, S. 24.

79) Robbers/Neubert, das Krankenhaus 1993, S. 48 f.

80) Dazu: SG München, SozSich 1992, S. 383; Dotter, ZfS 1992, S. 258 ff.

C. Medizinisch-technische Großgeräte in der Bundesrepublik

Die sehr variable Definition für medizinisch-technische Großgeräte macht es nicht einfach, den Großgerätebereich statistisch aufzuarbeiten. Um derartigen Schwierigkeiten aus dem Wege zu gehen, sollen hier nur die Großgeräte statistisch untersucht werden, die in der Großgeräte-Richtlinie-Ärzte vom 16. Oktober 1990 aufgezählt sind.

Medizinisch-technische Großgeräte im Sinne dieser Richtlinie sind:

1. Computer-Tomographen
2. Positronen-Emissions-Computer-Tomographen (PET)
3. Kernspin-Tomographen
4. Koronarangiographische Arbeitsplätze (Herzkatheter-Meßplätze)
5. Tele-Kobalt-Therapiegeräte
6. Linearbeschleuniger (Kreisbeschleuniger)
7. Geräte zur extrakorporalen Stoßwellenlithotripsie (Nierensteinzertrümmerer/ Gallensteinzertrümmerer)

Diese Aufzählung ist zwar nur für den ambulanten Bereich verbindlich[81]; dieses ändert aber nichts daran, daß die genannten Anlagen auch für den Krankenhausbereich medizinisch-technische Großgeräte sind.

Anfang 1992 waren in der Bundesrepublik Deutschland einschließlich der Neu-Länder insgesamt 1779 der oben aufgeführten medizinisch-technischen Großgerä-

81) Bruckenberger, Krankenhaus-Umschau 1985, S. 433.

tein Betrieb[82]. Diese verteilten sich wie folgt auf die einzelnen Gerätetypen und Standortbereiche[83].

Gerätetyp	**Anzahl der med.-techn. Großgeräte (Anf. 1992)**				
	Alt-Länder			Neu-Länder	Gesamt
	Krankenhaus	Praxis	Gesamt		
Computer-Tomographen	446	317	763	77	840
Kernspin-Tomographen	98	101	199	8	207
Linksherzkatheter-Meßplätze	222	15	237	10	247
PET	6	0	6	0	6
Linearbeschleuniger	168	5	173	25	198
Telecobalt-Geräte	145	15	160	9	169
Nieren-/Gallenlithotripter	91	4	95	17	112
GESAMT	**1176**	**457**	**1633**	**146**	**1779**

82) Vgl. die Zahlenangaben bei Bruckenberger, DtÄrzteBl. 1992, Ausg. B, S. 2030.

83) Vgl.: Bruckenberger, DtÄrzteBl. 1992, Ausg. B, S. 2030.

Zu beachten ist, daß neben den hier aufgeführten medizinisch-technischen Großgeräten in einigen Bundesländern insbesondere im stationären Bereich noch andere Gerätetypen in die Großgeräteplanung einbezogen sind[84].

Die absoluten Zahlen des Großgerätebestandes lassen allerdings kaum einen Schluß auf das Erfordernis der Großgeräteplanung zu. Vielmehr ist erst die Entwicklung im Großgerätesektor geeignet, die Problematik der Großgeräteplanung offenzulegen. Diese Entwicklung soll anhand eines "klassischen" Großgerätes, dem Computertomographen, veranschaulicht werden. Gerade der Zuwachs bei diesem war ein Auslöser für die Einführung der Standortplanung von medizinisch-technischen Großgeräten[85]. Betrachtet man einmal die Entwicklung der Bestandszahlen für Computer-Tomographen auf einer Graphik (Anhang - Abb. 1[86]), so zeigt sich, daß der Bestand an Computertomographen ständig im Wachstum begriffen ist. Während im Krankenhausbereich der Anstieg der Bestandszahlen nur mäßig verlief, hat sich der Bestand in den Arztpraxen von 1984 bis 1992 fast verdreifacht. Als eine Ursache für ein derartiges Anwachsen der Bestandszahlen im ambulanten Bereich wird die für diesen Versorgungsbereich verspätet einsetzende und kaum durchzusetzende Großgeräteplanung angenommen werden können.

---

84) Vgl. die Aufzählung bei Schwing, Krankenhausarzt 1990, S. 719.

85) Bruckenberger, Selecta 1984, S. 1980 u. S. 1982.

86) Die Zahlenangaben entstammen folgenden Quellen:
1984: Bruckenberger, DtÄrzteBl. 1984, Ausg. B, S. 1341; *1985*: Bruckenberger, DtÄrzteBl. 1985, Ausg. B, S. 2175 ff.; *1986*: Bruckenberger, f & w 1986, Heft 2 (März/April), S. 14 ff.; *1987*: Bruckenberger, DtÄrzteBl. 1987, Ausg. B, S. 422; *1988*: Bruckenberger, DtÄrzteBl. 1988, Ausg. B, S. 1520 f.; *1989*: Bruckenberger, f & w 1989, S. 252 ff.; *1990*: N.N., Krankenhaus-Umschau 1991, S. 184 f.; *1991*: Bruckenberger, DtÄrzteBl. 1991, Ausg. B, S. 770; *1992*: Bruckenberger, DtÄrzteBl. 1992, Ausg. B, S. 2030.
(Die Jahreszahlen beziehen sich immer auf den Anfang des jeweiligen Jahres.)

Wie sich nunmehr aber die Entwicklung im Hinblick auf Neufassung der Großgeräteplanung durch das Gesundheitsstrukturgesetz weiter verhält, kann indes noch nicht abgesehen werden.

Wenn aber die Anzahl der bereitgehaltenen medizinisch-technischen Großgeräte ständig wächst, stellt sich die Frage, wie sich dieses zum erwarteten Bedarf verhält. Legt man, ohne die Verbindlichkeit der Großgeräte-Richtlinie-Ärzte damit festlegen zu wollen, deren Bedarfszahlen zugrunde, so ergibt sich bei einer Bevölkerungszahl von ca. 65 Mio.[87] Anfang 1992, daß in den Alt-Bundesländern die Planungsvorgaben im Großgerätebereich längst erreicht und teilweise weit überschritten sind (Anhang - Abb. 2).

Dagegen fehlen auf dem Gebiet der ehemaligen DDR eine Vielzahl medizinisch-technischer Großgeräte, um eine dem erwarteten Bedarf entsprechende Versorgung der Bevölkerung sicherzustellen[88]. Bei Stückpreisen für medizinisch-technische Großgeräte zwischen einer und vier Millionen DM (Linksherzkatheter-Meßplatz - 4 Mio. DM, Computertomograph - 1,5 Mio. DM, Linear oder Kreisbeschleuniger ebenfalls - 1,5 Mio. DM, Nierenlithotripter - 2 Mio. DM)[89] besteht für die Neu-Länder im Großgerätebereich 1990 noch ein Investitionsbedarf von ungefähr 700 Millionen DM allein an medizinisch-technischen Großgeräten[90].

---

87) Statistisches Bundesamt (Hrsg.), Statistischer Wochendienst 1993, Heft 26 (7. Juli 1993), S. 3.

88) N.N., DtÄrzteBl. 1991, Ausg. B, S. 125.

89) Angaben: N.N., das Krankenhaus 1990, S. 447.

90) N.N., das Krankenhaus 1990, S. 447; N.N., DtÄrzteBl. 1991, Ausg. B, S. 125.
Z.T. werden auch "nur" 500 Mio. DM prognostiziert (vgl.: Bruckenberger, f & w 1991, S. 187).

Aufgabe der Standortplanung bei medizinisch-technischen Großgeräten wird es deshalb auch sein, eine Anpassung beider regionaler Versorgungsbereiche zu bewirken.

Zweiter Teil: Rechtliche Grundlagen der Großgeräteplanung bis zum 31.12.1992

A. Normativer Befund

I. § 122 SGB V

1. Zweck der Regelung

Zentralnorm der Großgeräteplanung ist der § 122 SGB V a.F. Diese Regelung ist von ihrer Konzeption und von ihrem Inhalt her völlig neuartig im System der gesetzlichen Krankenversicherung[91]. § 122 SGB V a.F. sieht vor, daß auf Länderebene ein Großgeräteausschuß zu bilden ist, in dem Krankenhäuser, Kassenärzte und Krankenkassen sowie die zuständigen Landesbehörden zur bedarfsgerechten Versorgung der Versicherten mit leistungsfähigen, wirtschaftlich genutzten medizinisch-technischen Großgeräten zusammenwirken (§ 122 Abs. 1 SGB V a.F.). Damit sollte - wie schon gesagt - die Großgeräteabstimmung im ambulanten und stationären Bereich zu einer integrierten Selbstverwaltungslösung zusammengefaßt werden[92]. Ziel ist es, durch Zusammenwirken der verschiedenen Organisationen eine einheitliche Großgeräteplanung zu erreichen[93]. Der Großgeräteausschuß ist damit als eine Art "Harmonisierungsinstrument" konzipiert[94].

91) Schneider, Medizinisch-technische Großgeräte, S. 130.

92) Kass.Kom.-Hess, § 122 SGB V, Rn. 1.

93) Kass.Kom.-Hess, § 122 SGB V, Rn. 3.

94) Hauck/Haines, § 122 SGB V, Rn. 3.

2. *Ausgestaltung eines mehrstufigen Abstimmungsverfahrens*

Aufgabe des Großgeräteausschusses ist es gemäß § 122 Abs. 2 S. 1 SGB V a.F., Abgrenzung, Bedarf und Standort der medizinisch-technischen Großgeräte abzustimmen[95]. Diese Abstimmung ist Teil eines mehrstufigen Verfahrens[96], wobei der Großgeräteausschuß eine "Schaltstelle" für den Einsatz medizinisch-technischer Großgeräte bildet. Bei seiner Abstimmung hat er sowohl die Großgeräte-Richtlinien des Bundesausschusses der Ärzte und Krankenkassen (§ 92 Abs. 1 SGB V a.F.) als auch die Vorgaben des Krankenhausfinanzierungsgesetzes zu berücksichtigen (§ 122 Abs. 2 S. 1 SGB V a.F.).

a. Die Ausgestaltung im ambulanten Bereich

Im Krankenhausfinanzierungsgesetz existiert zwar schon seit 1982 eine Regelung zur Großgerätekoordination.

Demgegenüber ist erst mit Inkrafttreten des GRG für den ambulanten Bereich eine Richtlinienkompetenz des Bundesausschusses der Ärzte und Krankenkassen gesetzlich fixiert, wonach Richtlinien über die Bedarfsplanung sowie dem bedarfsgerechten Einsatz von medizinisch-technischen Großgeräten zu erlassen sind (§ 92 Abs. 1 S. 2 Nr. 9 SGB V a.F.). Um sowohl diesen ambulanten als auch den stationären Bereich mit ihren jeweils unterschiedlichen gesetzlichen Vorgaben für die Großgeräteplanung zu vereinheitlichen, mußte eine Art "Koordinierungsstelle", eben der Großgeräteausschuß, geschaffen werden. Spiegelbildlich dazu sind die Entscheidungen des Großgeräteausschusses ("Ergebnis der Abstimmung") gemäß § 122 Abs. 2 S. 2 SGB V a.F. jeweils für den ambulanten Bereich von dem Landesausschuß der

95) GKV - Tuschen, § 122 SGB V, Rn. 3.

96) BSG, NJW 1991, S. 779; LSG Nordrhein-Westfalen, Urt. v. 9.8.1989, Az.: L 11 Ka 37/89, S. 23; Schneider, SGb 1990, S. 92.

Ärzte und Krankenkassen (§ 90 Abs. 1 SGB V a.F.) sowie für den stationären Bereich von den nach dem Krankenhausfinanzierungsgesetz zuständigen Stellen zu berücksichtigen. Mit der Einrichtung des Großgeräteausschusses sollte zwar ein zentrales Abstimmungsorgan für den Großgerätebereich geschaffen werden, ohne jedoch damit die unterschiedlichen rechtlichen Strukturen im ambulanten und im stationären Bereich tiefgreifend zu verändern.

b. Die Ausgestaltung im stationären Bereich

Im Bereich der stationären Versorgung hat jedoch das Verfahren im Großgeräteausschuß nur für Krankenhäuser Relevanz. Was unter Krankenhäusern zu verstehen ist, wird für das SGB V in § 107 Abs. 1 SGB V a.F. gesetzlich definiert. Danach sind Krankenhäuser im Sinne des SGB V a.F. Einrichtungen, die der Krankenhausbehandlung oder Geburtshilfe dienen, fachlich-medizinisch unter ständiger ärztlicher Leitung stehen, über ausreichende ihrem Versorgungsauftrag entsprechende diagnostische und therapeutische Möglichkeiten verfügen, nach wissenschaftlich anerkannten Methoden arbeiten, die mit Hilfe von jederzeit verfügbaren ärztlichem Pflege-, Funktions- und medizinisch-technischem Personal darauf eingerichtet sind, vorwiegend durch ärztliche und pflegerische Hilfeleistung Krankheiten der Patienten zu erkennen, zu heilen, ihre Verschlimmerung zu verhüten, Krankheitsbeschwerden zu lindern oder Geburtshilfe zu leisten und in denen Patienten untergebracht und verpflegt werden können (§ 107 Abs. 1 SGB V a.F.). Diese Definition baut insofern auf der Krankenhausdefinition in § 2 Nr. 1 KHG a.F. auf, als auch das SGB V a.F. gerade ein leistungsfähiges Krankenhaus voraussetzt[97]. Zur Vermeidung von Systembrüchen sollte also gerade keine eigenständige sozialversiche-

97) Kass.Kom. - Hess, § 107 SGB V, Rn. 2.

rungsrechtliche Krankenhausdefinition durch § 107 Abs. 1 SGB V a.F. geschaffen werden[98].

Wenn aber der Großgeräteausschuß im Klinikbereich nur für Krankenhäuser i.S.v. § 107 Abs. 1 SGB V a.F. Kompetenzen hat, dann fallen diejenigen Großgeräte aus der Planung heraus, die in klinischen Einrichtungen, die nicht unter § 107 Abs. 1 SGB V a.F. fallen, betrieben werden. Die Großgeräteplanung trifft damit nicht den gesamten Bereich der Vorsorge- und Rehabilitationseinrichtungen i.S.v. § 107 Abs. 2 SGB V a.F.[99] Dieses ist insofern problematisch, als die Krankenkassen gemäß § 111 Abs. 1 SGB V a.F. medizinische Leistungen zur Vorsorge (§ 23 Abs. 4 SGB V a.F.) oder Rehabilitation einschließlich der Anschlußheilbehandlung (§ 40 SGB V a.F.), die zwar eine stationäre, aber keine Krankenhausbehandlung erfordern, nur in solchen Vorsorge- und Rehabilitationseinrichtungen erbringen lassen dürfen. Die Leistungen, die mit den dort befindlichen, eben nicht abgestimmten Großgeräten erbracht werden, sind ebenfalls von den Krankenkassen zu vergüten. Insofern kann in der Beschränkung der Großgeräteplanung im klinischen Bereich auf Krankenhäuser eine dem Zweck des § 122 SGB V a.F. widersprechende Schwachstelle gesehen werden.

II. Der stationäre Bereich

Die Großgeräteplanung für Krankenhäuser beschränkt sich jedoch nicht allein auf die Regelung des § 122 SGB V a.F. Vielmehr besteht gerade für die Krankenhäuser (stationärer Sektor) die umfassendste Regelungsdichte im Großgerätebereich.

---

98) Kass.Kom. - Hess, § 107 SGB V, Rn. 2; auch Jahn-Limpinsel, § 107 SGB V, Rn. 7, der in § 107 SGB V eine Konkretisierung des § 2 KHG sieht.

99) Zimmer, Krankenhaus-Umschau 1990, S. 936; Genzel, BayVBl. 1989, S. 486.

1. § 10 KHG

Ausdrücklich wird im KHG a.F. in dessen § 10 ein Abstimmungsverfahren für den Großgeräteeinsatz vorgesehen. Danach ist die Anschaffung, Nutzung oder Mitbenutzung medizinisch-technischer Großgeräte unter Berücksichtigung der regionalen Versorgungsbedürfnisse, insbesondere der Leistungserfordernisse benachbarter Krankenhäuser sowie der niedergelassenen Ärzte mit der zuständigen Landesbehörde abzustimmen, um einen wirtschaftlichen Einsatz der Geräte sicherzustellen, wobei das Benehmen mit der kassenärztlichen Vereinigung und den Landesverbänden der Krankenkassen herzustellen ist (§ 10 S. 1 KHG a.F.).

§ 10 KHG a.F. entspricht inhaltlich dem bisherigen § 11a KHG[100]. Ziel der Regelung des § 10 KHG a.F. ist es, nach seinem Wortlaut "einen wirtschaftlichen Einsatz der Geräte sicherzustellen". Nach Ansicht des damaligen Gesetzgebers konnte das einzelne Krankenhaus allein vorhandene medizinisch-technische Großgeräte nicht voll auslasten[101]. Vielmehr kann mit einem von einem Krankenhaus betriebenen medizinisch-technischen Großgerät auch der Bedarf benachbarter Krankenhäuser und des ambulanten Bereichs gedeckt werden[102]. Mit der Koordinierung im Großgerätebereich sollte deshalb zum einen die Anschaffung überflüssiger Geräte verhindert werden und zum anderen ein möglichst wirtschaftlicher Einsatz der Großgeräte erreicht werden[103].

---

100) Brandecker/Dietz/Bofinger, § 10 KHG, Anm. 1.

101) Vollmer/Graeve, § 10 KHG, KennZiff. 310.05, Rn. B 20.

102) Vollmer/Graeve, § 10 KHG, KennZiff. 310.05, Rn. B 20.

103) BR-Drucks. 175/81, S. 66.

a. Der Adressat der Abstimmung

Adressat der Abstimmungspflicht sind grundsätzlich die Krankenhäuser i.S.d. KHG. Zwar sind diese im Gesetzestext nicht ausdrücklich benannt, jedoch ergibt sich deren Adressatenstellung schon aus dem durch den Gesetzeszweck bestimmten Geltungsbereich des § 10 KHG a.F.[104]

Nach § 3 KHG a.F. findet zwar das Krankenhausfinanzierungsgesetz keine Anwendung auf Krankenhäuser, deren Träger der Bund ist (Nr. 1), auf Krankenhäuser im Straf- oder Maßregelvollzug (Nr. 2), auf Polizeikrankenhäuser (Nr. 3) sowie auf Krankenhäuser der Rentenversicherungsträger oder Unfallversicherungsträger und ihrer Vereinigungen (Nr. 4). Davon wird allerdings für den Bereich der Großgeräteabstimmung eine Ausnahme gemacht. Nach § 10 S. 2 KHG a.F. i.V.m. § 3 S. 2 KHG a.F. gilt die Abstimmungspflicht auch für die in § 3 S. 1 Nr. 1 *und* Nr. 4 KHG a.F. genannten Krankenhäuser, soweit diese der allgemeinen Versorgung der Bevölkerung dienen. Daraus läßt sich dann aber der Umkehrschluß ziehen, daß von § 10 S. 1 KHG a.F. (mit Ausnahme der Regelung des § 10 S. 2 KHG a.F.) nur die dem KHG a.F. unterfallenden Krankenhäuser abstimmungspflichtig sein können[105].

Problematisch ist hingegen, ob sich die Abstimmungspflicht auf die nach dem KHG förderungsfähigen Krankenhäuser beschränkt, so daß die in § 5 KHG a.F. genannten Einrichtungen aus der Großgeräteabstimmung herausfallen. Zu diesen nicht förderungsfähigen Krankenhäusern zählen gemäß § 5 KHG a.F. u.a. die Hochschulkliniken und die nicht gemeinnützigen Krankenhäuser.

Gegen einen Ausschluß dieser Krankenhäuser von der Abstimmungspflicht spricht jedoch der Zusammenhang des § 10 KHG a.F. Nach § 10 S. 3 KHG a.F. ist bei

---

104) Brandecker/Dietz/Bofinger, § 10 KHG, Anm. 2.

105) Brandecker/Dietz/Bofinger, § 10 KHG, Anm. 2.

den in § 5 Abs. 1 Nr. 1 KHG a.F. genannten Krankenhäusern der sich aus Forschung und Lehre ergebende Gerätebedarf zu berücksichtigen. Damit geht das Gesetz selbst davon aus, daß auch in § 5 Abs. 1 KHG a.F. genannte, nicht förderungsfähige Einrichtungen der Großgeräteabstimmung nach § 10 KHG a.F. unterliegen.

Zum Teil wird in der Literatur vertreten, daß nur die dem Pflegesatzrecht unterliegenden Krankenhäuser gemäß § 10 KHG a.F. abstimmungspflichtig seien[106]. Diese These findet ihre Begründung darin, daß § 10 KHG a.F. in Zusammenhang gebracht wird mit § 17 Abs. 3 Nr. 3 KHG a.F., wonach im Pflegesatz die Kosten für den Betrieb von medizinisch-technischen Großgeräten, die nicht gemäß § 10 KHG a.F. abgestimmt sind, nicht berücksichtigt werden[107].
Daß ein solcher Zusammenhang zwischen § 10 KHG a.F. und § 17 Abs. 3 Nr. 3 KHG a.F. besteht und nach § 10 KHG a.F. nur abstimmungspflichtig ist, wer auch unter die entsprechende Sanktionsnorm (§ 17 Abs. 3 Nr. 3 KHG a.F.) fällt, ist indes nicht zwingend. So findet § 10 S. 1 KHG a.F. gemäß § 10 S. 2 KHG a.F. auch auf bestimmte dem KHG a.F. nicht unterfallende Krankenhäuser Anwendung, so daß diese zwar der Großgeräteabstimmung, nicht aber der Sanktionsnorm des § 17 Abs. 3 Nr. 3 KHG a.F. unterliegen. Gegen einen Zusammenhang von Pflegesatzrecht und Abstimmungspflicht spricht auch die unterschiedlich systematische Stellung von § 10 KHG a.F. und § 17 KHG a.F. im Gesetz. Sollte sich § 10 KHG a.F. nur auf die dem Pflegesatzrecht unterliegenden Krankenhäuser beschränken, so hätte es sich für den Gesetzgeber angeboten, dies durch Einbeziehung in den entsprechenden Abschnitt des Krankenhausfinanzierungsgesetzes (§§ 16 ff. KHG a.F.) deutlich zu machen. Da er dieses versäumt hat, ist die Abstimmungspflicht

---

106) Brandecker/Dietz/Bofinger, § 10 KHG, Anm. 2.

107) Brandecker/Dietz/Bofinger, § 10 KHG, Anm. 2.

nach § 10 KHG a.F. unabhängig davon, auf welchem Wege das Krankenhaus die Betriebskosten des medizinisch-technischen Großgerätes finanziert[108].

b. Der Gegenstand der Abstimmung

Vom Gegenstand der Abstimmung her unterscheidet § 10 S. 1 KHG a.F. zwischen Anschaffung, Nutzung der Mitbenutzung von medizinisch-technischen Großgeräten[109].

aa. Die Anschaffung eines Großgerätes

Nach steuer- und handelsrechtlichen[110] Grundsätzen ist unter Anschaffung der Erwerb eines Wirtschaftsgutes in einem umfassenden Sinne zu verstehen[111]. Anschaffung ist damit allein schon die Erlangung der wirtschaftlichen Verfügungsmacht über einen Gegenstand[112], was auch bei der Ersatzbeschaffung der Fall ist.
Demgegenüber stellt das KHG a.F. den Begriff des Anschaffens (vgl. § 2 Nr. 2a KHG a.F.) in § 2 Nr. 2 b KHG a.F. den Begriff der Wiederbeschaffung gegenüber. Damit ist Anschaffen in § 2 Nr. 2 a KHG a.F. nur im Sinne einer Erstbeschaffung zu verstehen[113]. Legt man den Begriff des Anschaffens für das KHG a.F. einheitlich aus, so hat dies die Folge, daß die Wiederbeschaffung eines medizinisch-

---

108) A.A.: Brandecker/Dietz/Bofinger, § 10 KHG, Anm. 2.

109) Vollmer/Graeve, § 10 KHG, KennZiff. 310.65.

110) Vgl. auch § 255 Abs. 1 S. 1 HGB.

111) Schmidt, § 6 EStG, Anm. 20.

112) Klein/Flockermann/Kühr, § 6 EStG, Anm. 5b (1).

113) Brandecker/Dietz/Bofinger, § 10 KHG, Anm. 4.

technischen Großgerätes nach § 10 S. 1 KHG a.F. nicht abstimmungspflichtig ist[114].

Dagegen werden zum Teil Bedenken praktischer Art geäußert. Auf der Grundlage, daß eine einmal erteilte Zustimmung nicht für alle Zeiten gelten könne und sich die Situation im Zeitpunkt eine Ersatzbeschaffung im Hinblick auf die Abstimmung anders darstellen kann, wird vertreten, daß auch eine Wiederbeschaffung eines medizinisch-technischen Großgerätes als Anschaffung und damit als abstimmungspflichtiger Tatbestand zu werten ist[115].

Diese Auffassung, die sich allein an praktischen Gesichtspunkten und nicht so sehr an der Auslegung von § 10 KHG a.F. ausrichtet[116], muß sich jedoch an Mitteln der juristischen Methodik messen lassen. Schon im Gesetzgebungsverfahren zum Krankenhausfinanzierungsgesetz wurde deutlich, daß die Abstimmungspflicht bei Anschaffung von medizinisch-technischen Großgeräten das Ziel hatte, die damit verbundene strukturelle Veränderung der Aufgabenstellung im Krankenhausbereich und die durch den Einsatz von medizinisch-technischen Großgeräten entstehenden Folgekosten zu beeinflussen[117]. Eine derartige Koordination ist aber schon möglich und auch gewährleistet, wenn nur die Erstbeschaffung abstimmungspflichtig ist. Die Funktion des § 10 KHG a.F. wird eben nicht dadurch gefährdet, daß ein Großgerät wiederbeschafft werden muß, da sich dadurch weder die medizinisch-technische Struktur im Krankenhausbereich noch die Folgekosten ändern[118]. Aus

---

114) Vollmer/Graeve, § 10 KHG, KennZiff. 310.65; Genzel/Hanisch/Zimmer, § 10 KHG, Anm. 2.

115) Brandecker/Dietz/Bofinger, § 10 KHG, Anm. 4; Bruckenberger, Niedersächsisches Ärzteblatt 1990, Heft 3, S. 11.

116) Dieses räumen selbst deren Vertreter ein (vgl. Brandecker/Dietz/Bofinger, § 10 Anm. 4).

117) BT-Drucks. 9/570, S. 35.

118) Zuck, MedR 1985, S. 138.

dem Sinn und Zweck her läßt sich daher der Begriff "Anschaffen" in § 10 S. 1 KHG a.F. nur als Erstbeschaffung, nicht aber als Wiederbeschaffung auslegen[119].

Dabei wird man jedoch den Wiederbeschaffungstatbestand auf solche Sachverhalte beschränken müssen, bei denen das Krankenhaus ein nach § 10 KHG a.F. abgestimmtes Großgerät durch ein Gerät mit im wesentlichen gleicher Bauart und Funktion ersetzt[120].

Aus der Funktion des § 10 KHG a.F. ergibt sich auch, daß es für die Vollendung des Tatbestandsmerkmals Anschaffen im Anschluß an die steuerrechtliche Begriffsbildung[121] allein darauf ankommt, daß der Betreiber des Großgerätes über die Anlage wirtschaftlich verfügen kann, was in der Regel der Fall sein wird, wenn Eigenbesitz, Gefahr, Nutzen und Lasten auf ihn übergehen[122].
Des weiteren ist es für das Merkmal "Anschaffen" in § 10 KHG a.F. unerheblich, wie das Großgerät jeweils finanziert und wer im Endeffekt die Anschaffungskosten trägt. Für die Relevanz der Finanzierungsart hinsichtlich der Kriterien des § 10 KHG a.F. spricht zwar, daß sich diese Regelung in einem Gesetz befindet, welches sich offiziell als Krankenhausfinanzierungsgesetz abkürzt[123]. Eine derart restriktive Interpretation würde aber dem Sinn und Zweck des § 10 KHG a.F. zuwiderlaufen. Dieser besteht u.a. darin, die mit dem Großgeräteeinsatz verbundenen

---

119) Genzel/Hanisch/Zimmer, § 10 KHG, Anm. 2; Vollmer/Graeve, § 10 KHG, KennZiff. 310.65; Zuck, MedR 1985, S. 138; vgl. auch die Abstimmungskriterien für die Großgeräteausschüsse Rheinland und Westfalen-Lippe nach § 122 des Fünften Buches Sozialgesetzbuch (SGB V) vom 1.3.1991, S. 2.

120) Vollmer/Graeve, § 10 KHG, KennZiff. 310.65.

121) S.o.; im übrigen dazu: BFH, BB 1989, S. 205.

122) LSG Nordrhein-Westfalen, Urt. v. 9.8.1989, Az.: L 11 Ka 37/89, S. 30.

123) Zuck, MedR 1985, S. 138.

Folgekosten zu koordinieren[124]. Derartige Kosten sind aber unabhängig von der Finanzierung der Beschaffungskosten. Insofern muß es für die Abstimmungspflicht nach § 10 KHG a.F. unbeachtlich sein, ob das jeweilige Großgerät mit Mitteln des Landes, Eigenmitteln des Krankenhauses oder sonstigen Drittmitteln beschafft wird[125].

bb. Die Nutzung und Mitbenutzung eines Großgerätes

Wenn für § 10 KHG a.F. in erster Linie die Koordination der Folgekosten entscheidend ist, so ist es folgerichtig, wenn der Gesetzgeber auch in der Nutzung und Mitbenutzung eines medizinisch-technischen Großgerätes einen abstimmungsbedürftigen Tatbestand sieht[126]. Während das Kriterium Anschaffung schon den Zeitraum vor Inbetriebnahme erfaßt, wird mit dem Nutzungsmerkmal das im Betrieb befindliche Großgerät in die Abstimmungspflicht miteinbezogen[127]. Wie sich schon aus der Gegenüberstellung von § 9 Abs. 1 Nr. 1 KHG a.F. mit § 9 Abs. 2 Nr. 1 KHG a.F. ergibt, ist "Nutzung" nicht mit "Anschaffung" gleichzusetzen. Durch das Nutzungskriterium sollen gerade die Fälle erfaßt werden, die nicht schon durch das Kriterium Anschaffung der Abstimmungspflicht unterliegen, da vom Zweck des § 10 KHG a.F. die Erteilung einer gesonderten Betriebserlaubnis für ein angeschafftes und abgestimmtes Großgerät überflüssig ist[128]. Damit liegt eine abstimmungspflichtige Nutzung immer bei Inbetriebnahme eines Großgerätes vor,

---

124) S.o.

125) Genzel/Hanisch/Zimmer, § 10 KHG, Anm. 2; Zuck, MedR 1985, S. 138.

126) Genzel/Hanisch/Zimmer, § 10 KHG, Anm. 2.

127) Schneider, Medizinisch-technische Großgeräte, S. 29.

128) Schneider, Medizinisch-technische Großgeräte, S. 29.

das nicht schon wegen seiner Anschaffung der Abstimmungspflicht unterliegt[129]. Nutzung und Mitbenutzung unterscheiden sich dann nur noch insoweit, daß neben demjenigen, der das Gerät anschafft oder nutzt, noch ein Dritter mit dem Großgerät Leistungen erbringt.

cc. Resümee

Insgesamt haben die Merkmale Anschaffung, Nutzung und Mitbenutzung allein den Zweck, die Einbeziehung medizinisch-technischer Großgeräte in die stationäre Versorgung unter allen denkmöglichen Sachverhalten mit der Abstimmungspflicht nach § 10 KHG a.F. zu erfassen[130]. Aus diesem Grund ist es auch nach der ratio des § 10 KHG a.F. unerheblich, auf welcher Rechtsgrundlage (Kauf, Miete, Leihe, Leasing, Gesellschaftsvertrag u.a.) sich der Betrieb eines medizinisch-technischen Großgerätes vollzieht[131].

c. Die Abstimmung mit der Landesregierung

Gemäß § 10 S. 1 KHG a.F. ist die Anschaffung, Nutzung oder Mitbenutzung medizinisch-technischer Großgeräte mit der zuständigen Landesbehörde abzustimmen. Die Abstimmung ist also nicht etwa mit den benachbarten Krankenhäusern[132], sondern mit der jeweiligen Landesbehörde durchzuführen[133].

---

129) Schneider, Medizinisch-technische Großgeräte, S. 29.

130) Schneider, Medizinisch-technische Großgeräte, S. 29.

131) Genzel/Hanisch/Zimmer, § 10 KHG, Anm. 2; Schneider, Medizinisch-technische Großgeräte, S. 29; Vollmer/Graeve, § 10 KHG, KennZiff. 310.65.

132) So aber der Regierungsentwurf zu § 11 a KHG: BR-Drucks. 175/81, S. 9 f.

133) Brandecker/Dietz/Bofinger, § 10 KHG, Anm. 7.

Auffällig ist, daß der Gesetzgeber nicht statt des Begriffs "abstimmen" das Wort "zustimmen" verwendet hat[134]. Trotzdem wird z.T. vertreten, daß "abstimmen" und "zustimmen" in § 10 KHG a.F. ein und dasselbe meinen[135]. Dagegen läßt sich nach der Wortgeschichte nachweisen, daß "Abstimmen" sich gerade als Gegenwort zu "Zustimmen" entwickelt hat[136]. In der Rechtssprache wird Abstimmung umschrieben als die der gemeinsamen Willensbildung dienende Stellungnahme der Mitglieder einer Personengesamtheit zu einem Vorschlag[137]. Zustimmung dagegen ist ein einseitiger Willensakt, die Erklärung des Einverständnisses mit einem fremden Handeln[138]. Abstimmung unterscheidet sich daher insofern von der Zustimmung, daß bei einem derartigen Vorgang mindestens zwei Rechtssubjekte als Willensträger wechselseitig handeln, während bei der Zustimmung die Entscheidung nur von einem Rechtssubjekt bestimmt wird.

Daraus ergibt sich, daß Abstimmung eben nicht mit Zustimmung schon vom Wortsinn her gleichgesetzt werden kann.

Auch eine historische Interpretation bestätigt dieses Ergebnis. Im Regierungsentwurf zum Krankenhausfinanzierungsgesetz wurde vorgeschlagen, daß die Anschaffung oder Nutzung eines Großgerätes nicht mit der Landesbehörde, sondern mit den benachbarten Krankenhäusern abzustimmen war[139]. Es sollte also ein Interessenausgleich zwischen den Krankenhäusern eines Versorgungsbereichs

---

134) Dazu auch: Zuck, MedR 1985, S. 138.

135) Brandecker/Dietz/Bofinger, § 10 KHG, Anm. 6; Schneider, Medizinisch-technische Großgeräte, S. 31; zweifelnd: Harsdorf/ Friedrich, § 11a KHG, Tz. 148a - 3.

136) Trübners Deutsches Wörterbuch, Stichwort: "abstimmen", Nr. 1.

137) Brockhaus Enzyklopädie, Stichwort: "Abstimmung", Nr. 1.

138) So etwa: Lehmann/Hübner, S. 328.

139) BR-Drucks. 175/81, S. 9 f.

bewirkt werden. Abstimmen in diesem Sinne konnte also nur heißen, die unterschiedlichen Vorstellungen in Einklang zu bringen, was mehr ist als die bloße Erteilung oder Verweigerung einer Zustimmung.
Nach der geltenden Gesetzesfassung ist die Abstimmung mit der zuständigen Landesbehörde durchzuführen. Dieses sollte die Steuerungsmöglichkeiten für die zuständige Planungs- und Förderbehörde bei der Anschaffung von Großgeräten gewährleisten[140]. Es besteht aber kein Grund dafür, wegen des Austausches des Abstimmungspartners die Funktion der Abstimmung auf die Erteilung oder Verweigerung der Zustimmung zu beschränken. Vielmehr sollte - mit dem Wortlaut der Norm - durch die Abstimmung die regionalen Versorgungsbedürfnisse, speziell die Leistungserfordernisse der benachbarten Krankenhäuser, Berücksichtigung finden[141]. Die Landesbehörde ist somit als unabhängiger Dritter[142] auch Sachwalter der Interessen der benachbarten Krankenhäuser. Damit hatte die Abstimmung in § 10 KHG a.F. von ihrer Funktion her ähnliches zu leisten, wie die oben beschriebene Abstimmung nach dem Regierungsentwurf. Aus der Gesetzesgeschichte des § 10 KHG a.F. kann daher nicht geschlossen werden, daß es sich bei der Abstimmung in § 10 KHG a.F. um einen Zustimmungsvorbehalt handelt[143]; vielmehr ist das Gegenteil der Fall.

Auch eine an teleologischen Gesichtspunkten ausgerichtete Interpretation führt zum selben Ergebnis. Ziel der Regelung des § 10 KHG a.F. ist es, die Folgekostenentwicklung bei medizinisch-technischen Großgeräten zu kontrollieren und eine ausgewogene Struktur des Leistungsangebots bei Großgeräten zu erhalten. Ob nun ein im stationären Bereich betriebenes Gerät im Hinblick auf die Folgekosten und die

---

140) Brandecker/Dietz/Bofinger, § 10 KHG, Anm. 6.

141) Zuck, MedR 1985, S. 139.

142) So: Zuck, MedR 1985, S. 139.

143) So aber Brandecker/Dietz/Bofinger, § 10 KHG, Anm. 6.

Struktur den Vorstellungen der Landesbehörde entspricht, erfordert eine umfassende planerische Koordination. Die Alternative, eine Zustimmung zu erteilen oder zu verweigern, ist dafür weit weniger tauglich, als die Bewirkung eines Interessenausgleichs, der wesentlich flexiblere Möglichkeiten bei der Bereitstellung von Großgeräteleistungen im Krankenhaus eröffnet. Um im Hinblick auf den Zweck des § 10 KHG a.F. eine effektive Abstimmung zu erreichen, läßt sich die Abstimmung nicht auf einen Zustimmungsvorbehalt beschränken[144], sondern ist als eine umfassende, interessenausgleichende Steuerungsmöglichkeit der Landesbehörde zu begreifen[145].

d. Das Abstimmungsverfahren

Fraglich ist indes, wie ein derartiges Abstimmungsverfahren vor sich geht.

aa. Die Beteiligung der Kassenärztlichen Vereinigung und der Landesverbände der Krankenkassen

Vom Wortlaut des § 10 KHG a.F. her ist mit der Landesbehörde, deren Zuständigkeit sich nach Landesrecht bestimmt, die Anschaffung, Nutzung oder Mitbenutzung abzustimmen und zwar hat die Abstimmung dasjenige Krankenhaus herbeizuführen, das den abstimmungspflichtigen Tatbestand verwirklicht[146]. Dabei ist nach § 10 S. 1 KHG a.F. das Benehmen mit der kassenärztlichen Vereinigung und den Landesverbänden der Krankenkassen herzustellen. Unter dem Begriff "Benehmen" ist allgemein eine Form des Zusammenwirkens von Verwaltungsorganen zu ver-

---

144) Vgl.: Vollmer/Graeve, § 10 KHG, KennZiff. 310.05, Rn. B 52.

145) Ähnlich: Zuck, MedR 1985, S. 139.

146) Brandecker/Dietz/Bofinger, § 10 KHG, Anm. 7.

stehen, das in der Einholung einer unverbindlichen Stellungnahme besteht[147]. Dadurch soll erreicht werden, daß die Stellen, mit denen sich die Entscheidungsträger ins Benehmen zu setzen haben, ihre Interessen wahren können[148]. Für die Großgeräteabstimmung hat das zur Folge, daß zumindest mit dieser schwachen Form der Mitwirkung den kassenärztlichen Vereinigungen und den Landesverbänden der Krankenkassen bezüglich Tatbestand und Beurteilungskriterien Gelegenheit gegeben wird, einen eigenen Standpunkt zu vertreten und diesen bei der Abstimmung durch Stellungnahmen deutlich zu machen[149]. Dieses dient der Information der Landesbehörde über die Folgekosten und die Auswirkungen im ambulanten Bereich[150]. Aus der Verpflichtung der Landesbehörde und der Krankenhäuser, sich mit den kassenärztlichen Vereinigungen und den Landesverbänden der Krankenkassen ins Benehmen zu setzen, folgt, daß das Krankenhaus seine Absicht zur Anschaffung, Nutzung oder Mitbenutzung frühzeitig diesen offenzulegen hat, und die Landesbehörde die Beurteilung des Sachverhalts sowie die beabsichtigte Entscheidung diesen mitzuteilen hat[151].

Dagegen sind Krankenhaus und Landesbehörde nicht an die Stellungnahmen von kassenärztlichen Vereinigungen und Landesverbänden der Krankenkassen gebunden; eine Entscheidung kann auch gegen deren Vorstellungen ergehen[152].

---

147) Achterberg, S. 239 f; Deutsches Rechts-Lexikon, Bd. 1, Stichwort "Benehmen" (S. 579).

148) Erichsen/Martens (Badura), S. 458.

149) Krauskopf/Feuerstein, § 10 KHG, Bl. 6-58.

150) Genzel/Hanisch/Zimmer, § 10 KHG, Anm. 6.

151) Krauskopf/Feuerstein, § 10 KHG, Bl. 6-59.

152) Genzel/Hanisch/Zimmer, § 10 KHG, Anm. 6.

bb. Der Abstimmungsvorgang

Wenn also "Abstimmen" im Sinne von § 10 KHG a.F. das Bewirken eines Interessensausgleichs bedeutet[153], so fragt sich, wie solches zu erreichen ist. Sofern nicht die Interessen der Betroffenen (Krankenhäuser, Ärzte, Krankenkassen, Behörden) übereinstimmen, so ist die zuständige Landesbehörde nach § 10 KHG a.F. gezwungen, ein Ergebnis des Abstimmungsverfahrens im Wege der Abwägung herbeizuführen[154]. Dabei sind die unterschiedlichen Interessen und Belange gegeneinander zu gewichten.
Der Maßstab für diese Gewichtung läßt sich aus dem Gesetz entnehmen. Nach § 10 S. 1 KHG a.F. hat das Abstimmungsverfahren insgesamt zur Aufgabe, einen wirtschaftlichen Einsatz der medizinisch-technischen Großgeräte sicherzustellen.

Das bedeutet im Großgerätebereich, daß

1. Überkapazitäten bei medizinisch-technischen Großgeräten vermieden werden sollen,
2. eine wirtschaftliche Auslastung i.S.v. § 12 Abs. 1 SGB V a.F. der Anlagen gesichert ist,
3. und Krankenhäuser nicht die für sie in den Krankenhausbedarfsplänen festgelegte Versorgungsstufen unterlaufen[155].

Ausgehend von dieser Aufgabenstellung sind nach der Regelung des § 10 KHG a.F. eine Vielzahl von Belangen für die Abwägung relevant. Zwar werden in § 10 S. 1 KHG a.F. ausdrücklich nur die regionalen Versorgungsbedürfnisse genannt.

---

153) Zuck, MedR 1985, S. 139.

154) Harsdorf/Friedrich, § 11a KHG, Tz. 148a.

155) Krauskopf/Feuerstein, § 10 KHG, Bl. 6-58.

Diese sollen nach dem Gesetz bei der Abstimmung Berücksichtigung finden. Wenn aber die regionalen Versorgungsbedürfnisse lediglich Berücksichtigung bei der Abstimmung finden, so müssen noch andere relevante Belange existieren. Das ergibt sich auch aus § 10 S. 3 KHG a.F., wonach bei der Abstimmung der sich aus Forschung und Lehre ergebende Gerätebedarf bei Hochschulkliniken ebenfalls zu berücksichtigen ist.

So sind etwa die Bedeutung des Krankenhauses im jeweiligen Krankenhausplan, die apparative Ausstattung des Krankenhauses im Hinblick auf eine relativ gleichmäßige Verteilung der Großgerätetechnik, das Vorhandensein einer genügenden Nachsorgekapazität sowohl im stationären als auch im ambulanten Bereich (Facharztwesen) entscheidende Abstimmungskriterien. Des weiteren haben aber auch bestehende Kooperationsmöglichkeiten zwischen dem stationären und ambulanten Bereich bei der Großgerätenutzung abstimmungsrelevante Bedeutung. Wie im Einzelfall derartige Abstimmungen ausfallen, ist abhängig von der jeweiligen Situation, der Akzeptanz der "Großgeräteplanung" und schließlich der Kompromißbereitschaft der Beteiligten.

e. Das Abstimmungsergebnis

Das Ergebnis des Abstimmungsverfahrens wird nach der überwiegenden Ansicht von der zuständigen Landesbehörde in einem Verwaltungsakt umgesetzt[156].

Gegen die Verwaltungsakteigenschaft des Abstimmungsergebnisses wird z.T. geltend gemacht, daß eine verwaltungsaktimmanente Bindungswirkung vom

156) So: Brandecker/Dietz/Bofinger, § 10 KHG , Anm. 7; Genzel/Hanisch/Zimmer, § 10 KHG , Anm. 5; Harsdorf/Friedrich, § 11a KHG , Tz. 148a; Schneider, Medizinisch-technische Großgeräte, S. 32; Vollmer/Graeve, § 10 KHG, KennZiff. 310.05, Rn. B.34; a.A. wohl: Zuck, MedR 1985, S. 139, der eine materielle Bindung an das von der zuständigen Behörde gefundene Abstimmungsergebnis ablehnt.

Gesetzgeber selbst insofern nicht gewollt war, als ausdrücklich mit § 17 Abs. 3 Nr. 3 KHG a.F. eine Sanktionsvorschrift geschaffen werden mußte, um der Abstimmungsverpflichtung zur Durchsetzung zu verhelfen[157].

Die herrschende Meinung begründet demgegenüber die Verwaltungsakteigenschaft mit dem Argument, daß bei den nicht der Abstimmung entsprechend betriebenen Großgeräten die Rechtsfolge (Sanktion des § 17 Abs. 3 Nr. 3 KHG a.F.) und der damit einhergehende Eingriff in die Rechtssphäre des Krankenhauses die Qualifizierung des Abstimmungsergebnisses als Verwaltungsakt erfordern, mit der Folge der verwaltungsgerichtlichen Kontrollmöglichkeit der Abstimmung[158].

Beide Begründungen vermögen indes nicht zu überzeugen. Zum einen folgt aus einer bestehenden Sanktionsmöglichkeit nicht, daß das vorhergehende Verfahren, was den Sanktionstatbestand erst begründet, mit einer Entscheidung endet, die als Verwaltungsakt Bindungswirkung erzeugt. Beide Sachverhalte, also Abstimmung und Sanktion, sind in diesem Punkt unabhängig voneinander.

Wollte man dagegen § 10 KHG a.F. als reine Verfahrensnorm begreifen[159] und dementsprechend im Abstimmungsergebnis keinen Verwaltungsakt sehen, so hätte das für § 17 Abs. 3 Nr. 3 KHG a.F. zur Folge, daß nur bei den Geräten, die überhaupt nicht in das Abstimmungsverfahren eingebracht wurden, die Sanktion ausgelöst würde, nicht indes bei solchen Geräten, die zuvor Gegenstand des Abstimmungsverfahrens waren, jedoch jetzt im Widerspruch zum Abstimmungsergebnis betrieben werden. Außerdem wird dabei verkannt, daß es sich bei der Entscheidung

---

157) Zuck, MedR 1985, S. 139.

158) Genzel/Hanisch/Zimmer, § 10 KHG, Anm. 5; Schneider, Medizinisch-technische Großgeräte, S. 32.

159) Zuck, MedR 1985, S. 139.

im Rahmen des § 10 KHG a.F. um einen feststellenden Verwaltungsakt handeln könnte. Allein daraus, daß dieser aus sich heraus nicht durchsetzbar, also vollstreckbar ist, und deshalb einer zusätzlichen Sanktionsnorm für seine Gewährleistung bedarf, kann nicht geschlossen werden, daß ihm die Verwaltungsakteigenschaft fehlen würde.

Auf der anderen Seite kann erst recht nicht wegen der Eingriffsintensität einer Maßnahme oder wegen der Erforderlichkeit einfacher Rechtsschutzmöglichkeiten auf die Rechtsnatur des Abstimmungsergebnisses als Verwaltungsakt geschlossen werden.

Die Frage der Rechtsnatur richtet sich vielmehr ausschließlich nach der gesetzlichen Definition des Verwaltungsaktes in den jeweiligen Verwaltungsverfahrensgesetzen der Länder[160].
Danach ist ein Verwaltungsakt eine hoheitliche Maßnahme, die eine Behörde auf dem Gebiet des öffentlichen Rechts trifft und die auf unmittelbare Rechtswirkung nach außen gerichtet ist (z.B. § 35 S. 1 VwVfG-NW).
Nach anerkannter Definition ist eine hoheitliche Maßnahme eine Anordnung, d. h. ein Gebot oder Verbot, sonstige Rechtsgestaltung oder Feststellung sowie deren Versagung[161]. Da mit dem Abstimmungsergebnis das im stationären Bereich betriebene Großgerät entweder der wirtschaftlichen Leistungserbringung zugeordnet wird oder nicht, hat das Ergebnis rechtsgestaltenden Charakter, ist also eine hoheitliche Maßnahme[162].
Mit der Einordnung des medizinisch-technischen Großgerätes in die stationäre Versorgung durch das Abstimmungsergebnis wird eine Entscheidung im Einzelfall

160) Vollmer/Graeve, § 10 KHG, KennZiff. 310.05, Rn. B 34.

161) Wolff/Bachof, VerwR I, S. 380.

162) Vollmer/Graeve, § 10 KHG, KennZiff. 310.05, Rn. B 34.

auf dem Gebiet des öffentlichen Rechts insofern getroffen, als mit der Entscheidung die Landesbehörde, ein Träger hoheitlicher Gewalt, in bezug auf das in Frage stehende Gerät für das untergeordnete Krankenhaus eine Regelung trifft. Diese Regelung hat auch unmittelbare Rechtswirkung nach außen, da damit der Rechtskreis des Krankenhauses bzw. des Krankenhausträgers, nämlich die Entscheidungsfreiheit, eine Großgeräteleistung als Teil einer stationären Leistung zu erbringen und abzurechnen, von dem Abstimmungsergebnis abhängt.

Fraglich ist nur, ob hier eine Behörde die Regelung trifft, da am Abstimmungsprozeß, also am Verfahren das zum Abstimmungsergebnis führt, nach der hier vertretenen Auffassung auch das Krankenhaus, welches den abstimmungspflichtigen Tatbestand bewirkt, aktiv beteiligt ist.
Dieses trifft zwar für das Verfahren selbst zu, nicht jedoch, was für die Qualifizierung als Verwaltungsakt erheblich ist, beim Abstimmungsergebnis. Dieses wird allein durch die Behörde festgesetzt.
Die Landesbehörde muß nach § 10 KHG a.F. das Benehmen mit der kassenärztlichen Vereinigung und den Landesverbänden der Krankenkassen herstellen[163]. Damit kommt ihr eine verfahrensleitende Stellung und mithin die Verantwortlichkeit der Landesbehörden für ein ordnungsgemäßes Abstimmungsverfahren zu. Diese Verantwortlichkeit wird dadurch dokumentiert, daß die Landesbehörde das Abstimmungsergebnis nach außen in einer überprüfbaren Entscheidung festsetzt. Demzufolge wird, obwohl das Krankenhaus am Abstimmungsverfahren beteiligt ist, also mitgewirkt hat, das Abstimmungsergebnis in einer landesbehördlichen Entscheidung niedergelegt.

Rechtlich anerkannt ist eine derartige Form der Entscheidung bei gleichzeitiger Beteiligung Dritter am Verwaltungsverfahren als sog. mitwirkungsbedürftiger

163) Brandecker/Dietz/Bofinger, § 10 KHG, Anm. 7.

Verwaltungsakt[164]. Dabei handelt es sich um einen Verwaltungsakt, bei dessen Erlaß der Betroffene mitwirken muß[165]. Bei § 10 KHG a.F. muß das betroffene Krankenhaus sich mit der zuständigen Landesbehörde abstimmen, die dann das Abstimmungsergebnis in eine behördliche Entscheidung kleidet.

Insgesamt ist daher das Abstimmungsergebnis nach § 10 KHG a.F. ein mitwirkungsbedürftiger Verwaltungsakt[166]. Aus den allgemeinen Regeln, wonach ein mitwirkungsbedürftiger Verwaltungsakt fehlerhaft ist, wenn er ohne Mitwirkung des Betroffenen erlassen worden ist[167], folgt, daß die Entscheidung rechtswidrig ist, sofern die Behörde ein Abstimmungsergebnis festsetzt, ohne daß das betroffene Krankenhaus bei der Abstimmung beteiligt war.

2. Großgeräte und Krankenhausplanung nach dem KHG

Neben der Regelung des § 10 KHG a.F. kennt das Krankenhausfinanzierungsgesetz aber noch den Weg der Großgeräteplanung mit Hilfe des Krankenhausplans[168].

---

164) Zum Begriff:
Erichsens/Martens (Erichsen), S. 237; Faber, S. 177 f.; Knack, § 35 VwVfG, Rn. 5.1.6; Obermayer, § 35 VwVfG, Rn. 263.

165) Knack, § 35 VwVfG, Rn. 5.1.6.

166) So auch: Schneider, Medizinisch-technische Großgeräte, S. 32.

167) Erichsen/Martens (Badura), S. 446.

168) Vollmer/Graeve, § 10 KHG, KennZiff. 310.05, Rn. B 35.

a. Rechtliche Bedeutung der Krankenhausplanung

Gemäß § 6 Abs. 1 KHG a.F. stellen die Länder, um eine wirtschaftliche Sicherung der Krankenhäuser, eine bedarfsgerechte Versorgung der Bevölkerung mit leistungsfähigen eigenverantwortlich wirtschaftenden Krankenhäusern und sozial tragbare Pflegesätze zu gewährleisten, Krankenhauspläne auf. Gegenstand der Planung ist das Angebot an Krankenhausleistungen[169]. Die Bedeutung des Krankenhausplanes ergibt sich daraus, daß ein Krankenhaus nach dem Krankenhausfinanzierungsgesetz nur gefördert wird, soweit es in dem Krankenhausplan aufgenommen ist (§ 8 Abs. 1 KHG a.F.)[170]. Außerdem hängt das Recht auf Behandlung von Kassenpatienten zu Lasten der gesetzlichen Krankenversicherung u.a. von der Aufnahme des Krankenhauses in den Krankenhausplan ab (vgl. § 108 Nr. 2 SGB V a.F.)[171].

Das Instrument der staatlichen Krankenhausplanung ist durch das Krankenhausfinanzierungsgesetz 1972 eingeführt und damit auf eine bundesweite gesetzliche Grundlage gestellt worden[172]. Die Koordination medizinisch-technischer Großgeräte als Teil des Krankenhausplans wurde jedoch erstmalig mit dem Krankenhaus-Kostendämpfungsgesetz vom 22.12.1981 gesetzlich geregelt[173]. Nach § 6 Abs. 2 S. 4 KHG i.d.F. vom 22.12.1981 sollen die Krankenhausbedarfspläne die Voraussetzung dafür schaffen, daß die Krankenhäuser auch durch Zusammenarbeit und Aufgabenteilung, zum Beispiel über die Vorhaltung medizinisch-technischer

169) Brandecker/Dietz/Bofinger, § 6 KHG, Anm. II 2.

170) Brandecker/Dietz/Bofinger, § 6 KHG, Anm. II 1.

171) Vollmer/Hoffmann, S. 20.

172) Vollmer/Hoffmann, S. 19.

173) Harsdorf/Friedrich, § 6 KHG, Tz. 94.2.

Großgeräte die Versorgung in wirtschaftlichen Betriebseinheiten sicherstellen können[174].

Trotz der Streichung dieser Regelung mit dem Krankenhausfinanzierungsgesetz von 1985 gilt diese gemäß § 29 Abs. 1 S. 1 KHG a.F. solange fort, bis sie durch Landesrecht gemäß § 6 Abs. 3 KHG a.F. ersetzt wird[175]. Wenn also medizinisch-technische Großgeräte Teil der landesrechtlichen Krankenhausplanung sein können, so müssen auch dafür die für die sonstige Krankenhausplanung entwickelten Grundsätze gelten[176].

b. Inhalt des Krankenhausplans

Nach der Rechtsprechung des Bundesverwaltungsgerichts ist anerkannt, daß Krankenhauspläne im wesentlichem folgenden Inhalt haben[177]:

Im Rahmen der gesetzlichen Vorgaben werden die Ziele festgelegt, auf deren Verwirklichung der Plan ausgerichtet ist, sog. Krankenhauszielplanung. Des weiteren hat der Plan eine Beschreibung des zu versorgenden Bedarfs zu enthalten, sog. Bedarfsanalyse[178]. Demgegenüber wird eine Beschreibung der bestehenden Versorgungsbedingungen bei den im Plan aufgenommenen Krankenhäusern erstellt,

---

174) Gesetz zur Änderung des Gesetzes zur wirtschaftlichen Sicherung der Krankenhäuser und zur Regelung der Krankenhauspflege (Krankenhaus-Kostendämpfungsgesetz) vom 22.12.1981 (BGBl. I S. 1568).

175) Vollmer/Graeve, § 6 KHG, KennZiff. 306.30.

176) Vollmer/Graeve, § 10 KHG, KennZiff. 310.05, Rn. B 55.

177) Dazu: BVerwGE 72, 38, (46); Vollmer/Hoffmann, S. 23; Brandecker/Dietz/Bofinger, § 10 KHG., Anm. 7.

178) So schon: BVerwGE 60, 269, (274).

sog. Krankenhausanalyse[179]. Mit Hilfe dieser drei Entscheidungsschritte läßt sich dann die eigentliche Versorgungsentscheidung treffen, in der festgelegt wird, mit welchen Krankenhäusern der festgestellte Bedarf der Bevölkerung versorgt werden soll[180].

aa. Die Krankenhauszielplanung

Mit der Krankenhauszielplanung hat die zuständige Landesbehörde die Aufgabe, die allgemeinen Ziele, auf die sie die Krankenhausplanung ausrichten will, zu bestimmen[181]. Es soll damit erreicht werden, daß die richtigen Krankenhäuser sich am richtigen Platz befinden[182]. Die Planungsbehörde ist damit verpflichtet, ein koordiniertes System bedarfsgerechter, leistungsfähiger und wirtschaftlich arbeitender Krankenhäuser festzulegen[183].

Nach der Ansicht des Bundesverfassungsgerichts muß sich die Krankenhauszielplanung unter anderem an die örtlichen Gegebenheiten und regionalen Bedarfsstrukturen orientieren, wobei hier von einem planerischen Gestaltungsspielraum der Planungsbehörde auszugehen ist[184]. Wo der Verwaltung ein derartiger Gestaltungsspielraum eingeräumt ist, resultiert aus dieser Planungshoheit auch die Planungsfreiheit der Planungsbehörde den betreffenden Lebensbereich nach ihrer

179) BVerwGE 72, 38,(46); BVerwG, Buchholz 451.74, § 8 KHG, Nr. 8, S. 72.

180) BVerwGE 72, 38,(46); BVerwG, Buchholz 451.74, § 8 KHG, Nr. 8, S. 72.

181) Vollmer/Hoffmann, S. 24.

182) BVerwGE 72, 38, (47).

183) Vollmer, das Krankenhaus 1988, S. 459.

184) BVerfGE 82, 209, (225).

eigenen planerischen Vorstellung unter Abwägung der öffentlichen Interessen und privaten Belange der betroffenen Dritten systematisch zu gestalten[185].

Planungsrelevante Interessen sind einerseits die des Staates, der Gesamtheit der Bürger und nicht auch zuletzt der Sozialleistungsträger an einer kostengünstigen aber leistungsfähigen Versorgung der Bevölkerung mit Krankenhäusern und andererseits die der Krankenhausträger an einem weitgehend freien Betreiben der Krankenhäuser[186]. Bei der Inanspruchnahme der planerischen Gestaltungsfreiheit ist die Planungsbehörde auch wegen der unterschiedlichen Interessen der Beteiligten nicht unbeschränkt[187]. Grenzen ihrer Gestaltungsfreiheit ergeben sich dabei zum einen aus den gesetzlichen Vorschriften als auch zum anderen aus dem Abwägungsgebot[188]. Als gesetzliche Grenzen sind zum einen die landesrechtlichen Vorschriften, die gemäß § 6 Abs. 3 KHG a.F. das Nähere zur Krankenhausplanung regeln und zum anderen aber auch die Grundsätze der Krankenhausfinanzierung in § 1 KHG a.F. zu nennen[189].

Maßgebliche Bedeutung für den Rahmen der planerischen Gestaltungsfreiheit bei der Krankenhausplanung hat indes das sogenannte Abwägungsgebot[190].
Nach Ansicht des Bundesverwaltungsgerichts ist das Abwägungsgebot ein wesentlicher Grundsatz rechtsstaatlicher Planung, der unabhängig davon Beachtung finden

---

185) BVerwGE 62, 86, (93); Vollmer, das Krankenhaus 1988, S. 463 f.

186) BVerwGE 62, 86, (95).

187) OVG Münster, Urt. v. 3.4.1984, Az.: 13 A 2682/82, S. 3.

188) VG München, Krankenhausrecht, 09/KHG/01, S. 3.

189) Hierzu: VG München, Krankenhausrecht, 09/KHG/01, S. 3.

190) Harsdorf/Friedrich, § 6 KHG, Tz. 88.1.

muß, ob das der Planung zugrundeliegende Gesetz diesen ausdrücklich vorsieht[191]. Seine rechtliche Anknüpfung findet das allgemeine planungsrechtliche Abwägungsgebot in dem durch die Verfassung gewährleisteten Rechtsstaatsprinzip[192]. Durch das Gebot einer gerechten Abwägung bei planerischen Entscheidungen wird gerade dem im Rechtsstaatsprinzip enthaltenen Verhältnismäßigkeitsgrundsatz Rechnung getragen[193]. Mit Hilfe des Abwägungsgebotes sollen u.a. Zielkonflikte staatlicher Planung, die notwendigerweise bei Inanspruchnahme der der Planung immanenten Gestaltungsfreiheit entstehen, einer rechtsstaatlichen Lösung zugeführt werden[194]. Planung erfordert im allgemeinen den Ausgleich zwischen verschiedenen Interessen und Belangen. Gerade in der Entscheidung über die Priorität bestimmter planungsrelevanter Gesichtspunkte kommt die Besonderheit staatlicher Planung zum Ausdruck[195].

Nach der ständigen Rechtsprechung des Bundesverwaltungsgerichts verlangt das Abwägungsgebot, "daß - erstens - eine Abwägung überhaupt stattfindet, daß - zweitens - in die Abwägung an Belangen eingestellt wird, was nach Lage der Dinge in sie eingestellt werden muß, und daß - drittens -, weder die Bedeutung der betroffenen öffentlichen und privaten Belange verkannt, noch der Ausgleich zwischen ihnen in einer Weise vorgenommen wird, die zur objektiven Gewichtung einzelner Belange außer Verhältnis steht. Innerhalb des so gezogenen Rahmens wird das Abwägungsgebot jedoch nicht verletzt, wenn sich die zur Planung ermächtigte Stelle in der Kollision zwischen verschiedenen Belangen für die Bevor-

---

191) BVerwG, DVBl. 1969, S. 699; BVerwGE 34, 301, (307); BVerwGE 41, 67, (68 f).

192) BVerwGE 61, 295, (301); BVerwG, Buchholz 442.08, § 36 BbG, Nr. 5, S. 5; BVerwG, Buchholz 451.22, AbfG, Nr. 29, S. 22; Heinze, C., NVwZ 1986, S. 89.

193) BVerfGE 79, 174, (198); BVerwGE 61, 295, (301).

194) Brohm, Sp. 554; Ernst/Zinkahn/Bielenberg (Söfker), § 1 BauGB, Rn. 221; für die Krankenhausplanung: OVG Rheinland-Pfalz, DVBl. 1982, S. 1011.

195) Berliner Kommentar (Gaentsch), § 1 BauGB, Rn. 69.

zugung des einen und damit notwendig für die Zurückstellung eines anderen entscheidet"[196].

Nach dem oben Gesagten hat das in anderen Fachplanungsbereichen entwickelte Abwägungsgebot unmittelbare Wirkung auch für die Krankenhausplanung nach dem KHG[197]. Das Krankenhauswesen in der Bundesrepublik Deutschland ist gekennzeichnet auf der einen Seite durch die freie Entscheidung des Krankenhausträgers über Errichtung, Betrieb und Aufgabe der jeweiligen Klinik[198] und auf der anderen Seite durch das Interesse der Gemeinschaft nach einer bedarfsgerechten, leistungsfähigen und kostengünstigen (i.S.v. sozial tragbaren Pflegesätzen) Krankenhausversorgung[199]. Um zu einer gerechten Interessenabwägung zu gelangen, ist für das Verfahren erforderlich, "daß der Abwägungsvorgang einwandfrei durchgeführt wird, daß in ihm alle für die Entscheidung wesentlichen Umstände gesehen und bewertet werden und daß insoweit dem Betroffenen Gelegenheit zur Anhörung gegeben wird, damit er seine Rechtsposition verteidigen kann."[200] Des weiteren muß überhaupt eine Abwägung stattfinden; in diese sind die Belange einzustellen, die nach Lage der Dinge in die Abwägung eingestellt werden müssen, wobei weder die Bedeutung der betroffenen Belange verkannt, noch der Ausgleich zwischen ihnen in einer Weise vorgenommen werden darf, der zu ihrer objektiven

---

196) So wörtlich: BVerwGE 48, 56 (63 ff); vgl. auch: BVerwGE 34, 301, (309); BVerwGE 56, 110, (122); BVerwGE 71, 166, (171); Ernst/Hoppe, Rn. 283.

197) BVerwGE 72, 38, (47); BVerwG, Buchholz 451.74, § 8 KHG, Nr. 7, S. 55; OVG Münster, Urt. v. 3.4.1984, Az.: 13 A 2682/82, S. 8; OVG Rheinland-Pfalz, DVBl. 1982, S. 1011; VG Münster, Krankenhausrecht 09/KHG/01, S. 3; VG Hamburg, Krankenhausrecht 02/KHG/01, S. 7; Harsdorf/Friedrich, § 6 KHG, Tz. 88.1.

198) So auch: BVerwG, KRS 81.042, S. 17.

199) Harsdorf/Friedrich, § 6 KHG, Tz. 88.1.

200) Harsdorf/Friedrich, § 6 KHG, Tz. 88.1.

Gewichtigkeit außer Verhältnis steht[201]. Hält sich die Planungsbehörde an diese rechtlichen Grenzen, so steht ihr innerhalb dieser ein planerischer Gestaltungsspielraum zu[202].

Von den Gerichten läßt sich dieses nur darauf überprüfen, ob die Planungsbehörde ihren planerischen Spielraum überschritten hat, etwa sofern die Abwägungsgrundsätze ungenügend oder falsch auf die Krankenhauszielplanung Anwendung gefunden haben[203].

bb. Die Krankenhaus-Bedarfsanalyse

Zweites inhaltliches Merkmal des Krankenhausplans ist die Bedarfsanalyse, also die Beschreibung des zu versorgenden Bedarfs der Bevölkerung an Krankenhausbetten[204]. Hierbei kann wiederum zu unterscheiden sein zwischen einer als notwendig anzusehenden Beschreibung des zu versorgenden gegenwärtigen Bedarfs und des voraussichtlich zukünftig zu erwartenden Bedarfs[205] mithin einer Bedarfsprognose[206].

Allgemein versteht man unter einer Prognose eine durch ein "spezifisches Schlußverfahren"[207] gewonnene Aussage über die Beschaffenheit eines in absehbarer

201) VG München, Krankenhausrecht 09/KHG/01, S. 3.

202) Vollmer/Hoffmann, S. 24.

203) BVerwGE 72, 38, (47).

204) BVerwGE 72, 38, (47).

205) OVG Münster, Urt. v. 3.4.1984, Az.: 13 A 2682/82, S. 6.

206) Vollmer/Graeve, § 6 KHG, KennZiff. 306.30; BVerwGE 72, 38, (47).

207) Hoppe, BVerwG-Festschrift, S. 301.

Zukunft zu erwartenden Ereignisses oder Sachverhalts[208]. Für die Prognose ist auszugehen von einem bestimmten Daten- und Faktenbestand, der sog. Prognosebasis. Auf Grundlage dessen kommt man durch Anwendung einer bestimmten Prognosemethode gegebenenfalls unter Zuhilfenahme von passenden Gegenkontrollverfahren in einem Prognoseschluß zum Prognoseergebnis, also zu einem Wahrscheinlichkeitsurteil über den Eintritt eines bestimmten Sachverhalts[209].

Hinsichtlich der gerichtlichen Überprüfbarkeit wird man die Prognose wegen ihres wesenhaften Risikos der Fehlvoraussage weder ganz kontrollfrei stellen noch einer vollständigen, umfassenden Kontrolle unterziehen können[210]. Für die Überprüfung von Prognoseentscheidungen sind in der Literatur verschiedene Kontrollschemata entwickelt worden[211]. Die höchstrichterliche Rechtsprechung umschreibt die Überprüfungsmöglichkeit von Prognoseentscheidungen in ständiger Rechtsprechung anhand einer Formel. Danach beschränkt sich das Gericht bei der Nachprüfung prognostischer Feststellungen auf die Überprüfung, "ob die Behörde von zutreffenden Werten, Daten und Zahlen ausgegangen ist und ob sie sich einer wissenschaftlich anerkannten Berechnungsmethode bedient hat."[212]

Sowohl die Ist-Analyse als auch die Prognose beinhalten bei der Bedarfsanalyse im Rahmen der Krankenhausplanung Feststellungen und Schätzungen, die ausschließ-

---

208) Ernst/Hoppe, Rn. 285 b,c; Tettinger, DVBl. 1982, S. 423.

209) Ernst/Hoppe, Rn. 285 c.

210) Ossenbühl, BVerfG-Festschrift, S. 502; Hoppe, BVerwG-Festschrift, S. 310.

211) Vgl. u.a.: Hoppe, BVerwG-Festschrift, S. 310 ff.; Tettinger, DVBl. 1982, S. 427; Ladeur, NuR 1985, S. 88 ff.

212) So wörtlich: BVerwG, Buchholz 451.74, § 8 KHG, Nr. 7, S. 56 f; weiter vgl.: BVerwGE 62, 86, (107 f); BVerwGE 72, 38, (49); BVerwGE 72, 282, (286); BVerwGE 75, 214, (234); BSG, MedR 1993, S. 32; Kopp, § 114 VwGO, Rn. 37.

lich auf tatsächlichem Gebiet liegen[213]. Ein mit dem tatsächlichen Bedarf nicht übereinstimmender bloß erwünschter Bedarf ist demgegenüber nicht Gegenstand der Bedarfsanalyse[214]. Alles andere würde dem in § 1 KHG a.F. bezeichneten Ziel einer gerade bedarfsgerechten Versorgung der Bevölkerung widersprechen[215]. Damit wird die Planungsbehörde mit der Bedarfsanalyse nicht lenkend, sondern beschreibend tätig. Selbst die auf die Zukunft bezogene Prognose hat sich rein an dem tatsächlich zu erwartenden Bedarf zu orientieren[216]. Also ist die Bedarfsanalyse als solche keinesfalls als ein Planungsinstrument im Sinne eines Lenkungsmittels zu qualifizieren[217]. Überprüfbar ist die Bedarfsanalyse wegen ihres prognostischen Inhalts nur hinsichtlich der zugrundeliegenden Daten und ob man sich einer wissenschaftlich anerkannten Berechnungsmethode bedient hat[218]. Das bei einer Bedarfsprognose wesenhafte Risiko der Fehlvoraussage hat, wie gesagt, demgegenüber unberücksichtigt zu bleiben[219].

cc. Die Krankenhausanalyse

Ebenso wie die Bedarfsanalyse beschreibt auch die Krankenhausanalyse, als drittes inhaltliches Kriterium des Krankenhausplans, die tatsächlichen Versorgungsbedingungen, einschließlich einer möglichen Prognose über deren zukünftige Entwick-

---

213) Vollmer/Graeve, § 6 KHG, KennZiff. 306.30.

214) BVerwGE 72, 38, (47 f).

215) BVerwGE 72, 38, (47 f).

216) BVerwG, Buchholz 451.74, § 8 KHG, Nr. 8, S. 74.

217) Vollmer/Hoffmann, S. 25; BVerwGE 72, 38, (48).

218) BVerwGE 72, 38, (48 f.); BVerwG, Buchholz 451.74, § 8 KHG, Nr. 8, S. 74 f.; Vollmer, das Krankenhaus 1988, S. 459.

219) BVerwG, Buchholz 451.49, WWiG, Nr. 2, S. 3.

lung[220]. Gegenstand der Krankenhausanalyse ist die Beschreibung der Krankenhäuser nach Standort, Bettenzahl, Fachrichtung etc. und gegebenenfalls eine Prognostizierung der zukünftigen Entwicklung dieser Versorgungsgrößen[221]. Für die Überprüfbarkeit der Krankenhausanalyse gilt dasselbe wie bei der Bedarfsanalyse[222].

dd. Die Versorgungsplanung

Als letztes muß der Krankenhausplan eine Versorgungsplanung enthalten. Diese ist die zusammenfassende Aufstellung derjenigen Krankenhäuser, mit welchen der Versorgungsbedarf befriedigt werden soll[223].
In § 6 Abs. 1 KHG a.F. ist bestimmt, daß Krankenhauspläne der Verwirklichung der in § 1 KHG a.F. genannten Ziele dienen. Nach § 1 Abs. 1 KHG a.F. ist Zweck des Gesetzes die wirtschaftliche Sicherung der Krankenhäuser, um eine bedarfsgerechte Versorgung der Bevölkerung mit leistungsfähigen, eigenverantwortlich wirtschaftenden Krankenhäusern zu gewährleisten und zu sozial tragbaren Pflegesätzen beizutragen.
Kurz gefaßt bedeutet das für den Krankenhausplan, daß dieser den Stand und die vorgesehene Entwicklung der für eine bedarfsgerechte, leistungsfähige und wirtschaftliche Versorgung der Bevölkerung erforderlichen Krankenhäuser beinhalten muß[224]. Demnach muß mit der Versorgungsplanung festgelegt werden, mit welchen Krankenhäusern dieses Ziel erreicht werden kann. Die Aufnahme eines

---

220) Vollmer/Hoffmann, S. 25.

221) BVerwGE 72, 38, (49); BVerwG, Buchholz 451.74, § 8 KHG, Nr. 8, S. 75.

222) Vollmer/Hoffmann, S. 26.

223) Krauskopf/Feuerstein, § 6 KHG, Bl. 6-29.

224) BVerwGE 72, 38, (50).

Krankenhauses in den Krankenhausplan ist also danach zu beurteilen, ob die entsprechende Klinik dem Bedarf gerecht wird, leistungsfähig ist, und auch kostengünstig arbeitet.

Ob bezüglich dieser Entscheidung der Planungsbehörde ein Planungsermessen, also ein Gestaltungsspielraum zusteht, war lange Zeit umstritten[225]. Mittlerweile kann es jedoch als geklärt angesehen werden, daß ein derartiger Freiraum der Behörde nicht besteht. Nach § 8 Abs. 2 S. 2 KHG a.F. entscheidet die zuständige Landesbehörde bei notwendiger Auswahl zwischen mehreren Krankenhäusern unter Berücksichtigung der öffentlichen Interessen und der Vielfalt der Krankenhausträger nach pflichtgemäßem Ermessen, welches Krankenhaus den Zielen der Krankenhausplanung des Landes am besten gerecht wird.

Diese Regelung betrifft zwar nur den Erlaß des Feststellungsbescheids. Wenn aber der Inhalt des Feststellungsbescheids nicht vom Inhalt des Krankenhausplans abweichen soll, so hat § 8 Abs. 2 S. 2 KHG a.F. mittelbare Auswirkungen für die Aufstellung des Krankenhausplans[226]. Die Frage, welches Krankenhaus den Ziele-n der Krankenhausplanung am besten gerecht wird, also mit welchem Krankenhaus zielgerecht der vorhandene Bedarf versorgt werden soll, ist kein Fall einer Planungsentscheidung, "sondern betrifft die Anwendung der in der Festlegung der Planungsziele liegenden Planungsmaßnahmen auf den konkreten Einzelfall"[227].

Mittlerweile anerkannt ist auch, daß der Krankenhausplan von seiner Rechtsnatur her weder eine Rechtsverordnung noch eine Allgemeinverfügung etwa im Sinne des § 35 S. 2 VwVfG-NW ist, sondern mangels unmittelbarer Rechtswirkung nach

---

225) Dafür etwa: OVG Münster, Urt. v. 3.4.1984, Az.: 13 A 2682/82, S. 3; OVG Lüneburg, DVBl. 1979, S. 885; OVG Münster, DVBl. 1979, S. 890.

226) BVerwGE 72, 38, (51 f).

227) So wörtlich: BVerwGE 72, 38, (52); ebenso: BVerwG, Buchholz 451.74, § 8 KHG, Nr. 7, S. 57 ff; BVerwG, Buchholz 451.74, § 8 KHG, Nr. 8, S. 75 f.; OVG Münster, KRS 85. 116, S. 8 f.

außen lediglich eine Maßnahme mit nur verwaltungsinterner Bedeutung[228]. Diese fehlende Rechtswirkung nach außen hin läßt sich aus dem Umstand schließen, daß gemäß § 8 Abs. 1 S. 2 KHG a.F. die Aufnahme oder Nichtaufnahme in den Krankenhausplan eines Landes durch Bescheid festgestellt wird und nur gegen diesen Feststellungsbescheid gemäß § 8 Abs. 1 S. 3 KHG a.F. der Verwaltungsrechtsweg gegeben ist[229].

Daraus ergibt sich, daß weder durch eine abstrakte Normenkontrolle noch durch Anfechtungs- oder Verpflichtungsklage eine gerichtliche Überprüfung des Krankenhausplans selbst stattfinden kann, was wiederum gegen dessen Einordnung als Rechtsnorm oder Verwaltungsakt spricht[230].

c. Krankenhausplan und Feststellungsbescheid

Für die Rechtmäßigkeit des Feststellungsbescheids gemäß § 8 Abs. 1 S. 2 KHG a.F. kommt es aber auch nicht darauf an, ob dieser den Inhalt des Krankenhausplanes entspricht, denn ein Feststellungsbescheid kann auch rechtmäßig sein, obwohl sein Inhalt vom Krankenhausplan abweicht[231]. Rechtmäßigkeitsmaßstab für den feststellenden Verwaltungsakt[232], der dementsprechend Bindungswirkung

228) BVerwGE 62, 86, (96); BVerwGE 72, 38, (45); BVerwG, Buchholz 451.74, § 8 KHG, Nr. 8, S. 71; Stelkens/Bonk/Leonhardt, § 35 VwVfG, Rn. 181; Brandecker/Dietz/Bofinger, § 6 KHG, Anm. 4; Pant, S. 63; Steiner, Die Fortbildung 1978, S. 67; Robbers, das Krankenhaus 1987, S. 412.

229) Vollmer/Hoffmann, S. 27.

230) BVerwGE 62, 86, (96).

231) BVerwG, Buchholz 451.74, § 8 KHG, Nr. 8, S. 81.

232) Insoweit: Stelkens/Bonk/Leonardt, § 35 VwVfG, Rn. 128 f.

gegenüber Krankenhausträger und Behörde hat[233], sind allein die für diesen Feststellungsbescheid geltenden bundes- und landesrechtlichen Vorschriften[234]. Dem Krankenhausplan als solchen kommt hinsichtlich des Feststellungsbescheids nur die Wirkung ähnlich einer innerdienstlichen Weisung zu, mit der die Behörde verpflichtet wird, einen dem Krankenhausplan entsprechenden Verwaltungsakt zu erlassen[235]. Inhaltlich muß der Feststellungsbescheid die für die Rechtsstellung des Krankenhauses wesentlichen Tatsachen enthalten[236].

Sofern die Aufnahme eines Krankenhauses in den Krankenhausplan rechtswirksam festgestellt ist, hat dieses Krankenhaus gemäß den §§ 8 Abs. 1, 29 Abs. 2 KHG a.F. gegen das jeweilige Land einen Anspruch auf Förderung bei bestimmten Investitionen (vgl. § 9 KHG a.F.)[237]. Die in den Krankenhausplan aufgenommenen Krankenhäuser sind gemäß § 108 Nr. 2 SGB V a.F. durch Gesetz zur Versorgung der Versicherten der gesetzlichen Krankenversicherung zugelassen. Des weiteren wird gemäß § 109 Abs. 1 S. 2 SGB V a.F. mit der Aufnahme dieser Krankenhäuser in den Krankenhausplan nach § 8 Abs. 1 S. 2 KHG a.F. ein Versorgungsvertrag zwischen dem Krankenhausträger und den Verbänden der Krankenkassen fingiert. Für das einzelne Krankenhaus hat daher dessen Aufnahme in den Krankenhausplan existenzielle Bedeutung[238].

---

233) Vollmer, das Krankenhaus 1988, S. 461.

234) BVerwG, Buchholz 451.74, § 8 KHG, Nr. 7, S. 62; BVerwGE 72, 38, (55).

235) BVerwGE 72, 38, (45).

236) Harsdorf/Friedrich, § 8 KHG, Tz. 113.3.

237) Vollmer/Hoffmann, S. 29.

238) Vollmer/Hoffmann, S. 29.

d. Großgeräteplanung i.R.d. Krankenhausplanung

Wie im einzelnen Ablauf und Verfahren der Krankenhausplanung Auswirkungen auf die Standortentscheidung bei medizinisch-technischen Großgeräten haben, kann nicht einheitlich untersucht werden. Gemäß § 6 Abs. 3 KHG a.F. wird das Nähere der Krankenhausplanung durch Landesrecht bestimmt. Deshalb kann eine Großgerätekoordination durch Krankenhauspläne nur auf der Grundlage des jeweiligen, zum Teil sehr unterschiedlichen Landesrechts erörtert werden.

aa. Baden-Württemberg/ Bayern/ Berlin/ Niedersachsen/ Sachsen-Anhalt

In den Bundesländern Baden-Württemberg, Bayern, Berlin, Niedersachsen und Sachsen-Anhalt findet eine Großgerätekoordination im Rahmen der Krankenhausplanung nicht statt. Während in § 10 Nds.KHG[239] für Niedersachsen nachdrücklich und ausschließlich auf die Regelung des § 10 KHG a.F. verwiesen wird und dafür eine verfahrensmäßige Ausgestaltung in Form eines Standortplanungsausschusses vorgehalten wird, findet sich in den Landeskrankenhausgesetzen für Baden-Württemberg[240], Bayern[241], Berlin[242] und Sachsen-Anhalt[243] keine

---

239) Niedersächsisches Gesetz zum Bundesgesetz zur wirtschaftlichen Sicherung der Krankenhäuser und zur Regelung der Krankenhauspflegesätze in der Fassung vom 12. November 1986 (GVBl. S. 343).

240) Landeskrankenhausgesetz Baden-Württemberg vom 15. Dezember 1986 (GBl. 1986, S. 425), zuletzt geändert durch (zwei) Gesetze vom 12. Dezember 1991 (GBl. 1991, S. 856, 860).
In Baden-Württemberg haben die bei der Großgeräteplanung Beteiligten stattdessen versucht, die offenen Verfahrensfragen durch Vereinbarungen zu lösen (vgl. zu den Einzelheiten: Zuck/Hinderer/ Quaas (Hinderer), 1.5.1 Großgeräteverordnung, Rn. 8 ff.).

241) Bayerisches Krankenhausfinanzierungsgesetz in der Fassung der Bekanntmachung vom 11. September 1990 (GVBl. S. 386), zuletzt geändert durch Gesetz vom 7. August 1992 (GVBl. S. 306).

242) Landeskrankenhausgesetz in der Fassung vom 1. September 1986 (GVBl. S. 1533), zuletzt geändert durch Gesetz vom 13. November 1990 (GVBl. S. 2265).

ausdrückliche Regelung über die Großgeräteplanung im stationären Bereich. Wenn also der Landesgesetzgeber die Großgerätekoordination nicht mit in die Vorschriften zur Krankenhausplanung aufgenommen hat, sondern diese ausdrücklich dem Verfahren nach § 10 KHG a.F. zugewiesen hat (so in Niedersachsen), oder durch bewußte Aussparung einer Regelung nicht von der Möglichkeit des § 6 Abs. 3 KHG a.F. Gebrauch gemacht hat (Baden-Württemberg, Bayern, Berlin, Sachsen-Anhalt), so gilt damit ausschließlich das Verfahren nach § 10 KHG a.F.[244] Eine Großgerätekoordination durch Krankenhausplanung ist in diesen Ländern nicht vorgesehen.

bb. Bremen/ Hamburg/ Hessen/ Nordrhein-Westfalen/ Rheinland-Pfalz/ Saarland

Demgegenüber wird von einer Vielzahl von Bundesländern Krankenhausplanung und Großgeräteabstimmung nach § 10 KHG a.F. kombiniert[245]. Medizinisch-technische Großgeräte nach § 10 KHG a.F. werden entweder im Krankenhausplan

---

243) Gesetz des Landes Sachsen-Anhalt zum Bundesgesetz zur wirtschaftlichen Sicherung der Krankenhäuser und zur Regelung der Krankenhauspflegesätze vom 25. Mai 1992 (GVBl. S. 376).

244) Vollmer/Graeve, § 10 KHG, KennZiff. 310.05, Rn. B 54.

245) Bremen: § 5 des Bremischen Krankenhausfinanzierungsgesetzes vom 30. Juni 1987 (GBl. S. 203), geändert durch das Gesetz zur Änderung des Bremischen Krankenhausfinanzierungsgesetzes vom 26. September 1989 (GBl. S. 3566);
Hamburg: § 15 des Hamburgischen Krankenhausgesetzes vom 17. April 1991 (GVBl. I 1991 Nr. 21 A. 127);
Hessen: § 17 des Gesetzes zur Neuordnung des Krankenhauswesens in Hessen (Hessisches Krankenhausgesetz 1989) vom 18. Dezember 1989 (GVBl. I S. 452);
Nordrhein-Westfalen: § 13 des Krankenhausgesetzes des Landes Nordrhein-Westfalen vom 3. November 1987 (GV.NW. 1987, S. 392);
Rheinland-Pfalz: § 6 des Landeskrankenhausgesetzes vom 28. November 1986 (GVBl. 1986, S. 342);
Saarland: §§ 20 , 9 des Saarländischen Krankenhausgesetzes vom 15. Juli 1987 (ABl. Nr. 37/1987, S. 921).

ausgewiesen[246] oder in einen Fachplan aufgenommen, der seinerseits Bestandteil des Krankenhausplanes ist[247]. Schon vom Wortlaut her können "medizinisch-technische Großgeräte nach § 10 KHG a.F." nur solche sein, die im Sinne dieser Vorschrift abstimmungspflichtig sind. Wenn der Landesgesetzgeber also neben der Krankenhausplanung auch auf die Abstimmungspflicht verweist, so bedeutet das, daß die Aufnahme von medizinisch-technischen Großgeräten in den Krankenhausplan eines Landes sowohl der verfahrensmäßigen Anforderung der Krankenhausplanung als auch denen des Abstimmungsverfahrens nach § 10 KHG a.F. entsprechen muß[248].

Für diese Länder ergibt sich damit ein zweiteiliges Verfahren, zum einen müssen Anschaffungen, Nutzungen und Mitbenutzungen von medizinisch-technischen Großgeräten mit der zuständigen Landesbehörde abgestimmt werden, wobei das Benehmen mit der kassenärztlichen Vereinigung und den Landesverbänden der Krankenkassen herzustellen ist (§ 10 KHG a.F.), zum anderen ist das Verfahren für die Aufstellung der Krankenhauspläne einzuhalten.

cc. Schleswig-Holstein

Einen Sonderfall beinhaltet jedoch das schleswig-holsteinische Gesetz zur Ausführung des Krankenhausfinanzierungsgesetzes[249]. § 3 Abs. 1 S. 2 dieses Gesetzes ordnet an, daß der Krankenhausplan die Vorhaltung medizinisch-technischer

---

246) Z.B.: Nordrhein-Westfalen (§ 13 des Krankenhausgesetzes des Landes Nordrhein-Westfalen).

247) Z.B.: Rheinland-Pfalz (§ 6 des Landeskrankenhausgesetzes) - Wabnitz, § 6, LKG-RhPf, Anm. 13; für Hessen: Wabnitz, das Krankenhaus 1990, S. 106.

248) So auch die amtliche Begründung zu § 20 des Saarländisches Krankenhausgesetz, - LT-Drucks. 9/1081, S. 28 f. (zit. nach Vollmer/Graeve, § 10 KHG - Landesrecht Saarland, KennZiff. 310.300).

249) Gesetz zur Ausführung des Krankenhausfinanzierungsgesetzes vom 12. Dezember 1986 (GVBl. S. 302).

Großgeräte festlegt. Eine Verweisung auf § 10 KHG a.F. findet sich dagegen nicht. Damit hat sich der schleswig-holsteinische Gesetzgeber entschlossen, zwei Verfahren zur Großgerätekoordination im stationären Bereich vorzuhalten, die Krankenhausplanung und das Abstimmungsverfahren nach § 10 KHG a.F. Nach dieser Konzeption gilt mit der Aufnahme des Großgerätes in den Krankenhausplan, die durch § 10 KHG a.F. gebotene Abstimmung als erfolgt[250].

dd. Brandenburg/ Mecklenburg-Vorpommern/ Sachsen/ Thüringen

In den meisten neuen Bundesländern[251] dagegen existieren, soweit ersichtlich, noch keine ausführlichen landesrechtlichen Regelungen zur Krankenhausplanung im Rahmen des § 6 Abs. 3 KHG a.F. Jedoch gelten seit dem 1.1.1991 in den genannten Bundesländern gemäß § 21 Abs. 1 S. 1 KHG a.F. die Regelung des Krankenhausfinanzierungsgesetzes des Bundes, die z. T. durch Übergangsregelungen modifiziert wurden[252].

Nach § 29 Abs. 1 S. 1 KHG a.F. sind bis zum Inkrafttreten des Landesrechts nach § 6 Abs. 3 KHG a.F. die entsprechenden Vorschriften des zweiten Abschnitts des KHG in der bis zum 31.12.1984 geltenden Fassung weiter anzuwenden. In dieser bis zum 31.12.1984 geltenden Fassung des Krankenhausfinanzierungsgesetzes war in § 6 Abs. 2 S. 6 KHG a.F. vorgesehen, daß die Krankenhausbedarfspläne (=Kran-

---

250) So die amtliche Begründung des Gesetzentwurfs zu § 3 des Gesetzes zur Ausführung des Krankenhausfinanzierungsgesetzes - Schleswig-Holstein, - LT-Drucks. 10/1491, S. 17, (zit. nach Vollmer/Graeve, § 10 KHG - Landesrecht Schleswig-Holstein, Kenn-Ziff. 310.310).

251) Brandenburg, Mecklenburg-Vorpommern, Sachsen, Thüringen.

252) Vgl. auch: Anlage I, Kap. VIII, Sachgebiet G, Abschnitt II, Nr. 2 des Einigungsvertrages vom 31.8.1990 (BGBl. II 889).

kenhauspläne[253]) Aussagen über die Vorhaltung medizinisch-technischer Großgeräte treffen sollten. Damit besteht auch für die Bundesländer[254], die noch keine dem § 6 Abs. 3 KHG a.F. entsprechenden Landeskrankenhausgesetze erlassen haben, die Möglichkeit, die Koordination von medizinisch-technischen Großgeräten durch den Krankenhausplan des Landes zu vollziehen.

3. Das Verhältnis von Krankenhausplanung und § 10 KHG

In den Bundesländern, die gemäß § 6 Abs. 3 KHG a.F. i.V.m. den entsprechenden Landesgesetzen medizinisch-technischer Großgeräte im Krankenhausplan berücksichtigen, stellt sich die Frage nach den rechtlichen Konsequenzen gerade im Verhältnis zur bundesrechtlichen Abstimmungspflicht des § 10 KHG a.F. Verfolgen die Bundesländer in ihren Landeskrankenhausgesetzen eine sog. "Planungslösung" bei medizinisch-technischen Großgeräten, so hat dieses für sie zur Folge, daß sie sämtliche für die Krankenhausplanung geltenden Rechtsvorschriften auch bei der Großgerätekoordination zu berücksichtigen haben[255]. In entsprechender Anwendung der Rechtsprechung des Bundesverwaltungsgerichts hat, bezogen auf die Großgeräteplanung, der Krankenhausplan diesbezüglich eine Großgerätezielplanung, eine Großgerätebedarfsanalyse, eine Großgerätebestandsanalyse und eine Versorgungsentscheidung zu enthalten[256].

---

253) Die Ersetzung des Begriffs "Krankenhausbedarfsplanung" durch den Begriff "Krankenhausplanung" nach 1984 hat keine rechtlichen Auswirkungen (Krauskopf/Feuerstein, § 6 KHG, Bl. 6-28).

254) Vollmer/Graeve, § 10 KHG, KennZiff. 310.05, Rn. B 55.

255) Vollmer/Graeve, § 10 KHG, KennZiff. 310.40 ff.

256) S.o.

Für jeden dieser einzelnen Bestandteile des Krankenhausplans gelten die oben dargestellten Anforderungen[257]. Des weiteren hat die Planungsbehörde die zwingenden bundesgesetzlichen verfahrensrechtlichen Vorgaben, etwa über die Mitwirkung der zu der Krankenhausversorgung Beteiligten (§ 7 KHG a.F.) einzuhalten. Auch muß durch Feststellungsbescheid entsprechend § 8 Abs. 1 S. 2 KHG a.F. die Aufnahme oder Nichtaufnahme eines durch das Krankenhaus betriebenen Großgerätes in eine gerichtlich überprüfbare Form gebracht werden[258]. Sofern dann die Aufnahme des Gerätes festgestellt ist, besteht ein Rechtsanspruch des Krankenhausträgers auf öffentliche Förderung der Geräteinvestitionskosten[259]. Für die Länder, die die Planlösung mit dem Abstimmungsverfahren koppeln, gilt zusätzlich neben den genannten Anforderungen die Abstimmungspflicht, wie sie sich aus § 10 KHG a.F. ergibt[260].

Ungeklärt dagegen ist jedoch das Verhältnis von landesrechtlich ausgestalteter Krankenhausplanung einschließlich der Berücksichtigung von medizinisch-technischen Großgeräten und der Abstimmungsvorschrift des § 10 KHG a.F. Sofern dieses Problem in der Literatur erörtert wird, wird davon ausgegangen, daß eine Planlösung der Länder Vorrang vor der Großgeräteabstimmung nach § 10 KHG a.F. hat[261]. Dieser Vorrang fand sich schon im Regierungsentwurf zum Krankenhaus-Kostendämpfungsgesetz 1981. Eine Abstimmung von medizinisch-tech-

---

257) Vollmer/Graeve, § 10 KHG, KennZiff. 310.05, Rn. B 55.

258) Vollmer/Graeve, § 10 KHG, KennZiff. 310.05, Rn. B 55.

259) Vollmer/Graeve, § 10 KHG, KennZiff. 310.05, Rn. B 55.

260) Amtliche Begründung zu § 20 des Saarländischen Krankenhausgesetzes - LT-Drucks. 9/ 1081, S. 28 f. (zit. nach Vollmer/Graeve, § 10 KHG, - Landesrecht Saarland, KennZiff. 310.300).

261) Brandecker/Dietz/Bofinger, § 10 KHG, Anm. 8; Vollmer/Graeve, § 10 KHG, KennZiff. 310.05, Rn. B 57; Krauskopf/Feuerstein, § 10 KHG, Bl. 6-59; kritisch dazu: GK-SGB V - Jung, § 122 SGB V, Rn. 72.

nischen Großgeräten sollte danach nur dann erfolgen, wenn nicht schon der Krankenhausplan die Großgeräte zugeordnet hatte[262]. Daß diese ausdrückliche Regelung gestrichen wurde, sollte nicht zu einer Veränderung des Verhältnisses von Abstimmung und Planung führen, sondern diente vielmehr dazu, "daß die zuständige Behörde Einfluß auf eine aufgabengerechte Beschaffung medizinischer Großgeräte nehmen kann, die nicht auf die nur begrenzte Ausweisungsmöglichkeit im Krankenhausbedarfsplan beschränkt ist."[263] Die Abstimmungspflicht soll gerade also die Sachverhalte erfassen, die nicht mit der Planlösung regelbar sind (z. B. bei nicht geförderten Krankenhäusern i.S.d. § 108 Nr. 3 SGB V a.F.[264]). Insofern hat § 10 KHG a.F. grundsätzlich für die Länder, die eine sog. "Planlösung" verfolgen oder für die noch § 6 Abs. 2 S. 6 KHG in der bis zum 31.12.1984 geltenden Fassung gilt[265], eine Ergänzungsfunktion, soweit nicht der Landesgesetzgeber wie in den Ländern Bremen, Hamburg, Hessen, Nordrhein-Westfalen, Rheinland-Pfalz und Saarland beide Verfahren kombiniert hat, so daß in diesen Ländern Voraussetzung für die Aufnahme eines Großgerätes in den Krankenhausplan die Durchführung des Abstimmungsverfahren nach § 10 KHG a.F. ist.

Insgesamt läßt sich damit feststellen, daß die Großgerätekoordination durch Krankenhausplanung in weitem Maße davon abhängt, wie das jeweilige Bundesland den ihm durch § 6 KHG a.F. eröffneten weiten Gestaltungsspielraum ausgenutzt hat[266].

---

262) Vgl. § 11 a KHG - Regierungsentwurf, BR-Drucks. 175/81, S. 9 f.; Brandecker/Dietz/Bofinger, § 10 KHG, Anm. 8.

263) BT-Drucks. 9/570 [Anlage 2], S. 35.

264) Vollmer/Graeve, § 10 KHG, KennZiff. 310.05, Rn. B 57.

265) Brandenburg, Mecklenburg-Vorpommern, Sachsen, Thüringen (vgl. oben).

266) Brandecker/Dietz/Bofinger, § 10 KHG, Anm. 8.

B. Ziele der Großgeräteplanung

Für alle Bundesländer gleich ist jedoch die allgemeine Zielsetzung der Großgerätekoordination unabhängig davon, ob diese durch die Krankenhausplanung oder durch das Abstimmungsverfahren erfolgt. Ziel sowohl der Regelungen des KHG als auch der des auch für den ambulanten Bereich geltenden SGB V ist es, eine bedarfsgerechte Vorhaltung von leistungsfähigen und wirtschaftlichen medizinischen Einrichtungen sicherzustellen, wozu unter anderem auch medizinisch-technische Großgeräte zu zählen sind (§ 122 Abs. 1 SGB V a.F., § 1 Abs. 1 KHG a.F.). Schwierigkeiten treten aber dann auf, wenn die Begriffe Bedarfsgerechtigkeit, Leistungsfähigkeit und Wirtschaftlichkeit inhaltlich ausgefüllt werden sollen.

I. Bedarfsgerechtigkeit

Dabei ist der Begriff der Bedarfsgerechtigkeit am weitesten und damit am schwierigsten inhaltlich auszufüllen[267]. Übereinstimmung wird insoweit erzielt, als man von einer "bedarfsgerechten" Versorgung der Patienten dann ausgeht, wenn das vorhandene Leistungsspektrum im ambulanten und stationären Bereich die vorhandenen oder entstehenden Bedürfnisse der Patienten nach stationärer oder ambulanter Versorgung befriedigt[268].

Nach Ansicht des Bundesverwaltungsgerichts läßt sich der Begriff Bedarfsgerechtigkeit sowohl in einem absoluten als auch in einem relativen Sinn auslegen[269]:

267) BVerfGE 82, 209, (225).

268) Hauck/Haines, § 70 SGB V Rn. 4; Peters, § 368 RVO, Anm. 7b; Schneider, Kassenarztrecht, S. 87.

269) BVerwGE 62, 86, (104 f); BVerwG, KRS 81.042, S. 14 f.; BVerwG, Buchholz 451.74, § 8 KHG, Nr. 11, S. 106.

Nach der absoluten Auslegung ist eine medizinische Einrichtung dann bedarfsgerecht, wenn sie für sich betrachtet geeignet ist, den vorhandenen Bedarf zu befriedigen[270]. Dagegen beinhaltet die relative Auslegung eine Wertung, welche medizinischen Einrichtungen in der Lage sind, am besten den Bedarf zu befriedigen[271]. Im Gegensatz zur absoluten Interpretation der Bedarfsgerechtigkeit wird also die relative Auslegung dazu führen, daß nur eine bestimmte Anzahl von Einrichtungen, eben die zur Deckung des Bedarfs erforderlichen, als bedarfsgerecht eingestuft werden können[272]. Damit führt die relative Auslegung zu einer Auswahlentscheidung zwischen mehreren geeigneten Anbietern medizinischer Leistungen.

Für den Bereich der Krankenhausplanung nach dem KHG a.F. ist jedoch eine absolute Auslegung des Merkmals der Bedarfsgerechtigkeit anerkannt[273]. Nach § 8 Abs. 2 S. 2 KHG a.F. steht die Entscheidung, welches Krankenhaus den Zielen der Krankenhausplanung am besten gerecht wird und damit Aufnahme in den Krankenhausplan des Landes findet, in pflichtgemäßem Ermessen der Behörde, die den Feststellungsbescheid erläßt. Die Auswahlentscheidung zwischen mehreren Krankenhäusern ist nach dem Gesetz eine Ermessensentscheidung und hat demzufolge nichts mit der Auslegung des unbestimmten Rechtsbegriffs der Bedarfsgerechtigkeit zu tun. Eine relative Auslegung des Tatbestandsmerkmals "Bedarfsge-

---

270) BVerwGE 62, 86, (104).

271) BVerwGE 62, 86, (104).

272) Nach Ansicht des BSG setzt das Merkmal "Bedarfsgerechtigkeit" u.a. eine sachgerechte Aufteilung zwischen stationärem und ambulantem Sektor sowie eine ausgewogene regionale Verteilung der Geräte voraus (MedR 1993, S. 29). Insoweit greift hier das BSG auf die mittlerweile überholte Rechtsprechung des Bundesverwaltungsgerichts (BVerwGE 62, 86 ff) zurück. Folge dieser Auffassung ist jedoch, daß die Planentscheidung bei medizinisch-technischen Großgeräten auf die Auslegung eines Rechtsbegriffs ("Bedarfsgerechtigkeit") verkürzt wird.

273) BVerwG, Buchholz 451.74, § 8 KHG, Nr. 11, S. 107; Vollmer, das Krankenhaus 1988, S. 360; VG Stuttgart, KRS 89.029, S. 6 f.

rechtigkeit" würde indes diese Auswahlentscheidung entgegen der gesetzlichen Anordnung in § 8 Abs. 2 S. 2 KHG a.F. als Interpretationsfrage eines Tatbestandsmerkmals behandeln und eben nicht als Ermessensentscheidung, die gerichtlich nur im Rahmen des § 114 VwGO überprüfbar ist. Demzufolge gilt für den Bereich der Krankenhausplanung ein medizinisch-technisches Großgerät als bedarfsgerecht, wenn es für sich allein betrachtet objektiv geeignet ist, dem zu befriedigenden Bedarf an Großgeräteleistungen gerecht zu werden.

Die Auslegung des Begriffs "Bedarfsgerechtigkeit" hat auch in Abgrenzung zu den Begriffen Leistungsfähigkeit und Wirtschaftlichkeit zu erfolgen. Daher muß dieses Merkmal so ausgelegt werden, daß dadurch nicht der Regelungsspielraum der anderen beiden Merkmale verloren geht. Würde man aber, wie bei der Auslegung in einem relativen Sinn, in der Einschätzung eines Großgerätes als bedarfsgerecht eine Auswahlentscheidung dahingehend erblicken, daß nur die geeigneten Geräte bedarfsgerecht sind, so wäre dadurch deren Einordnung als wirtschaftlich und leistungsfähig vorweggenommen. Ein gegenüber anderen Großgeräten geeigneteres Gerät wird immer auch wirtschaftlicher und leistungsfähiger sein. Insofern sind bei einer relativen Auslegung des Begriffes der Bedarfsgerechtigkeit die Kriterien Leistungsfähigkeit und Wirtschaftlichkeit lediglich Hilfskriterien. Da der Gesetzgeber aber die Begriffe Bedarfsgerechtigkeit, Leistungsfähigkeit und Wirtschaftlichkeit sowohl im SGB V als auch im KHG durchgehend nebeneinander verwandt hat, ist davon auszugehen, daß jedem Begriff eine eigenständige Bedeutung zukommt. Das bedeutet für das Merkmal Bedarfsgerechtigkeit, daß es, wie bei den Regelungen des KHG, nur darauf ankommt, ob ein Gegenstand objektiv geeignet ist, dem vorhandenen Bedarf gerecht zu werden.

II. Leistungsfähigkeit

Die Leistungsfähigkeit als zweite Zielvorgabe für die Großgerätesteuerung richtet sich bei medizinischen Einrichtungen nach dem Stand der Erkenntnisse der medizinischen Wissenschaft. Als leistungsfähig ist eine medizinische Einrichtung dann anzusehen, wenn ihr Leistungsangebot die Anforderungen erfüllt, die nach dem Stand der Erkenntnisse der medizinischen Wissenschaft an eine Einrichtung der betroffenden Art zu stellen sind[274].

Für ein medizinisch-technisches Großgerät hat das zur Folge, daß die jeweilig eingesetzte Anlage den Anforderungen genügen muß, die die Wissenschaft an eine fortschrittliche Apparatemedizin knüpft. Nicht im Sinne der Zielvorgabe "Leistungsfähigkeit" sind indes solche Geräte anzusehen, die auf einem überholten Verfahren basieren und von ihrer Ausstattung her nicht mehr dem Stand der Technik entsprechen. Indem die Leistungsfähigkeit medizinisch-technischer Großgeräte an die Erkenntnisse der Wissenschaft anknüpft, wird die beurteilende Behörde gezwungen, sich mit den entsprechenden wissenschaftlichen Fragen auseinanderzusetzen und gegebenenfalls Stellung zu beziehen[275]. Die Leistungsfähigkeit eines bestimmten medizinisch-technischen Großgerätes kann daher nur auf der Grundlage der jeweiligen Medizintechnik beurteilt werden.

---

274) So für das Krankenhaus in ständiger Rechtsprechung: BVerwG, Buchholz 451.74, § 8 KHG, Nr. 9, S. 92 f; BVerwG, Buchholz 451.74, § 8 KHG, Nr. 11, S. 108 f; BVerfGE 82, 209, (226); VG Stuttgart, KRS 89.029, S.8.

275) So für den Bereich des Atomrechts schon: BVerfGE 49, 89, (136).

III. Wirtschaftlichkeit

Medizinisch-technische Großgeräte sollen nach den Vorschriften von KHG und SGB V nicht nur leistungsfähig, sondern auch wirtschaftlich sein. Wirtschaftlichkeit in einem ökonomischen Sinne bedeutet, unter dem Einsatz geringster Mittel den größtmöglichen Erfolg zu erzielen[276]. Die Wirtschaftlichkeit bzw. Kostengünstigkeit[277] einer medizinischen Einrichtung ist dabei ein reines Vergleichsmerkmal, was dazu führt, daß die Wirtschaftlichkeit nur anhand eines Vergleiches zwischen den jeweilig zur Verfügung stehenden medizinischen Einrichtungen ermittelt werden kann[278]. Wesentliches Vergleichskriterium ist dabei u.a. der jeweilige Nutzungsgrad[279]. Ein medizinisch-technisches Großgerät ist mithin dann wirtschaftlich eingesetzt, wenn es einen hohen Ausnutzungsgrad hat und unterstellt werden kann, daß eine günstige Relation zwischen seinen Einsatzkosten und dem verfolgten Zweck, der Behandlung des Patienten, besteht[280].

Bei der Einschätzung der Wirtschaftlichkeit von medizinisch-technischen Großgeräten sind dagegen sog. Substitutions- bzw. Kumulationseffekte nicht zu berücksichtigen.

Damit ist der Umstand gemeint, daß mit jedem neu hinzugekommenen medizinisch-technischen Großgerät nur einzelne Untersuchungsverfahren ersetzt werden (sog. Substitution), nie jedoch ein ganzes Gerät, so daß ein neues Verfahren nicht

---

276) Schneider, Medizinisch-technische Großgeräte, S. 54; Schewe, SGb 1989, S. 413 f.

277) Zur Identität der Begriffe: Schewe, SGb 1989, S. 416.

278) Für Krankenhäuser: BVerfGE 82, 209, (227).

279) BVerwGE 75, 127, (131), für das Beispiel Krankenhaus.

280) Schewe, SGb 1989, S. 414 f.

das alte ablöst, sondern vielmehr ergänzt (sog. Kumulation)[281]. Ob derartige Effekte bei jedem medizinisch-technischen Großgerät tatsächlich eintreten, kann dahingestellt bleiben. Indem der Gesetzgeber in § 92 Abs. 1 S. 2 Nr. 9 SGB V a.F. und § 122 SGB V a.F. ausdrücklich die Großgerätekoordination im stationären und ambulanten Bereich geregelt hat, hat er damit gleichzeitig zu erkennen gegeben, daß die Großgerätemedizin unabhängig von etwaigen strukturellen Problemen (z.B. Kumulation der Verfahren) Teil der ärztlichen Versorgung sein soll. Es kommt also nicht darauf an, wie wirtschaftlich die Großgerätemedizin als solche ist, sondern Frage ist allein, wie die Großgerätemedizin so zu koordinieren ist, daß ein hoher Auslastungsgrad verbunden mit geringen Kosten erreicht werden kann. Kumulations- bzw. Substitutionseffekte müssen für die Einschätzung der Wirtschaftlichkeit in Zusammenhang mit den Zielsetzungen der Großgerätekoordination in KHG und SGB V daher außer Betracht bleiben.

IV. Verhältnis der Ziele zueinander

Damit sind die Zielvorgaben der Großgerätesteuerung, Bedarfsgerechtigkeit, Leistungsfähigkeit und Wirtschaftlichkeit, zwar näher konkretisiert, nicht aber ist das Verhältnis dieser Begriffe zueinander geklärt.

Auffallend ist, daß der Gesetzgeber in den §§ 92 Abs. 1 S. 2 Nr. 9, 122 SGB V a.F. und in § 1 Abs. 1 KHG a.F. immer zunächst die Bedarfsgerechtigkeit und erst an zweiter Stelle die Wirtschaftlichkeit nennt. Das spricht dafür, daß die Bedarfsgerechtigkeit in keinem Fall ein Unterfall der Wirtschaftlichkeit ist[282]. Auf der

281) Bruckenberger, Krankenhaus-Umschau 1985, S. 431; Bruckenberger, Arbeit und Sozialpolitik 1990, S. 142 f., Kirchberger, Soziale Sicherheit 1987, S. 7 f.

282) Preißler, MedR 1991, S. 120; zweifelnd: Schewe, SGb 1989, S. 415.

anderen Seite ist aber auch nicht die Wirtschaftlichkeit bloßes Mittel zur Sicherstellung der Bedarfsgerechtigkeit[283]. Andernfalls hätte der Gesetzgeber dieses Merkmal nicht neben die Bedarfsgerechtigkeit stellen müssen.

Zudem geht das SGB V a.F. an anderer Stelle ausdrücklich von einer klaren Unterscheidung beider Begriffe aus. Nach § 109 Abs. 3 S. 1 SGB V a.F. darf ein Versorgungsvertrag mit einem Krankenhaus nicht abgeschlossen werden, wenn es nicht die Gewähr für eine leistungsfähige und wirtschaftliche Krankenhausbehandlung bietet (Nr. 1) oder für eine bedarfsgerechte Krankenhausbehandlung der Versicherten nicht erforderlich ist (Nr. 2). Indem der Gesetzgeber zwei voneinander unabhängige Abschlußverbote (§ 109 Abs. 3 S. 1 Nr. 1 und Nr. 2 SGB V a.F.) konzipierte, deren Tatbestände einmal den Begriff der Wirtschaftlichkeit und ein anderes Mal den Begriff der Bedarfsgerechtigkeit enthalten, muß davon ausgegangen werden, daß Bedarfsgerechtigkeit und Wirtschaftlichkeit auch zwei voneinander unabhängige Begriffe sind.

Gleiches gilt für die Begriffe Wirtschaftlichkeit und Leistungsfähigkeit. § 120 Abs. 2 S. 3 SGB V a.F. ordnet an, daß die vereinbarte Vergütung die Leistungsfähigkeit der psychiatrischen Institutsambulanzen und der sozialpädiatrischen Zentren bei wirtschaftlicher Betriebsführung gewährleisten muß. Auch an dieser Vorschrift des 4. Kapitels des SGB V a.F., zu dem auch die §§ 92 und 122 SGB V a.F. zählen, wird insofern die Unabhängigkeit der Begriffe Wirtschaftlichkeit und Leistungsfähigkeit deutlich.

Wenn demnach die Zielvorgaben von Bedarfsgerechtigkeit, Leistungsfähigkeit und Wirtschaftlichkeit für die Großgeräteversorgung gleichrangig nebeneinander stehen, so fragt sich, wie vorhandene Zielkonflikte gelöst werden. Diese sind unvermeid-

---

283) So aber: BSG, MedR 1993, S. 29; Preißler, MedR 1991, S. 120.

lich, wenn man davon ausgeht, daß die Zielvorgabe "Leistungsfähigkeit" die Tendenz zu wenigen modernen und kostenintensiven Geräten, die Zielvorgabe "Wirtschaftlichkeit" die Tendenz zu wenigen sparsamen Geräten und die Zielvorgabe "Bedarfsgerechtigkeit" die Tendenz zu einer Vielzahl erprobter Geräte beinhaltet. Wenn - wie hier - die Realisierung der einen Zielvorgabe zu einer Beeinträchtigung der Realisierbarkeit der anderen Zielvorgabe führt, so lassen sich derartige Wechselbeziehungen als Antinomie beschreiben[284].

Eine Lösung entsprechend der unterschiedlichen Zielvorgaben kann in solchen Fällen nur dort liegen, wo die Einbuße aus der teilweisen Nicht-Realisierung von zwei oder mehreren Zielvorgaben am geringsten ist[285]. Dieser Gedanke läßt sich auch auf die unterschiedlichen Zielvorgaben im Bereich der Großgerätesteuerung übertragen. Geht man von dem Erfahrungssatz aus, daß niemand sinnlose, da gegenläufig wirkende Normen schafft[286], können die besagten Vorschriften vom Willen des Gesetzgebers her nur so ausgelegt werden, daß die Zielvorgaben soweit verwirklicht werden sollen, bis alle Zielvorgaben in Relation zueinander ihre optimale Verwirklichung finden können. Diese Zuordnung der für die Großgerätesteuerung entscheidenden Zielvorgaben (Bedarfsgerechtigkeit, Wirtschaftlichkeit und Leistungsfähigkeit) kann nicht etwa für alle medizinisch-technischen Großgeräte einheitlich getroffen werden. Vielmehr sind für jede planerische Festsetzung und Entscheidung die Zielvorgaben bezogen aufeinander erneut zu optimieren.

---

284) Jöhr/Singer, S. 152; Knips, S. 70 f; Stern/Münch/Hansmeyer, § 1 StabG, S. 135; Bydlinski, S. 463 f.

285) Jöhr/Singer, S. 154.

286) Bydlinski, S. 464.

Dritter Teil: Die Großgeräteplanung

Das Verfahren mit Hilfe dessen die Optimierung der Zielvorgaben "Bedarfsgerechtigkeit", "Leistungsfähigkeit" und "Wirtschaftlichkeit" herbeigeführt werden soll, ist die Standortplanung bei medizinisch-technischen Großgeräten gemäß § 122 SGB V a.F. Bleibt man bei der oben beschriebenen abschnittweisen Aufteilung der Planung in Planaufstellung, Planfeststellung, Planumsetzung und Plangewährleistung[287], so stellt sich die Frage nach den rechtlichen Anforderungen, die für die Standortplanung bei medizinisch-technischen Großgeräten in jedem Planabschnitt gelten.

A. Die Planaufstellung

I. Planungsrechtliche Anforderungen

1. Rechtsquellen

Gerade für die Phase der Planaufstellung, also bei dem Verfahren, welches zum eigentlichen Plan führt, ist die Frage der rechtlichen Anforderung für den Bereich der medizinisch-technischen Großgeräte weitgehend ungeklärt. Dieses betrifft sowohl die verfahrensrechtliche Seite des Planungsverfahrens als aber auch den Planungsgegenstand und die Planungsmaßstäbe. Angesichts der dürftigen Regelungstiefe der Großgeräteplanung im SGB V a.F.[288] finden zum Teil ergänzend

---

287) S.o.

288) Schulin, JZ 1992, S. 420.

die von Rechtsprechung und Literatur anhand von verschiedenen Planungsverfahren in anderen Lebensbereichen entwickelten Planungsregeln Anwendung[289].

Dieses Vorgehen findet dadurch seine Rechtfertigung, daß bestimmte Rechtsgrundsätze, die im Zusammenhang mit verschiedenen rechtlichen Planungsverfahren kodifiziert oder von der Rechtsprechung herausgearbeitet wurden, der Planung, so wie sie oben definiert wurde, derart begriffsimmanent sind, daß ihr Wegfall den Verlust des Planungscharakters für das gesamte Verfahren zur Folge hätte. Das gilt etwa für die plantypischen Prognoseentscheidungen oder das Planungsermessen.

Die verfahrensrechtlichen Vorgaben für die Großgeräteplanung finden des weiteren ihre Ergänzung darin, daß auf sie Rechtsgrundsätze aus anderen Planungsverfahren übertragen werden können. Dieses kann im Wege eines rechtsanalogen Schlusses geschehen. Für die Rechtsanalogie[290] wird aus einer Mehrzahl einzelner Vorschriften ein gemeinsames Prinzip erschlossen[291]. Ein derart gewonnener allgemeiner Rechtsgrundsatz findet dann auf den planwidrig lückenhaft[292] geregelten Bereich Anwendung, sofern zwischen dem gesetzlich geregelten und dem nicht geregelten Rechtsbereich eine wertungsmäßige Vergleichbarkeit besteht[293]. Die wertungsmäßige Vergleichbarkeit bestimmt sich nach den Zwecken der auf ihre analoge Anwendbarkeit zu prüfenden Rechtsvorschriften, nicht aber nach äußerlichen Ähnlichkeiten des Sachverhalts[294]. Für die Rechtsanalogie entscheidend ist

---

289) Preißler, MedR 1991, S. 120.

290) Diese wird teilweise auch als Gesamtanalogie bezeichnet (Larenz, S. 383 f.).

291) Bydlinski, S. 478; Enneccerus/Nipperdey, S. 340.

292) Hierzu: Engisch, S. 141 f.

293) Larenz, S. 383 f.

294) Bydlinski, S. 475.

damit die Rückbeziehung der vorhandenen Einzelvorschriften auf die gemeinsame rechtspolitische Zwecksetzung sowie deren Verallgemeinerungsfähigkeit[295]. Sofern im Recht der Großgeräteplanung sich planwidrige Regelungslücken finden lassen, ist deren Ausfüllung mit Rechtsgrundsätzen denkbar, die dem Bereich der Krankenhausplanung oder dem Bereich der kassenärztlichen Bedarfsplanung nach §§ 99 ff. SGB V a.F. entstammen. Voraussetzung dafür ist, daß sich für die Großgeräteplanung die Krankenhausplanung und die kassenärztliche Bedarfsplanung eine gemeinsame ratio legis ermitteln läßt.

Alle drei Planungsbereiche betreffen Steuerungspotentiale aus dem Bereich des Gesundheitswesens. Ziel einer Steuerung nach dem KHG und nach §§ 99, 122 SGB V a.F. ist es, eine leistungsfähige, bedarfsgerechte und wirtschaftliche Versorgung mit Krankenhäusern, Kassenärzten und medizinisch-technischen Großgeräten zu gewährleisten. Dieses ergibt sich schon unmittelbar aus den jeweiligen gesetzlichen Vorschriften; für die Krankenhäuser aus § 1 S. 1 KHG a.F., für die Kassenärzte aus §§ 70 Abs. 1, 72 Abs. 2, 99 SGB V a.F. und für die medizinisch-technischen Großgeräte aus § 122 Abs. 1 SGB V a.F. Die für alle Planungsbereiche zugrundeliegenden gesetzgeberischen Erwägungen bestehen darin, Gesundheitsleistungen in einem vernünftigen Maß zur Verfügung zu stellen, so daß weder eine die Volksgesundheit gefährdende Unterversorgung noch eine die wirtschaftliche Stabilität der Krankenkassen beeinträchtigende Überversorgung entstehen kann. Ziel aller Planungsmaßnahmen im Gesundheitswesen ist damit die optimierte Gesundheitsversorgung. Insofern beruhen Krankenhausplan, kassenärztliche Bedarfsplanung und Standortplanung bei medizinisch-technischen Großgeräten auf einer gemeinsamen ratio legis. Dieser Umstand macht die Regeln der Krankenhausplanung und der kassenärztlichen Bedarfsplanung für die Ausfüllung von planwidrigen Regelungslücken bei der Großgeräteplanung rechtsanalogiefähig.

---

295) Larenz, S. 386; Bartholomeyczik, S. 84.

Des weiteren wird das Recht der Großgeräteplanung durch Rechtsgrundsätze ergänzt, die höherrangigem Recht, insbesondere dem Grundgesetz, entstammen. So wird z. B. das planungsrechtliche Abwägungsgebot aus dem Rechtsstaatsprinzip hergeleitet[296]. Damit gilt das Abwägungsgebot für alle Planungen auch ohne ausdrückliche gesetzliche Regelungen[297]. Infolgedessen ist ein derartiges aus dem Grundgesetz entwickeltes Rechtsinstitut auch für die Großgeräteplanung von Relevanz[298].

Es zeigt sich also, daß die Entwicklung eines Planungssystems im Bereich der medizinischen Großgeräte sich nicht an den Vorschriften, die konkret die Großgeräteplanung betreffen (§ 122 SGB V a.F.), orientieren muß, sondern vielmehr diese Vorschriften in unterschiedlicher Weise Ergänzungen erfahren.

2. *Gegenstand der Planung*

Für die Phase der Planaufstellung ordnet § 122 Abs. 2 S. 1 SGB V a.F. an, daß Abgrenzung, Bedarf und Standorte der medizinisch-technischen Großgeräte unter Berücksichtigung des § 10 KHG a.F. und der Großgeräte-Richtlinien zwischen den Beteiligten im Großgeräteausschuß abgestimmt werden. Aufgabe des Großgeräteausschusses ist damit eine planerische Abstimmung über Abgrenzung, Bedarf und Standorte von medizinisch-technischen Großgeräten[299]. Was aber unter "Abgren-

---

296) BVerwGE 56, 110, (116 f.); BVerwGE 61, 295, (301 m.w.N.); Schmitt Glaeser/König, JA 1980, S. 418; Heinze, C., NVwZ 1986, S. 89.

297) Ronellenfitsch, Planungsrecht, S. 8.

298) Preißler, MedR 1991, S. 120.

299) Hauck/Haines, § 122 SGB V, Rn. 5 f.

zung", "Bedarf" und "Standort" im einzelnen im Hinblick auf den Gegenstand der Großgeräteplanung zu verstehen ist, ist umstritten.

a. Die Abgrenzung als Planungsgegenstand

Während zum Teil die "Abgrenzung" nach deren "objektivem Erklärungswert" im Sinne einer Kompetenz für die Einordnung eines Großgerätes als abstimmungspflichtiges Gerät aufgefaßt wird[300], geht die überwiegende Ansicht von einer Kompetenz im räumlich-technischen Sinne aus, wonach unter Abgrenzung die Zuordnung zur stationären oder kassenärztlichen Versorgung zu verstehen ist[301]. Allein der objektive Erklärungswert sagt jedoch wenig darüber aus, was Gegenstand der Abgrenzung sein soll. In diesem Sinne ist "Abgrenzung" begriffsneutral.

Würde man den Begriff "Abgrenzung" in dem Sinne auslegen, daß der Großgeräteausschuß im Rahmen seiner Planungskompetenz die Entscheidung darüber hätte, welche Großgeräte er in die Planung miteinbezieht, so hätte er damit auch die Kompetenz über die Anwendung der Großgeräteplanung als solche zu entscheiden. Ein derartiger Freiraum ist aber an keiner Stelle gesetzlich geregelt und daher abzulehnen. Hingegen spricht der Gesetzeszweck eher dafür, daß hier "Abgrenzung" im Hinblick auf eine räumlich-technische Auslegung gemeint ist. Nach der Intention des Gesetzgebers sollte durch die Einführung des § 122 SGB V a.F. die Großgerätesteuerung im stationären und ambulanten Bereich harmonisiert wer-

300) Vollmer/Graeve, § 10 KHG, KennZiff. 310.05, Rn. B 37; BSG, MedR 1993, S. 30: "Mit dem Begriff "Abgrenzung" kann in diesem Zusammenhang vernünftigerweise nur die Bestimmung des Kreises derjenigen medizinisch-technischen Großgeräte gemeint sein, welche als Großgeräte in die Planung einzubeziehen sind."

301) Kass.Kom. - Hess, § 122 SGB V, Rn. 7; Schneider, Medizinisch-technische Großgeräte, S. 137; Hauck/Haines, § 122 SGB V, Rn. 6; BSG, NJW 1991, S. 779; Siewert, S. 160.

den[302]. Demzufolge ist es erforderlich, dem Großgeräteausschuß ein Instrument zu verschaffen, mit Hilfe dessen er in der Lage ist, eine Zuordnung der Großgeräte zu den verschiedenen Versorgungsbereichen vorzunehmen[303]. Wenn dieses dem Gesetzgeber derart wichtig erschien, so ist davon auszugehen, daß er der Zuordnung der Großgeräte zu einem der Versorgungsbereiche eine besondere gesetzliche Erwähnung widmete[304].

Eine derartige Herausstellung kann nur das Merkmal "Abgrenzung" enthalten, was an erster Stelle in der Aufzählung der Planungsgegenstände in § 122 Abs. 2 S. 1 SGB V a.F. genannt wird. Demzufolge hat die Großgeräteplanung durch den Großgeräteausschuß nach § 122 SGB V a.F. als Planungsgegenstand eine Abgrenzung in dem Sinne zum Inhalt, daß im Großgeräteplan eine Zuordnung der medizinisch-technischen Großgeräte zu dem stationären oder zum ambulanten Versorgungsbereich zu erfolgen hat.

b. Der Bedarf als Planungsgegenstand

Des weiteren soll Gegenstand einer Großgeräteplanung eine Abstimmung des Bedarfs an medizinisch-technischen Großgeräten sein (§ 122 II 1 SGB V a.F.). Für das Gesamtkonzept der Großgeräteplanung hat der Großgeräteausschuß eine Einschätzung der Bedarfslage für die Bereiche der ambulanten und stationären Versorgung in der Weise vorzunehmen, daß beide Bereiche eine hinreichende

302) BT-Drucks. 11/2237, S. 204.

303) Von einer derartigen Zuordnungsaufgabe geht auch § 51 II 1 Hs. 2 SGG aus. Im Ergebnis so: Vollmer, f & w 1989, S. 14.

304) A.A.: BSG, MedR 1993, S. 30: Danach soll es dem "Sinnzusammenhang" der gesetzlichen Regelung entsprechen, wenn das Merkmal "Abgrenzung" die Festlegung der abstimmungspflichtigen Geräte und deren Bedarfskriterien beinhaltet. Indes führt das BSG nicht aus, aus welchen Vorschriften es die Kompetenz des Großgeräteausschusses zum Erlaß dieser abstrakt-generellen Regeln ableiten will.

Berücksichtigung finden[305]. Die dabei anzuwendende Methode ist dem Großgeräteausschuß allerdings nicht gesetzlich vorgeschrieben.

c. Der Standort als Planungsgegenstand

Letzter für die Abstimmung im Großgeräteausschuß vorgesehener Gegenstand sind die Standorte der medizinisch-technischen Großgeräte. Allgemein ist "Standort" der Ort, wo mit dem Großgerät die medizinisch-technischen Leistungen erbracht werden sollen[306]. Dementsprechend werden mobile Großgeräte an mehreren "Standorten" betrieben[307].

Welchen Grad der Konkretisierung eine Ortsbestimmung aufweisen muß, ist indes umstritten.
Teilweise wird davon ausgegangen, daß die Standortentscheidung durch den Großgeräteausschuß sich auf eine konkrete Kassenpraxis oder Krankenhaus beziehen muß[308]. Konträr dazu wird vertreten, daß die Standortabstimmung im Großgeräteausschuß sich nicht auf das einzelne Gerät beziehen darf, sondern vielmehr einen Standortraum für mehrere Geräte unterhalb des Gesamtplanungsgebietes auszuweisen hat[309].

---

305) Schneider, Medizinisch-technische Großgeräte, S. 137.

306) Schneider, Medizinisch-technische Großgeräte, S. 137.

307) GKV - Tuschen, § 122 SGB V, Rn. 3.; zu den Vorteilen und Anforderungen der mobilen Großgeräte: Hintz/Orf, KrankenhausTechnik 1990, S. 44 ff.

308) Bruckenberger, f & w 1989, S. 258; GKV - Tuschen, § 122 SGB V, Rn. 3; Laufs/Uhlenbruck (Genzel), S. 541.

309) BSG, NJW 1991, S. 779; BSG, MedR 1993, S. 32; LSG Nordrhein-Westfalen, Urt. v. 9.8.1989, Az.: L 11 Ka 37/89, S. 35; LSG Baden-Württemberg, MedR 1991, S. 274; Schneider, Medizinisch-technische Großgeräte, S. 139; Kass.Kom. - Hess, § 122 SGB V, Rn. 7; Hauck/Haines, § 122 SGB V, Rn. 5; GK-SGB V - Jung, § 122 SGB V, Rn. 30.

Vermittelnd wird auch von einer Wahlmöglichkeit zwischen beiden Auffassungen ausgegangen. Dem Großgeräteausschuß steht es danach frei, entweder den konkreten Betriebsort des Großgerätes oder den Standortraum zum Gegenstand der Planung zu machen[310].

Welche dieser Ansichten der gesetzlichen Regelung entspricht, entscheidet sich letztendlich dadurch, wie man die Großgeräteplanung im Großgeräteausschuß in das Planungsverfahren einordnet.
Nach § 122 Abs. 2 S. 1 SGB V a.F. werden Abgrenzung, Bedarf und Standort der medizinisch-technischen Großgeräte unter Berücksichtigung des § 10 KHG a.F. und der Großgeräte-Richtlinien des Bundesausschusses nach § 92 Abs. 1 S. 2 Nr. 9 SGB V a.F. zwischen den Beteiligten abgestimmt. Das Ergebnis dieser Abstimmung ist von dem Landesausschuß der Ärzte und Krankenkassen bei der Durchführung der Großgeräte-Richtlinien sowie den zuständigen Stellen bei der Anschaffung, Nutzung oder Mitbenutzung medizinisch-technischer Großgeräte nach dem KHG a.F. zu beachten (§ 122 Abs. 2 S. 2 SGB V a.F.). Im Verhältnis zum Landesausschuß und zu den nach dem KHG zuständigen Stellen trifft also der Großgeräteausschuß die übergeordnete Planungsentscheidung (§ 122 Abs. 2 S. 2 SGB V a.F.)[311]. Aufgabe des Großgeräteausschusses ist es damit, unter Berücksichtigung von Großgeräte-Richtlinien und § 10 KHG a.F. einen regionalen Plan zu entwerfen[312]. Dadurch wird man dem Ziel der Regelung des § 122 SGB V a.F., die unterschiedlichen Regelungen für Großgeräte in beiden Versorgungsbereichen einer integrierten Lösung zusammenzuführen, am besten gerecht, ohne daß dadurch die in den verschiedenen Regelungen enthaltenen Besonderheiten

310) Vollmer/Graeve, § 10 KHG, KennZiff. 310.05, Rn. B 38; GKV - Tuschen, § 122 SGB V, Rn. 3 f.

311) BSG, NJW 1991, S. 779.

312) Vgl.: LSG Nordrhein-Westfalen, Urt. v. 6.6.1990, Az.: L 11 Ka 35/89, S. 39.

der beiden Versorgungsbereiche unbeachtet bleiben[313]. Wenn damit der Großgeräteausschuß nur übergeordnete Planungsaufgaben wahrzunehmen hat, die der Umsetzung durch weitere Entscheidungsträger bedürfen, so wäre es systemwidrig, durch den Großgeräteausschuß die konkrete Standortbestimmung treffen zu lassen und so den weiteren Entscheidungsträgern jegliche Entscheidungsmöglichkeit zu nehmen. Demzufolge ist § 122 Abs. 1 S. 1 SGB V a.F. nur so zu verstehen, daß "Standort" im Sinne dieser Vorschrift nicht die jeweilige konkrete Arztpraxis und das jeweilige Krankenhaus ist, sondern generell die Stadt oder der Kreis als geographischer Raum, wo ein Großgerät oder mehrere Großgeräte potentiell betrieben werden können.

3. Die Abstimmung im Großgeräteausschuß

Wenn insoweit die Planungsgegenstände konkretisiert sind, fragt sich, auf welchem Wege diese Bestandteile des Großgeräteplanes werden. § 122 Abs. 2 S. 1 SGB V a.F. spricht davon, daß Abgrenzung, Bedarf und Standorte der medizinisch-technischen Großgeräte zwischen den Beteiligten im Großgeräteausschuß abzustimmen seien. Geht man mit dem oben Gesagten davon aus, daß der Großgeräteausschuß keine konkrete Entscheidungsbefugnis bezogen auf ein einzelnes Großgerät hat, so kann Abstimmung in diesem Sinne nur die Vornahme einer allgemeinen Standortplanung bedeuten, wobei die unterschiedlichen Interessen der Beteiligten zu harmonisieren sind[314].

---

313) LSG Nordrhein-Westfalen, Urt. v. 6.6.1990, Az.: L 11 Ka 35/89, S. 39.

314) Hauck/Haines, § 122 SGB V, Rn. 5 f.

a. Die Großgerätezielplanung

Ebenso wie bei der Krankenhausplanung erfolgt auch bei der Standortplanung im Großgeräteausschuß die Planung in verschiedenen Planungsstufen[315], die sich wegen der strukturellen Nähe beider Verfahren in ihren Grundsätzen gleichen. Demzufolge hat zuerst, ähnlich wie bei der sog. Planlösung nach dem KHG[316], eine Großgerätezielplanung durch den Großgeräteausschuß zu erfolgen. Damit werden die Ziele festgelegt, die mit dem Großgeräteplan realisiert werden sollen. Zwar sind die allgemeinen Ziele in § 122 Abs. 1 SGB V a.F. durch die Begriffe Bedarfsgerechtigkeit, Leistungsfähigkeit und Wirtschaftlichkeit durch den Gesetzgeber selbst vorgegeben worden[317]. Für eine Standortplanung ist aber eine konkretere Zielfestlegung erforderlich. So muß grundsätzlich entschieden werden, ob die Bevölkerung ortsnah oder durch überregionale Großgerätezentren mit medizinisch-technischen Leistungen versorgt werden soll. Weiterhin bedarf es der Festsetzung, ob und welcher Anteil an mobilen Großgeräten die Versorgung übernehmen soll. Des weiteren sind z. B. auch die Möglichkeiten, Großgeräte in Kooperation zwischen Kassenärzten und Krankenhäusern zu betreiben, bei der Zielfestlegung zu berücksichtigen. Insofern steht dem Großgeräteausschuß ein Gestaltungsspielraum bei der Festlegung der generellen Versorgungsstruktur für den zu erstellenden Großgeräteplan zu.

---

315) Preißler, MedR 1991, S. 120.

316) S.o.

317) Zur Problematik dieser Zielvorgaben kann auf die oben gemachten Ausführungen verwiesen werden.

b. Die Großgerätebedarfsanalyse

Aufgrund einer Zielplanung ist bei der Krankenhausplanung die Ermittlung des gegenwärtigen und zukünftigen Bedarfs anhand der Bedarfskriterien[318] erforderlich. Dieses gilt in ähnlicher Form wiederum auch für die Großgeräteplanung, jedoch mit dem Unterschied, daß nicht schon in diesem Stadium der Planung eine Bedarfsfestlegung erfolgen kann. Anders als bei der Krankenhausplanung wird in § 122 Abs. 2 SGB V a.F. ausdrücklich der Bedarf an Großgeräten selbst zum Planungsgegenstand gemacht. Demzufolge ist die Bedarfsfestlegung bei der Großgeräteplanung Inhalt der Plangestaltung, nicht aber, wie bei der Planung nach dem KHG a.F., gesetzesakzessorische Verwaltungstätigkeit. Dieses entbindet den Großgeräteausschuß allerdings nicht von jeglicher Bedarfsanalyse.

In Vorbereitung für die eigentliche Bedarfsplanung sind im Rahmen der Bedarfsanalyse sämtliche für die Bedarfsplanung wichtigen Daten zu erheben[319]. Zu diesen für die Bedarfsermittlung gehörenden Kriterien zählen u. a. die in den Richtlinien des Bundesausschusses der Ärzte und Krankenkassen enthaltenen Kriterien, des weiteren aber auch Angaben über besondere regionale medizinische Leistungserfordernisse, über Möglichkeiten abgestufter Indikationsstellungen sowie Angaben über Transportentfernungen von Patienten etc.[320]

318) Vgl. dazu die Aufstellungen bei Beske, S. 12 ff., 16 f., für die kassenärztliche Bedarfsplanung.

319) Preißler, MedR 1991, S. 120; BSG, MedR 1993, S.32.

320) Bruckenberger, f & w 1989, S. 258; BSG, MedR 1993, S.32.

c. Die Großgerätebestandsanalyse

Um einen Standortraum bedarfsgerecht zu beplanen, ist der Bedarfsanalyse entsprechend den Grundsätzen der Krankenhausplanung eine Bestandsanalyse gegenüberzustellen[321]. In dieser Bestandsanalyse sind die bisher genutzten medizinisch-technischen Großgeräte ihrer Zahl und Art nach sowie deren tatsächliche und erwartete Auslastung aufzunehmen. Dabei wird man, will man nicht zu einer realitätsfernen Planung kommen, auch solche Geräte berücksichtigen müssen, die bisher nicht als bedarfsgerecht anerkannt sind, deren Betreiber aber angesichts der lange Zeit andauernden ungeklärten Rechtslage Vertrauensschutz genießen[322]. Ziel der Großgerätebestandsanalyse ist es, aufgrund der gewonnenen Daten dem Großgeräteausschuß eine auch über den einzelnen Standortraum hinausgreifende Planung in dem Sinne zu ermöglichen, daß in Einzelfällen sogar ein Standortraum durch die in den benachbarten Standorträumen vorgehaltenen Großgerätekapazitäten mitversorgt werden kann.

d. Die Großgeräteversorgungsplanung

Letzter Teil der Großgeräteplanung im Großgeräteausschuß ist die eigentliche planerische Festsetzung (Versorgungsplanung).

---

321) BSG, MedR 1993, S. 32.

322) A.A. wohl: BSG, MedR 1993, S. 32; Steinhilper, MedR 1993, S. 37, ohne sich jedoch mit dem Problem einer realitätsbezogenen Planung auseinanderzusetzen. Vielmehr wird verkannt, daß bei der Großgeräteplanung nicht der Gesichtspunkt des Konkurrenzschutzes im Vordergrund steht, sondern unabhängig von der Konkurrenz der einzelnen Großgerätebetreiber eine wirtschaftliche Auslastung der Geräte erreicht werden soll. Die Anbieter von Großgeräteleistungen sollen durch eine Begrenzung des Angebots gehindert werden, eine medizinisch nicht gerechtfertigte Nachfragesituation bezogen auf Großgeräteleistungen zu schaffen.

aa. Der Planungsumfang

Hierbei ist aufgrund der durch die Bedarfs- und Bestandsanalyse ermittelten Daten eine der vorhergehenden Zielplanung entsprechende Versorgungsentscheidung über Abgrenzung, Bedarf und Standort zu treffen. Dafür ist das Planungsgebiet in Standorträume einzuteilen. Diesen Standorträumen ist die entsprechende Anzahl von Großgerätetypen zuzuordnen[323]. Deren Anzahl bestimmt sich nach der aufgrund der Bedarfsanalyse ermittelten Bedarfseinschätzung des Großgeräteausschusses. Diese wiederum ergibt sich nicht nur aufgrund der Bedarfszahlen im jeweiligen Standortraum, sondern hat auch die Bedarfssituation in den benachbarten Standorträumen zu berücksichtigen. Mit anderen Worten hat der Großgeräteausschuß in dem Fall, daß ein bestimmtes Großgerät den Bedarf mehrerer Standorträume befriedigen kann, ein Wahlrecht, welchem Standortraum das Großgerät zuzuweisen ist.

Ein derartiger Spielraum steht dem Großgeräteausschuß auch hinsichtlich des Bedarfs bezogen auf einen bestimmten Großgerätetyp zu. Da bestimmte Indikationsfälle nicht unbedingt einem bestimmten Großgerät zugeordnet werden können, sondern eine alternative Anwendung mehrerer Geräte in Betracht kommen kann[324], hat hier der Großgeräteausschuß die Wahlmöglichkeit, welche Indikationen er einem bestimmten Großgerätetyp zuordnet. Dies hat wiederum Auswirkungen auf den Bedarf an eben diesem Großgerätetyp.

---

323) BSG, MedR 1993, S. 32.

324) So z.B. können Tele-Kobalt-Geräte durch Linearbeschleuniger ersetzt werden (vgl. 2.1. der Großgeräte-Richtlinien-Ärzte vom 16.10.1990). Im Vergleich zur Computer-Tomographie bietet die Ultraschallmethode ein größtenteils komplementäres Untersuchungsverfahren (Grünenwald/ Wettstein, C 60; N.N.: Beschaffung und Einsatz von CT-Geräten, Mitteilungen BKG 1980, lfd. Ziff. 232). Z.T. tritt auch die Kernspintomographie in Konkurrenz zur Computer-Tomographie (Medizinisch-technische Großgeräte - Symposium - Dokumentation , S. 345).

Gegen eine derartige Gestaltungsmöglichkeit des Großgeräteausschusses, bezogen auf den Bedarf an einem bestimmten Großgerätetyp, bestehen auch keine Bedenken im Hinblick auf den gesetzlichen Sicherstellungsauftrag. Dieser verpflichtet die Krankenkassen und Leistungserbringer, als an der Großgeräteplanung Beteiligte, die bedarfsgerechte Versorgung der Versicherten zu gewährleisten. Dem würde es widersprechen, wenn es aufgrund einer Bedarfsgestaltung zu einer Minderversorgung des tatsächlichen Bedarfs und damit zu einer Anzahl unversorgt bleibender Patienten kommt[325]. Indes soll mit der Großgeräteplanung der Bedarf an medizinisch-technischen Leistungen gerade bedarfsgerecht versorgt werden. Die Versorgung muß gemäß § 70 Abs. 1 SGB V a.F. dem anerkannten Stand medizinischer Erkenntnisse entsprechen, muß ausreichend und zweckmäßig sein. Das bedeutet aber nicht, daß die Versorgung gerade durch einen bestimmten Gerätetyp erbracht werden muß, wenn sich etwa Alternativen ergeben[326]. Dem Sicherstellungsgebot ist schon dann Folge geleistet, wenn genügend Behandlungsmöglichkeiten vorgehalten werden, die nach dem Stand allgemeiner medizinischer Erkenntnisse zur Behandlung geeignet sind. Nicht aber legt das Sicherstellungsgebot fest, daß sich bei alternativen Behandlungsmöglichkeiten der Bedarf für einen bestimmten Großgerätetyp nach der Anzahl aller denkbaren Indikationsstellungen bestimmt. Also steht der Sicherstellungsauftrag gerade nicht im Widerspruch zu einer Bedarfseinschätzung des Großgeräteausschusses.

---

325) In ähnlicher Argumentation bezogen auf die Krankenhausplanung: Vollmer/Hoffmann, S. 25.

326) Hier läßt sich eine Parallele zur Arzneimittelversorgung (§§ 31, 35 SGB V) ziehen: Auch bei der Versorgung mit Arzneimitteln ist die Krankenkasse nicht verpflichtet dem Patienten jedes Medikament zur Verfügung zu stellen. Wenn etwa Alternativen vorhanden sind und ein Festbetrag festgesetzt ist, dann kommt die Krankenkasse ihrer Verpflichtung zur bedarfsgerechten Versorgung dadurch nach, daß die Krankenkasse die Kosten bis zur Höhe des Festbetrages trägt. Die Verpflichtung zur Bedarfsdeckung bezieht sich also nicht auf ein bestimmtes Produkt, sondern auf Versorgung bestimmter Indikationen.

Hat der Großgeräteausschuß bezogen auf den Standortraum auf der Grundlage der durch die Bedarfsanalyse ermittelten Daten eine Bedarfseinschätzung für jeden Großgerätetyp getroffen, ist nach § 122 Abs. 2 SGB V a.F. die Abgrenzung der Großgeräte vorzunehmen. Bei der Zuordnung eines Großgerätes zum stationären oder ambulanten Bereich hat der Ausschuß ebenfalls einen Gestaltungsspielraum, der sich im wesentlichen an den örtlichen Verhältnissen orientieren muß.

Damit unterliegt die Großgeräteplanung nach § 122 Abs. 2 SGB V a.F. bezogen auf den Planungsgegenstand einem umfassenden Gestaltungsspielraum (= Planungsermessen)[327].

bb. Die Grenzen des Planungsermessens

Das Planungsermessen kann indes nicht unbegrenzt ausgeübt werden[328]. Vielmehr muß rechtsstaatliche Planung solchen Bindungen unterworfen sein, die auch im wesentlichen gerichtlich überprüfbar sind. Als materielle Bindungen des Planungsermessens sind allgemein anerkannt, das Gebot der Planrechtfertigung, die Pflicht zur Berücksichtigung von gesetzlichen Planungsleitsätzen (Planungsgrundsätzen) und das Abwägungsgebot[329].

---

327) So für die Großgeräteplanung durch den Landesausschuß der Ärzte und Krankenkassen: SG Dortmund, Breithaupt 1989, Nr. 154, S. 635; a.A.: BSG, MedR 1993, S. 32 unter Hinweis auf das Recht der Krankenhausplanung. Dabei geht das BSG davon aus, daß sich die Zuordnung eines medizinisch-technischen Großgerätes zum ambulanten oder stationären Sektor als Entscheidung über das Merkmal "Bedarfsgerechtigkeit" darstellt.

328) Schmitt Glaeser/König, JA 1980, S. 417; BVerwGE 56, 110, (116 f.).

329) BVerwGE 48, 56, (59); BVerwGE 56, 110, (117); Erichsen/Martens (Badura), S. 500 f.; Ronellenfitsch, Planungsrecht, S. 7 f.; Steinberg, NVwZ 1986, S. 812.

(1) Die für die Planrechtfertigung maßgebende Frage ist, ob die Planung auf die Verwirklichung der mit dem Gesetz generell verfolgten Ziele ausgerichtet ist[330]. Dieses erklärt sich aus dem Umstand, "daß eine öffentliche Planung ihre Rechtfertigung nicht bereits in sich selbst trägt, sondern wegen ihrer Einwirkung auf Rechte Dritter eine an ihrer Zielbestimmung gemessenen Rechtfertigung bedarf"[331]. Demzufolge darf der Großgeräteausschuß bei der Abstimmung über Abgrenzung, Bedarf und Standort der medizinisch-technischen Großgeräte nicht andere Ziele verfolgen, als die bedarfsgerechte Versorgung der Versicherten mit leistungsfähigen, wirtschaftlich genutzten Großgeräten sicherzustellen. Nicht etwa darf die Großgeräteplanung durch den Großgeräteausschuß eine Veränderung der gesamten Versorgungsstruktur zum Inhalt haben. Damit ist das Gebot der Planrechtfertigung eine relativ grobe Schranke der planerischen Gestaltungsfreiheit[332].

(2) Zudem ist der Großgeräteausschuß bei der Ausübung seines Planungsermessens - wie bei jeder Planung - an gesetzliche Planungsleitsätze gebunden. Aufgrund derartiger Leitsätze ist die jeweilige Planung an die im Gesetz vorgegebenen Leitlinien auszurichten[333]. Auch eine Abwägung kann nicht dazu führen, daß solche Leitsätze überwunden werden können[334].

(aa) Nicht zu den gesetzlichen Planungsleitsätzen gehören dagegen allgemeine Zielvorgaben des Gesetzgebers sowie Vorschriften, die lediglich eine Optimierung

---

330) Niehues, WiVerw 1985, S. 252; Steinberg, NVwZ 1986, S. 812.

331) BVerwGE 71, 166, (168).

332) So auch: Steinberg, NVwZ 1986, S. 812.

333) Schmitt Glaeser/König, JA 1980, S. 418.

334) Ronellenfitsch, VerwArch 1986, S. 187.

bestimmter Belange fordern[335]. Demnach enthält die in § 122 Abs. 1 SGB V a.F. beschriebene Zwecksetzung der Großgeräteplanung, nämlich die bedarfsgerechte Versorgung der Versicherten mit leistungsfähigen, wirtschaftlich genutzten medizinisch-technischen Großgeräten sicherzustellen, keine Planungsleitsätze, da es sich hierbei um Zielvorgaben handelt, die bezogen aufeinander zu optimieren sind[336].

(bb) Umstritten ist allerdings, ob aus § 39 Abs. 1 S. 1 SGB V a.F. ein Planungsleitsatz dergestalt entwickelt werden kann, daß für die Großgeräteplanung ein genereller Vorrang des ambulanten Bereichs besteht[337].
Bei § 39 Abs. 1 S. 1 SGB V a.F. handelt es sich aber um eine Vorschrift des Leistungsrechts, die allenfalls mittelbare Auswirkungen auf die Großgeräteplanung haben kann. Allein der Umstand, daß sowohl bei stationär behandelten als auch bei bloß ambulant behandlungsbedürftigen Patienten Großgeräteindikationen gegeben sein können, macht deutlich, daß für eine bedarfsgerechte Abgrenzung der Großgeräte ein Vorrang des ambulanten Bereichs nicht gegeben ist. § 39 Abs. 1 S. 1 SGB V a.F. bezieht sich nur auf den konkreten Versicherungsfall, also auf den einzelnen Patienten, nicht aber trifft diese Vorschrift Aussagen für die Versorgungsstruktur an sich. Diese ist eben aufgrund des Sicherstellungsauftrages so auszurichten, daß eine bedarfsgerechte Versorgung sowohl im ambulanten als auch im stationären Bereich gewährleistet wird. Damit verträgt sich nicht die Begründung eines generellen Vorrangs für einen der Versorgungsbereiche.

---

335) BVerwGE 71, 163, (165); Niehues, WiVerw 1985, S. 251; kritisch dazu: Steinberg, NVwZ 1986, S. 815.

336) S.o.

337) Auf den Vorrang ambulanter Behandlung im Zusammenhang mit der Großgeräteplanung weist auch Plagemann, SGb 1990, S. 503, hin.

Zwar ergibt sich aus der Vorschrift des § 39 Abs. 1 S. 1 SGB V a.F. ein grundlegendes Primat der ambulanten gegenüber der stationären Großgeräteleistungserbringung[338]. Dieses ist jedoch nur grundlegend und sagt nichts darüber aus, welchem Versorgungsbereich Großgeräte bedarfsgerecht betrieben werden. Das entscheidet sich vielmehr an den auftretenden Behandlungsfällen. Liegen diese im stationären Versorgungsbereich, so entspricht es gerade der Regelung des § 39 Abs. 1 S. 1 SGB V a.F., wenn die Großgeräteleistungen im Krankenhaus erbracht werden.

Ein Planungsleitsatz, daß bei der Abgrenzung der Großgeräte der ambulante Bereich vorrangig zu berücksichtigen ist, ergibt sich demnach nicht aus § 39 Abs. 1 S. 1 SGB V a.F.

(3) Der zentrale Begriff für die Begrenzung des Planungsermessens ist das Abwägungsgebot[339]. Dieses gilt für alle Planungen[340], somit auch für die Großgeräteplanung nach § 122 SGB V a.F.[341] Das Abwägungsgebot fordert, daß die entscheidungserheblichen Belange zutreffend ermittelt, gewichtet und in einer abgewogenen Entscheidung sachgerecht zum Ausgleich gebracht werden[342].

---

338) Schneider, Medizinisch-technische Großgeräte, S. 149.

339) Schmitt Glaeser/König, JA 1980, S. 418.

340) S.o.

341) Preißler, MedR 1991, S. 120; SG Dortmund, Breithaupt 1989, Nr. 154, S. 635.

342) Erichsen/Martens (Badura), S. 501 f.

(aa) Unter anderem besteht daher eine Verpflichtung zur Ermittlung aller gegenwärtigen, zukünftigen, privaten und öffentlichen Belange[343]. Grundlegend sind dabei für den Großgeräteausschuß die Ergebnisse der Bedarfs- und Bestandsanalyse. Dazu müssen auch die Besonderheiten im konkret beplanten Standortraum ermittelt werden (z. B. Anzahl der frei praktizierenden Radiologen, Vorhandensein radiologischer Abteilungen in Krankenhäusern, Lage zu medizinischen Versorgungsschwerpunkten)[344]. Im übrigen müssen die Interessen der im Standortraum ansässigen Ärzte und Krankenhäuser bezogen auf die Aufstellungsbereitschaft von medizinisch-technischen Großgeräten Berücksichtigung finden.

Zur umfassenden Datenermittlung gehört damit, daß der Großgeräteausschuß über mögliche Auswirkungen seiner Planung orientiert ist[345]. Zu diesem Zweck setzt die Verpflichtung zur umfassenden Datenermittlung voraus, daß den von der Planung des Ausschusses betroffenen Ärzten und Krankenhäusern Gelegenheit gegeben wird, sich qualifiziert zu den planungsrelevanten Tatsachen zu äußern[346]. Dafür ist nach Ansicht des Bundesverfassungsgerichts erforderlich, daß den Betroffenen Einsicht in die der Planung zugrundeliegenden Unterlagen gewährt wird[347].

---

343) Hoppe/Schlarmann, Rn. 180; Ernst/Hoppe, Rn. 289.

344) Eine umfassende Darstellung der bei der Großgeräteplanung zu berücksichtigenden Belange enthält die Abhandlung von Bach/Hoberg, Regionale Standortplanung für medizinische Großgeräte, S. 13 ff. Darauf aufbauend findet sich des weiteren eine kurze Zusammenfassung der vorrangigen Interessen der Beteiligten bei Hoberg, MMG 11 (1986), S. 77.

345) BVerfG, MedR 1991, S. 83.

346) BVerfG, MedR 1991, S. 83; - Dies ist nicht so sehr eine Frage des Verwaltungsverfahrens nach dem SGB X sondern ist Bestandteil des Planungsvorganges (a.A.: LSG Nordrhein-Westfalen, Beschl. v. 6.8.1990, Az.: L 16 S 27/90, S. 2; SG Düsseldorf, Beschl. v. 2.8.1990, Az.: S 4 Kr 227/90, S. 4 f.).

347) BVerfG, MedR 1991, S. 83; LSG Baden-Württemberg, MedR 1991, S. 274.

Ebenfalls ist das öffentliche Interesse an der Begrenzung von medizinisch-technischen Großgeräten auf ein bedarfsgerechtes Maß zu berücksichtigen. Dieses ist insbesondere dann schwierig zu ermitteln, wenn stationärer und ambulanter Sektor als Aufstellungsort von medizinisch-technischen Großgeräten konkurrieren. Hier treffen die Interessen des stationär behandlungsbedürftigen Patienten und des Krankenhauses auf die Interessen des Kassenarztes und des ambulant behandlungsbedürftigen Patienten aufeinander. In dem Zusammenhang sind aber auch Möglichkeiten für Kooperationsverhältnisse zwischen Ärzten und Krankenhäusern zu untersuchen.

(bb) Sind die gegebenen öffentlichen und privaten Belange vollständig ermittelt, so folgt der Bewertungsvorgang, in dem das objektive Gewicht aller Belange festgestellt wird[348]. Bei einer derartigen Gewichtung sind u.a. die Leitlinien zu berücksichtigen, die sich aus der Zielplanung ergeben haben.

(cc) Daran anschließend setzt die eigentliche Abwägung ein. Dabei ist eine Relation zwischen den harmonisierenden und gegenläufigen Belangen herzustellen[349], bei der vorrangige Belange besonders zu berücksichtigen sind.
In diesem Zusammenhang wird häufig dem Krankenhaus als Großgerätebetriebsort ein Vorrang mit dem Argument eingeräumt, daß Krankenhauspatienten, im Gegensatz zu ambulant versorgten Personen, im allgemeinen Vergleich zueinander weniger transportfähig sind und daher als Aufstellungsort vorrangig das Krankenhaus in

348) Hoppe/Schlarmann, Rn. 158.

349) Hoppe, Festschrift für Scupin, S. 134.

Betracht zu ziehen ist[350]. Ein derartiger genereller Vorrang existiert nicht. Vielmehr ist es von den Gegebenheiten des jeweiligen Standortraumes und des jeweiligen Gerätetyps abhängig, ob der Gesichtspunkt der Transportmöglichkeit von Krankenhauspatienten dem Interesse an eine ortsnahe Großgeräteversorgung, wie etwa in einer Facharztpraxis, überwiegt. Derartige Interessengegensätze zu lösen, ist gerade der Sinn des Abwägungsgebots.
Insgesamt kommt es für die Abwägung im engeren Sinne in erster Linie auf die Berücksichtigung der Gegebenheiten des jeweilig beplanten Raumes an, wozu auch und gerade die Bereitschaft zur Kooperation von Ärzten und Krankenhäusern zählt.

(dd) Für die Überprüfung derartiger Abwägungsvorgänge darf das überprüfende Gericht den Gestaltungsspielraum des Planungsträgers nicht selbst in Anspruch nehmen, sondern hat sich auf die Kontrolle hinsichtlich bestimmter, von der Rechtsprechung entwickelter Fehlertypen zu beschränken[351].

Danach werden folgende Fehler zu unterscheiden sein[352]:

- Der Abwägungsausfall: Eine sachgerechte Abwägung ist überhaupt nicht vorgenommen worden.
- Das Abwägungsdefizit: In die Abwägung sind Belange nicht eingestellt worden, die nach Lage der Dinge einzustellen waren.
- Die Abwägungsfehleinschätzung: Die Bedeutung bestimmter Belange ist verkannt worden.

---

350) Etwa: Thieringer, das Krankenhaus 1990, S. 260; Wabnitz, Krankenhaus-Umschau 1985, S. 843; Bruckenberger, Bedarf und Bedarfsplanung, S. 52.

351) BVerwGE 34, 301, (308 f.); BVerwGE 45, 309, (314 f.); BVerwGE 47, 144, (146).

352) Im Anschluß an Ronellenfitsch, Planungsrecht, S. 10.

- Die Abwägungsdisproportionalität: Der Ausgleich verschiedener Belange ist in der Weise vorgenommen, die zur objektiven Gewichtigkeit einzelner Belange außer Verhältnis steht.

Nur wenn der Großgeräteausschuß diesbezüglich seinen Gestaltungsspielraum rechtswidrig ausübt, kann sein Planungsergebnis gerichtlich überprüft werden. Damit sind zwar dem Großgeräteausschuß Grenzen in seiner Gestaltungsfreiheit gesetzt, doch verbleibt ihm innerhalb dieser Grenzen ein enormer Planungsfreiraum.

II. Der Großgeräteausschuß als Planungsorgan

Neben den materiellen Anforderungen ist der Gestaltungsspielraum öffentlicher Planung durch ein solches Verfahren zu ergänzen, durch das die beteiligten Interessen angemessene Berücksichtigung finden[353]. Angesichts des Umfangs der Planungsmöglichkeiten des Großgeräteausschusses stellt sich daher die Frage nach der verfahrensrechtlichen Absicherung des Planungsverfahrens. Wegen der knappen gesetzlichen Regelung sind derartige Verfahrensvorgaben wie Zuständigkeit und Besetzung des Großgeräteausschusses, Verfahrensregelungen usw. jeweils aus dem Gesamtzusammenhang des § 122 SGB V a.F. zu erschließen.

1. Die Zuständigkeit des Großgeräteausschusses

a. Die sachliche Zuständigkeit

Der Großgeräteausschuß ist ausschließlich für die Großgeräteplanung nach § 122 Abs. 2 S. 1 SGB V zuständig, das heißt, daß er nur einen Standortraum zu bepla-

---

353) BVerfGE 82, 209, (226); für die Großgeräteplanung: LSG Baden-Württemberg, MedR 1991, S. 273 f.

nen hat. Nicht jedoch ist der Großgeräteausschuß für die konkrete Zuweisung eines Großgerätestandortes an ein bestimmtes Krankenhaus zuständig[354]. Dies ergibt sich unmittelbar aus § 122 Abs. 2 S. 2 SGB V a.F. Danach hat der Landesausschuß der Ärzte und Krankenkassen bei der Durchführung der Großgeräte-Richtlinien sowie die zuständigen Stellen bei der Anschaffung, Nutzung oder Mitbenutzung medizinisch-technischer Großgeräte nach dem KHG die Entscheidung des Großgeräteausschusses zu beachten. Würde dagegen der Großgeräteausschuß selbst die konkrete Standortentscheidung treffen, so würde für den Landesausschuß und die nach dem KHG a.F. zuständigen Stellen keine tatsächliche Möglichkeit bestehen, etwas "zu beachten"[355].

Ebenfalls ist der Großgeräteausschuß nicht dazu berufen, dem Bundesausschuß der Ärzte und Krankenkassen Vorgaben für die Gestaltung der Großgeräte-Richtlinien zu machen[356]. Desgleichen ist dem Großgeräteausschuß verwehrt, Kompetenzen im Rahmen des § 10 KHG a.F. wahrzunehmen[357].

b. Die örtliche Zuständigkeit

Örtlich zuständig ist der Großgeräteausschuß für jedes Land oder den Teil eines Landes, für den er gebildet ist (§ 122 Abs. 3 S. 1 SGB V a.F.). Die Errichtung eines Großgeräteausschusses nur für den Teil eines Bundeslandes ist z.B. in den

---

354) Schneider, SGb 1990, S. 92; vgl. auch: Kohne, Westfälisches Ärzteblatt 1990, S. 72; a.A.: Bruckenberger, Dauerpatient Krankenhaus, S. 109, der sich aus Praktikabilitätsgründen für eine Kompetenz in Einzelfall ausspricht; ungelöst bleibt dieses Problem bei Schnath, Bedarfsplanung, S. 161.

355) LSG Nordrhein-Westfalen, Urt. v. 9.8.1989, Az.: L 11 Ka 37/89, S. 33.

356) Schneider, SGb 1990, S. 92.

357) Schneider, SGb 1990, S. 92.

Fällen angezeigt, wenn in einem Bundesland mehrere kassenärztliche Vereinigungen oder für eine Kassenart mehrere Landesverbände bestehen[358].

2. Die Besetzung des Großgeräteausschusses

Mitglieder des Großgeräteausschusses sind Vertreter der Krankenhäuser, Krankenkassen und Kassenärzte und der zuständigen Landesbehörde (§ 122 Abs. 2 S 2 SGB V a.F.).

a. Die Anzahl der Vertreter im Großgeräteausschuß

Indes ist die Zahl der Vertreter im Großgeräteausschuß bis auf die der Landesbehörde mit einem Vertreter nicht in § 122 SGB V a.F. bestimmt. Lediglich ist in § 122 Abs. 3 S. 2 SGB V a.F. angeordnet, daß der Ausschuß hinsichtlich der Vertreter der Krankenhäuser, Krankenkassen und Kassenärzte paritätisch besetzt sein muß. Wenn aber alle Beteiligten auf Landesebene "gleichberechtigte und gleichgewichtige Mitglieder"[359] des Großgeräteausschusses sein sollen, so folgt daraus, daß z. B. sämtliche Kassenarten, sofern sie in dem jeweiligen Bundesland Landesverbände gegründet haben oder Landesverbandsaufgaben wahrnehmen dürfen (§ 212 Abs. 3 SGB V a.F. - für die Bundesknappschaft), Einfluß im Großgeräteausschuß durch ihre Vertreter haben müssen. Soweit dies die Anzahl der Vertreter der Krankenkassen festlegt, wird dadurch wegen der paritätischen Besetzung des Großgeräteausschusses die Anzahl der Vertreter von Krankenhäusern und Kassenärzten mitbestimmt[360]. Durch diesen Regelungsmechanismus ist gewährleistet,

358) Jahn-Limpinsel, § 122 SGB V, Rn. 4; Kass.Kom - Hess, § 122 SGB V, Rn. 9.

359) BT-Drucks. 11/2237, S. 204.

360) Schneider, Medizinisch-technische Großgeräte, S. 132.

daß im Sinne einer Selbstverwaltungslösung jede Kassenart Einfluß auf die Arbeit des Großgeräteausschusses nehmen kann und sich die beteiligten Parteien gleichberechtigt und gleichwertig gegenüberstehen.

b. Die Bestellung der Vertreter

Gemäß § 122 Abs. 3 S. 2 SGB V a.F. werden die Vertreter der Krankenhäuser von der Landeskrankenhausgesellschaft, die Vertreter der Krankenkassen von den Landesverbänden der Krankenkassen und den Verbänden der Ersatzkassen und die Vertreter der Kassenärzte von den kassenärztlichen Vereinigungen bestellt. Bis auf die Landeskrankenhausgesellschaft, die wegen der kirchlichen Krankenhausträger in der Rechtsform eines eingetragenen Vereins organisiert ist[361], sind die oben genannten Entsendungskörperschaften Körperschaften des öffentlichen Rechts mit Zwangsmitgliedern[362].

c. Die Rechtsstellung der Vertreter

Welche Rechtsstellung die einzelnen Vertreter im Großgeräteausschuß haben, ist in § 122 SGB V a.F. nicht ausdrücklich bestimmt. Dafür, daß die Vertreter im Großgeräteausschusses gegenüber ihren Entsendungskörperschaften weisungsgebunden sind, spricht zwar das Fehlen gegenteiliger Vorschriften, wie sie sonst im SGB V etwa in den §§ 89 Abs. 3 S. 7, 90 Abs. 3 S. 2, 96 Abs. 2 S. 5, 114 Abs. 3

---

361) Prößdorf, Krankenhauswesen, D 1, S. 43.

362) Das hat in bezug auf die Landeskrankenhausgesellschaften zu Problemen geführt, da nur diese als eingetragene Vereine Rücktrittsdrohungen ihrer Mitglieder ausgesetzt sein können, wenn ihre Vertreter im Großgeräteausschuß verpflichtet sind, mißliebige Entscheidungen für ein Krankenhaus mitzutragen (Zimmer, Krankenhaus-Umschau 1990, S. 934).

S. 2 SGB V a.F. zu finden sind[363]. Dieser Umkehrschluß dringt jedoch angesichts der spärlichen gesetzlichen Vorgaben des § 122 SGB V a.F. nicht durch. Gerade die Weisungsgebundenheit der Vertreter im Großgeräteausschuß widerspricht dessen Zweck als Abstimmungsgremium. Abstimmung beinhaltet die Suche nach einer von allen Beteiligten einvernehmlich getragenen Planungslösung bei medizinisch-technischen Großgeräten. Diese Einvernehmlichkeit läßt sich bei den gegenläufigen Interessen der Beteiligten nur durch gegenseitiges Nachgeben, nicht aber durch Beharren auf Vorgaben der Entsendungskörperschaften erzielen. Im Interesse einer zügigen Konfliktlösung durch den Großgeräteausschuß ist eine Weisungsgebundenheit der Ausschußmitglieder abzulehnen, da dies der gesetzlichen Aufgabe des Großgeräteausschusses, nämlich eine Abstimmung für Abgrenzung, Bedarf und Standorte der medizinisch-technischen Großgeräte herbeizuführen (§ 122 Abs. 2 S. 1 SGB V a.F.), zuwiderläuft. Als Ergebnis bleibt daher festzuhalten, daß die Vertreter im Großgeräteausschuß an Weisungen nicht gebunden sind[364].

d. Die Mitwirkungspflicht der Vertreter im Ausschuß

Aus der Tatsache, daß Entscheidungen des Großgeräteausschusses nur einvernehmlich getroffen werden können (§ 122 Abs. 4 S. 1 SGB V a.F.), ergibt sich, daß alle Vertreter im Ausschuß verpflichtet sind, sich aktiv an den Sitzungen des Großgeräteausschusses zu beteiligen. Dazu gehört eine Teilnahmepflicht an Sitzun-

---

363) So: Schneider, Medizinisch-technische Großgeräte, S. 133.

364) So auch die Praxis: Vgl. § 5 Abs. 1 der Vereinbarung über die Bildung und das Verfahren der Großgeräteausschüsse in Nordrhein-Westfalen vom 28.11.1989 (MBl.NW. 1990, S. 384 f.).

gen und Abstimmungen sowie die Unzulässigkeit von Stimmenthaltungen[365]. Dadurch wird erreicht, daß das Verfahren vor dem Großgeräteausschuß als echte Selbstverwaltungslösung gewährleistet ist. Keine der am Verfahren Beteiligten darf das Verfahren in der Weise blockieren, daß die Entscheidung über Abgrenzung, Bedarf und Standort medizinisch-technischer Großgeräte dauerhaft dem Letztentscheidungsrecht der Landesbehörde nach § 122 Abs. 4 S. 2 SGB V a.F. überlassen wird.

Rechtsgrund für diese Mitwirkungspflicht ist § 122 Abs. 1 S. 1 SGB V a.F. Darin hat der Gesetzgeber konkret angeordnet, daß Krankenhäuser, Kassenärzte, Krankenkassen und die zuständige Landesbehörde zusammenwirken. Diese Vorschrift kann nicht nur als Institutionalisierungsvorschrift für den Großgeräteausschuß verstanden werden, sondern legt auch angesichts der in § 122 Abs. 4 S. 1 SGB V a.F. enthaltenen Pflicht zur einvernehmlichen Entscheidung den Beteiligten eine Pflicht zur Zusammenarbeit auf. Insofern wird gewährleistet, daß der Großgeräteausschuß sich nicht ohne weiteres seiner Entscheidungskompetenz zugunsten der Landesbehörde entledigt, sondern seine, ihm nach dem Willen des Gesetzgebers übertragene Aufgabe im Rahmen der angestrebten integrierten Selbstverwaltungslösung wahrnimmt.

3. Das Geschäftsordnungsrecht des Großgeräteausschusses

Zwar ist in § 122 SGB V a.F. keine Regelung über die Aufstellung einer Geschäftsordnung zu finden[366]. Allerdings können Kollegialorgane auch ohne ausdrückliche gesetzliche Ermächtigung Geschäftsordnungen zur Regelung des inter-

---

365) Zimmer, Krankenhaus-Umschau 1990, S. 934; vgl. auch: § 5 der Vereinbarung über die Bildung und das Verfahren der Großgeräteausschüsse in Nordrhein-Westfalen vom 28.11.1989 (MBl.NW. 1990, S. 384 f.).

366) Schneider, Medizinisch-technische Großgeräte, S. 133 f.

nen Verfahrensablaufs erlassen, da eine solche Geschäftsordnung für die Tätigkeit des Gremiums notwendig ist, um die ihm durch Gesetz vorgegebene Aufgabe im Interesse einer sachgerechten Erledigung zu erfüllen[367]. Die Befugnis eines Ausschusses, sich eine Geschäftsordnung zu geben, ergibt sich damit aus der ihm übertragenen Sachaufgabe. Da sowohl die Mitglieder des Großgeräteausschusses als auch die Entsendungskörperschaften aufgrund ihrer Mitwirkungspflicht (§ 122 Abs. 1 S. 1 SGB V a.F.) für die konkrete Aufgabenerfüllung verantwortlich sind, besteht sowohl für die Entsendungskörperschaften als auch für deren Vertreter im Ausschuß die Möglichkeit, innerhalb der rechtlichen Vorgaben einvernehmlich eine Geschäftsordnung für den Großgeräteausschuß zu beschließen[368].

4. Der Vorsitz im Großgeräteausschuß

Gemäß § 122 Abs. 3 S. 4 SGB V a.F. wählen die Beteiligten aus ihrer Mitte einen Vorsitzenden. Damit ist der Vorsitzende des Großgeräteausschusses personenidentisch mit einem der Ausschußmitglieder. Der Vorsitzende ist keine neutrale Person, sondern vielmehr Interessenvertreter seiner Entsendungskörperschaft. Wählbar als Ausschußvorsitzender ist dabei jedes Mitglied[369]. In Kollegialorganen beschränkt sich die Stellung des Vorsitzenden, sofern keine gesetzlichen Ausnahmetatbestände vorhanden sind, auf die eines "primus inter pares"[370]. Entsprechend ist sein Aufgabenbereich auf verfahrenstechnische Angelegenheiten begrenzt, nicht aber hat er etwa die Stellung einer den Ausschußmitgliedern übergeordneten Schlichtungs-

---

367) Dagtoglou, S. 37 f.; Ossenbühl, Verwaltungsvorschriften, S. 281; Obermayer, Verwaltungsakt, S. 119 f.

368) Schneider, Medizinisch-technische Großgeräte, S. 135 f.; Genzel, BayVBl. 1989, S. 487.

369) Schneider, Medizinisch-technische Großgeräte, S. 133.

370) Dagtoglou, S. 33 f.

instanz. Die Aufgabe der Konfliktbewältigung und Konfliktlösung hat der Gesetzgeber stattdessen durch § 122 Abs. 4 S. 2 SGB V a.F. der zuständigen Landesbehörde zugewiesen. Insofern besteht die Aufgabe des Vorsitzenden im wesentlichen darin, die Sitzungen des Großgeräteausschusses vorzubereiten und zu leiten.

5. Die Rechtsgestalt des Großgeräteausschusses

Ebenso problematisch wie die Rechtsgestalt des Bewertungsausschusses[371] (§ 87 SGB V a.F.) oder der Bundesausschüsse[372] nach § 91 SGB V a.F. ist die des Großgeräteausschusses.

Die Einordnung des Großgeräteausschusses als Körperschaft des öffentlichen Rechts und damit die Anerkennung der Fähigkeit Träger von Rechten und Pflichten, mithin rechtsfähig zu sein, setzt regelmäßig voraus, daß durch Gesetz der Körperschaftsstatus dem Großgeräteausschuß verliehen wurde[373]. Eine solche gesetzliche Bestimmung läßt sich jedoch nicht finden, so daß damit der Großgeräteausschuß keine eigene Rechtspersönlichkeit besitzt[374].

Teilweise wird davon ausgegangen, daß es sich bei dem Großgeräteausschuß nach § 122 SGB V a.F. um eine Behörde handelt[375]. Geht man indes von einem orga-

---

371) Dazu: Schellen, S. 134 ff.; Tiemann/Tiemann, S. 200; Schnapp, Die Ersatzkasse 1978, S. 503 f.

372) Zu den Bundesausschüssen: Andreas, S. 33 ff. m.w.N.; Bredehorn, S. 78 ff. m.w.N.; Denninger, S. 27 ff.; Hiller, S. 8 ff m.w.N.; Schneider, Kassenarztrecht, S. 136 ff.

373) So für die Bundesausschüsse: Schneider, Kassenarztrecht, S. 138.

374) Schneider, Medizinisch-technische Großgeräte, S. 142 f.; Gesamtkommentar SozVers - Bley, Bd. 8, § 70 SGG, Anm. 8a.

375) So: Schneider, Medizinisch-technische Großgeräte, S. 142; Laufs/Uhlenbruck (Genzel), S. 542, der den funktionalen Behördenbegriff zugrunde legt.

nisationsrechtlichen Behördenbegriff[376] aus, wonach eine Behörde ein selbständiges, nicht-rechtsfähiges Organ des Staates oder eines anderen Trägers öffentlicher Verwaltung ist, das mit Außenzuständigkeit zu konkreten Rechtshandlungen auf dem Gebiete der Verwaltung (oder der Rechtsprechung) ausgestattet wurde[377], so erscheint die Behördeneigenschaft zumindest zweifelhaft. Für die Behördeneigenschaft kommt es zwar nicht darauf an, ob eine kollegiale Entscheidungsfindung vorliegt oder nicht[378]. Indes müßte der Großgeräteausschuß Organqualität besitzen. Im Anschluß an *H. J. Wolff* wird ein Organ als "ein durch organisierende Rechtssätze gebildetes, selbständiges institutionelles Subjekt von transistorischen Zuständigkeiten zur funktionstätigen Wahrnehmung von Aufgaben einer (teil-) rechtsfähigen Organisation" definiert[379]. Legt man zugrunde, daß Rechtsträger des Großgeräteausschusses nur die Entsendungskörperschaften, also die Landesverbände der Krankenkassen, die Verbände der Ersatzkassen, die Landeskrankenhausgesellschaft, die kassenärztliche Vereinigung sowie die jeweils zuständige Landesbehörde sein können[380], so hätte die Organqualität des Großgeräteausschusses zur Folge, daß dieser nicht Organ einer, sondern mehrerer Organisationen wäre[381]. Kennzeichen der Organqualität ist aber immer, daß das

376) Im Gegensatz dazu der funktionelle Behördenbegriff des § 1 Abs. 2 SGB X. Danach ist eine Behörde jede Stelle, die Aufgaben öffentlicher Verwaltung wahrnimmt. Diese Definition bezieht sich nur auf das SGB X, nicht aber auf das gesamte Sozialgesetzbuch (Brackmann, S. 231 b VI). Gegenüber dem organisationsrechtlichen Behördenbegriff ist der funktionelle Behördenbegriff der weitergehende (Brackmann, S. 231 c).

377) Wolff/Bachof, VerwR II, S. 83.

378) Bochumer Kommentar - Wertenbruch, § 12 SGB I, Rn. 29.

379) Wolff/Bachof, VerwR II, S. 48.

380) Hauck/Haines, § 122 SGB V, Rn. 3.

381) Eine derartige "Zwitterstellung" ist für ein Organ im juristischen Sinne zumindest untypisch (Bredehorn, S. 90).

Verhalten des Organs der Organisation zugeordnet wird[382]. Seine Aufgabenerfüllung im Rahmen der Großgeräteplanung kann aber weder den einzelnen Entsendungskörperschaften noch diesen als Gesamtheit zugerechnet werden. Vielmehr hat der Gesetzgeber durch § 122 SGB V a.F. ausdrücklich nur dem Großgeräteausschuß die Großgeräteplanung für das jeweilige Bundesland zugewiesen, wobei gerade der Ausschuß im Hinblick auf die unterschiedlichen Interessen der Entsendungskörperschaften als Harmonisierungsinstrument sowohl den ambulanten als auch den stationären Bereich beplanen soll[383]. Da die Vertreter im Großgeräteausschuß an Weisungen der Entsendungskörperschaften nicht gebunden sind und sich nach dem SGB V die Zuständigkeit der entsendenden Körperschaften in Bezug auf den Großgeräteausschuß nur auf die Bestellung der Mitglieder beschränkt, können die Entscheidungen des Großgeräteausschusses also nicht den Entsendungskörperschaften zugeordnet werden[384]. Da im Verhältnis Großgeräteausschuß und Entsendungskörperschaften der organtypische Zuordnungsmechanismus fehlt, weist der Ausschuß keine Organeigenschaft auf[385]. Weil für die Behördeneigenschaft definitionsgemäß wiederum die Organeigenschaft Voraussetzung ist[386], ist der Großgeräteausschuß folglich auch keine Behörde[387].

Insgesamt ist damit der Großgeräteausschuß weder selbst eine juristische Person noch Organ einer solchen. Demnach wird man den Großgeräteausschuß allenfalls

---

382) Wolff/Bachof, VerwR II, S. 49; Schnapp, ZSR 1984, S. 151.

383) In ähnlicher Argumentation für die Zulassungsausschüsse: Schnapp, ZSR 1984, S. 151.

384) Für die Landesausschüsse nach § 90 SGB V a.F. und die Bundesausschüsse nach § 91 SGB V a.F.: BSGE 64, 78, (84); Kass.Kom - Hess, § 90 SGB V, Rn. 5; vgl. auch Andreas, S. 39; kritisch dazu: Schellen, S. 144.

385) So auch: Schneider, Medizinisch-technische Großgeräte, S. 142.

386) Wertenbruch, S. 52 : "Jede Behörde ist Organ, aber nicht jedes Organ ist Behörde."

387) A.A.: Schneider, Medizinisch-technische Großgeräte, S. 142.

als eine besondere Einrichtung der gesetzlichen Krankenversicherung qualifizieren müssen, der aufgrund gesetzlicher Vorschriften bestimmte Aufgaben zur selbständigen Erfüllung überlassen wurden[388]. Folgerichtig hat der Gesetzgeber für den Bereich der selbständigen Aufgabenerfüllung durch den Großgeräteausschuß diesen gemäß § 70 Nr. 4 SGG i.V.m. § 51 Abs. 2 S. 1 SGG im sozialgerichtlichen Verfahren für beteiligungsfähig erklärt. Insofern kann daher der Großgeräteausschuß als eine Art gesetzlich institutionalisierter Vertragsausschuß bezeichnet werden.

III. Die Bedeutung der Großgeräte-Richtlinien

1. Die Bindungswirkung der Großgeräte-Richtlinien

Der Großgeräteausschuß hat bei seiner Tätigkeit nach § 122 Abs. 2 S. 1 SGB V a.F. die Großgeräte-Richtlinien des Bundesausschusses der Ärzte und Krankenkassen nach § 92 Abs. 1 S. 2 Nr. 9 SGB V a.F. zu berücksichtigen.
Dieser Bundesausschuß wird gebildet von der kassenärztlichen Bundesvereinigung, den Bundesverbänden der Krankenkassen, der Bundesknappschaft und den Verbänden der Ersatzkassen (§ 91 Abs. 1 SGB V a.F.) und besitzt gemäß § 92 SGB V a.F. eine umfassende Richtlinienkompetenz[389]. Diese Richtlinien werden kraft Gesetzes (§ 92 Abs. 7 SGB V a.F.) Inhalt der Bundesmantel- und Gesamtverträge[390]. Des weiteren werden die kassenärztlichen Vereinigungen durch § 81 Abs. 3 Nr. 2 SGB V a.F. verpflichtet, in ihren Satzungen die Verbindlichkeit der Richt-

---

388) Schneider, Medizinisch-technische Großgeräte, S. 142 f; der allerdings zudem von der Behördeneigenschaft des Großgeräteausschusses ausgeht.

389) Heinze, M., SGb 1990, S. 174.

390) Heinze, M., SGb 1990, S. 173.

linien für ihre Mitglieder festzuschreiben[391]. Dieses gilt ebenso gemäß § 210 Abs. 2 SGB V a.F. für die Landesverbände der Krankenkassen[392]. Damit beanspruchen die Richtlinien Verbindlichkeit für die Partner der Bundesmantelverträge (kassenärztliche Bundesvereinigungen, Bundesverbände der Krankenkassen), die Partner der Gesamtverträge (kassenärztliche Vereinigung, Landesverbände der Krankenkassen[393]) und für die Ärzte und Krankenkassen. Insoweit wirken die Richtlinien der Bundesausschüsse normativ[394].

Diese durch die gesetzliche Einbindung in das Vertragssystem oder die Satzungen der Verbände erlangte Normativität[395] der Richtlinien gilt aber nicht für den gesetzlich unabhängigen Großgeräteausschuß. Dieser ist weder an die Verträge noch an die Satzungen der Verbände gebunden. Deshalb mußte der Gesetzgeber ausdrücklich in § 122 Abs. 2 S. 1 SGB V a.F. anordnen, daß der Großgeräteausschuß bei der Großgeräteplanung die Großgeräte-Richtlinie des Bundesausschusses der Ärzte und Krankenkassen zu berücksichtigen hat[396]. Umstritten ist jedoch, wieweit dadurch, daß die Großgeräte-Richtlinie vom Großgeräteausschuß lediglich berücksichtigt werden muß, dieser an die Vorgaben der Richtlinie gebunden ist.

---

391) von Zezschwitz, Festschrift für Söllner, S. 647.

392) GK-SGB V - Schellenbeck, § 92 SGB V, Rn. 9.

393) Für die Bundesknappschaft und die Verbände der Ersatzkassen gilt dieses gemäß § 92 Abs. 8 SGB V a.F. i.V.m. § 83 Abs. 3 u. 4 SGB V a.F. entsprechend.

394) Heinze, M., SGb 1990, S. 174; Wiegand, § 92 SGB V, Rn. 4; Bredehorn, S. 71 f.; von Zezschwitz, S. 653; Preißler, MedR 1991, S. 119; BSG, NJW 1991, S. 781; Baader, JZ 1992, S. 394; a.A.: Kass.Kom.-Hess, § 92 SGB V, Rn. 4; Schneider, Kassenarztrecht, S. 147 (zum alten Rechtszustand).

395) Dazu ausführlich: Wigge, Ersatzkasse, S. 321 ff.

396) von Zezschwitz, Festschrift für Söllner, S. 650.

Entscheidend für die Lösung des Problems ist es, wie der Ausdruck "Berücksichtigung" in § 122 Abs. 2 S. 1 SGB V a.F. auszulegen ist.

Von der Wortbedeutung her lassen sich zwei unterschiedliche Interpretationsmöglichkeiten finden.
Berücksichtigung der Richtlinie kann einmal deren Beachtung bei der Entscheidungsfindung im Sinne einer verbindlichen Wirkung, zum anderen aber auch nur die Verpflichtung bedeuten, den Regelungsgehalt der Richtlinie bei Entscheidungsfindung in Erwägung zu ziehen.

Neben der Pflicht zur Berücksichtigung der Großgeräte-Richtlinie ist aber in § 122 Abs. 2 S. 1 SGB V a.F. gleichzeitig die Verpflichtung zur Berücksichtigung des § 10 KHG a.F. angesprochen. Normadressat des § 10 KHG a.F. ist aber gerade nicht der Großgeräteausschuß. Dieser findet in § 10 KHG a.F. noch nicht einmal Erwähnung. Demzufolge ist der Großgeräteausschuß nicht an die Regelungen des § 10 KHG a.F. gebunden. Daran kann sich schon vom Regelungsinhalt des § 10 KHG a.F. auch dadurch nichts ändern, daß der Großgeräteausschuß diese Norm zu berücksichtigen hat. Aus diesen systematischen Erwägungen kann der Begriff "Berücksichtigung" in § 122 Abs. 2 S. 1 SGB V a.F. damit nicht in dem Sinne verstanden werden, daß dadurch die dort genannten Regelungen für den Großgeräteausschuß verbindlich sein sollen.

Dieses Ergebnis wird erhärtet, wenn man die Großgeräteplanung nach § 122 SGB V a.F. in Zusammenhang mit der Bedarfsplanung nach § 99 SGB V a.F. bringt. Dort hat die Aufstellung des Bedarfsplans nach Maßgabe der entsprechenden Richtlinie zu erfolgen. In diesem Fall ist durch die Formulierung "nach Maßgabe der ... erlassenen Richtlinie" klargestellt, daß für die Bedarfsplanung nach § 99 SGB V a.F. die Bedarfsplanungsrichtlinie des Bundesausschusses der Ärzte und Krankenkassen (§ 92 Abs. 1 S. 2 Nr. 9 SGB V a.F.) verbindliche Wirkung hat[397]. Daß der Gesetzgeber für den der Bedarfsplanung ähnlichen Fall der Großgeräteplanung diese eindeutige Formulierung nicht verwendete, sondern vielmehr anordnete, daß die Großgeräte-Richtlinie (§ 91 Abs. 1 S. 2 Nr. 9 SGB V a.F.) zu berücksichtigen sei, verdeutlicht, daß er der Großgeräte-Richtlinie im Gegensatz zur Bedarfsplanungsrichtlinie keine strikte verbindliche Wirkung im Verhältnis zum Großgeräteausschuß einräumen wollte.

Auch eine teleologische Betrachtung führt zu diesem Ergebnis. Von der gesetzgeberischen Konzeption her sollte der Großgeräteausschuß ein Harmonisierungsinstrument für die Großgeräteversorgung sowohl im stationären als auch im ambulanten Bereich sein[398]. Richtlinien des Bundesausschusses der Ärzte und Krankenkassen dürfen aus Kompetenzerwägungen nur den ambulanten Bereich einer Regelung unterwerfen[399]. Wollte man den Großgeräte-Richtlinien aber für den Großgeräteausschuß verbindliche Wirkung zumessen, so würde das eben nicht zu der angestrebten Harmonisierung führen. Da der Großgeräteausschuß auch die Aufgabe hat, die Anzahl der Großgeräte, die entweder dem ambulanten oder stationären Bereich zugewiesen werden, zu bestimmen[400], könnte bei Verbindlichkeit der Großgeräte-Richtlinie die Kassenarztseite über dieses Regelungsinstrument, die Abgrenzungsentscheidung des Ausschusses vorwegnehmen bzw. beeinflussen. Auch wenn die Großgeräte-Richtlinie nur Anwendung auf die dem ambulanten Sektor zuzuwei-

---

397) A.A.: von Zezschwitz, Festschrift für Söllner, S. 650. Im übrigen hätte es noch nicht einmal dieser Erwähnung bedurft, da die Kassenärztliche Vereinigung als Trägerin der Bedarfsplanung nach § 99 SGB V a.F. (vgl. dazu: Hauck/Haines, § 92 SGB V, Rn. 12) und gleichzeitig als Vertragspartnerin der Gesamtverträge (§ 83 SGB V a.F.) gemäß den §§ 92 Abs. 7, 82 Abs. 1 S. 1 SGB V a.F. an die Richtlinien gebunden ist.

398) Hauck/Haines, § 122 SGB V, Rn. 3.

399) Wirzbach, DtÄrzteBl. 1990, Ausg. B, S. 1852, Bruckenberger, Krankenhaus-Umschau 1985, S. 433; Bruckenberger, Niedersächsisches Ärzteblatt 1985, Heft 19, S. 17.

400) S.o.

senden Geräte finden würde, gingen von ihr, da der Gesamtbedarf begrenzt ist, mittelbar auch Rechtswirkungen für den stationären Bereich aus. Wäre damit die Entscheidung durch eine entsprechende Richtlinie vorherbestimmt, so entfiele der Harmonisierungscharakter des Großgeräteausschusses, der insbesondere durch einen Ausgleich der unterschiedlichen Interessen von Ärzten und Krankenhäusern gekennzeichnet ist.

Die Auslegung des Begriffs "Berücksichtigung" führt also zu dem Ergebnis, daß der Großgeräteausschuß bei seiner Entscheidungsfindung nicht an die Großgeräte-Richtlinie gebunden ist, sich aber mit dem Regelungsinhalt sachgerecht auseinander zu setzen hat[401].

Dagegen wird teilweise angeführt, daß der Großgeräteausschuß nach § 122 Abs. 2 SGB V a.F., im Gegensatz zum Bundesausschuß der Ärzte und Krankenkassen, lediglich ein Abstimmungsgremium ohne normative Kompetenz sei[402]. Dieses Argument entbehrt aber insofern der Überzeugungskraft, als von der Rechtswirkung der Ausschußentscheidung nicht auf die Bindungswirkung der Entscheidungsvorgaben geschlossen werden kann. Beide Bereiche betreffen vielmehr zwei unterschiedliche Rechtsfragen. Auch das zweite Argument, wonach bei Unverbindlichkeit der Großgeräte-Richtlinien für den Großgeräteausschuß diese an sich wirkungslos seien[403], kann nicht überzeugen. Vielmehr ist zu beachten, daß, auch wenn die Richtlinien für den Großgeräteausschuß keine verbindliche Wirkung haben, diese aber z. B. über die Gesamtverträge oder die Satzungen normativ für

---

401) GKV - Tuschen, § 122 SGB V, Rn. 3; GK-SGB V - Jung, § 122 SGB V, Rn. 32; von Zezschwitz, Festschrift für Söllner, S. 650 - Danach sind die Großgeräte-Richtlinien "lediglich zu berücksichtigen". -; vgl. auch: BT-Drucks. 11/2493, S. 35.

402) GK-SGB V - Schellenbeck, § 92 SGB V, Rn. 10.

403) GK-SGB V - Schellenbeck, § 92 SGB V, Rn. 10.

die kassenärztliche Vereinigung und die Kassenärzte im Hinblick auf den Einsatz medizinisch-technischer Großgeräte wirken[404].

Insgesamt können damit die Argumente der Kritiker einer Lösung, wonach die Großgeräte-Richtlinien für den Großgeräteausschuß keine verbindliche Wirkung entfalten, nicht überzeugen. Es bleibt im Ergebnis festzustellen, daß der Großgeräteausschuß als eigenständiges Gremium nicht an die Regelungen der Großgeräte-Richtlinien des Bundesausschusses der Ärzte und Krankenkassen gebunden ist[405].

2. *Die inhaltliche Reichweite der Großgeräte-Richtlinien*

Wenn der Großgeräteausschuß die Richtlinien nach § 122 Abs. 2 S. 1 SGB V a.F. in seinen Entscheidungsprozeß miteinzubeziehen hat, ohne jedoch an deren Regelungsgehalt gebunden zu sein, so wirft das die Frage nach ihrer inhaltlichen Reichweite auf.
In § 92 Abs. 2 S. 2 Nr. 9 SGB V a.F. hat der Gesetzgeber lediglich angeordnet, daß die Bundesausschüsse Richtlinien über den bedarfsgerechten und wirtschaftlichen Einsatz medizinisch-technischer Großgeräte beschließen sollen. Darin sollen gemäß § 92 Abs. 6 SGB V a.F. Regelungen über den Ausschluß der Vergütung solcher Leistungen getroffen werden, die mit nicht in die Standortplanung einbezogenen medizinisch-technischen Großgeräte erbracht werden. Dieser Vergütungsausschluß ist damit die einzige konkrete inhaltliche Vorgabe für die Großgerä-

404) Preißler, MedR 1991, S. 119; LSG Schleswig-Holstein, KURS 130 - 2200/5, S. 35 f.

405) Im Ergebnis so auch das BSG (MedR 1993, S. 31).

te-Richtlinien[406]. Bezeichnenderweise handelt es sich hierbei auch gerade nicht um eine die Tätigkeit des Großgeräteausschusses betreffende Regelung der Planaufstellung.

Über die inhaltliche Reichweite der Richtlinienkompetenz des Bundesausschusses der Ärzte und Krankenkassen herrscht daher in Rechtsprechung und Literatur infolgedessen keine Übereinstimmung.
So wird zum Teil für den Bundesausschuß eine Richtlinienkompetenz insoweit anerkannt, daß dieser nicht nur Regelungen für eine Eingriffsermächtigung gegenüber den Kassenärzten treffen kann, sondern auch die Errichtung der Standortplanung als solche festzulegen in der Lage ist[407]. Nach einer anderen Ansicht sind in den Großgeräte-Richtlinien in erster Linie verfahrensrechtliche Anforderungen der Großgeräteplanung zu regeln[408]. Demgegenüber findet sich auch die Auffassung, daß die Großgeräte-Richtlinien des Bundesausschusses Richt- und Planungsgrößen für den Bereich der ambulanten ärztlichen Versorgung zu enthalten haben[409].

Geht man vom Wortlaut des Gesetzes aus, so stellt man fest, daß die Formulierung in § 92 Abs. 1 S. 2 Nr. 9 SGB V a.F. sehr vage und für sich allein zur Konkretisierung des Richtlinieninhalts wenig brauchbar ist. Dieses wird jedoch anders, wenn man die Vorschriften des § 92 Abs. 1 SGB V a.F. in einem systematischen

---

406) Dieses wird jedoch vom SG Karlsruhe (Beschl. v. 15.5.1991, Az.: S 5 Ka 512/91 EA) bezweifelt. So auch: Preißler, MedR 1991, S. 123;
Anders dagegen: BSG, NJW 1991, S. 782 (Das BSG hält die Regelung des § 92 Abs. 6 SGB V a.F. sogar für *zu konkret*.); LSG Schleswig-Holstein, KURS 130 - 2200/5, S. 35.

407) Schneider, Medizinisch-technische Großgeräte, S. 130.

408) LSG Baden-Württemberg, MedR 1991, S. 278; vgl. auch BR-Drucks. 65/90, S. 13.

409) LSG Nordrhein-Westfalen, Urt. v. 9.8.1989, Az.: L 11 Ka 37/89, S. 32; LSG Nordrhein-Westfalen, Urt. v. 6.6.1990, Az.: L 11 Ka 35/89, S. 39; Schnath, Bedarfsplanung, S. 160; Siewert, S. 158.

Zusammenhang zueinander bringt. Nach der Generalklausel des § 92 Abs. 1 S. 1 SGB V a.F. hat der Bundesausschuß der Ärzte und Krankenkassen die zur Sicherung der ärztlichen Versorgung erforderlichen Richtlinien über die Gewähr für eine ausreichende zweckmäßige und wirtschaftliche Versorgung der Versicherten zu beschließen. Ob der Bundesausschuß bestimmte Regelungen daher treffen darf, hängt nach § 92 Abs. 1 S. 1 SGB V a.F. grundsätzlich von deren Erforderlichkeit ab.

Von diesem Grundsatz enthält § 92 Abs. 1 S. 2 SGB V a.F. insofern eine Konkretisierung, als der Gesetzgeber für die dort genannten Themen eine Wertung der Erforderlichkeit vorgenommen hat[410]. Diese Wertung in § 92 Abs. 1 S. 2 SGB V a.F. betrifft aber nur das generelle Richtlinienthema. Damit will der Gesetzgeber den Bundesausschuß der Ärzte und Krankenkassen verpflichten, sich überhaupt regelnd mit einem bestimmten Regelungsbereich auseinanderzusetzen. Indes gibt der Gesetzgeber, was sich an den durchgehend offenen Formulierungen des § 92 Abs. 1 S. 2 SGB V a.F. zeigt, mit der Aufzählung des § 92 Abs. 1 S. 2 SGB V a.F. nicht die konkrete Regelung zu dem jeweiligen Richtlinienthema vor. Die inhaltliche Ausgestaltung der einzelnen Richtlinie bestimmt sich vielmehr nach der Grundregel des § 92 Abs. 1 S. 1 SGB V a.F. Demnach muß sich der Richtlinieninhalt im Rahmen des Erforderlichen halten. An der Erforderlichkeit einer Regelung fehlt es aber, wenn regelungsbedürftige Sachverhalte, etwa weil sie schon anderswo geregelt sind, nicht existieren oder regelungsbedürftige Sachverhalte durch andere Rechtsinstrumente im genügenden Maße geregelt werden können[411]. Damit bildet das bestehende Regelungssystem des SGB V a.F. einschließlich seiner Vertragsstrukturen den inhaltlichen Rahmen für den Bundesausschuß der Ärzte und Krankenkassen als Richtliniengeber. Dieses gilt dabei unabhängig davon, ob es sich

410) Hauck/Haines, § 92 SGB V, Rn. 5.

411) Hauck/Haines, § 92 SGB V, Rn. 5.

dabei um eine Richtlinie der in § 92 Abs. 1 S. 2 SGB V a.F. genannten Themen handelt oder nicht.

Für die Großgeräte-Richtlinie bedeutet das, daß der Bundesausschuß in bezug auf den Großgeräteausschuß nur solche Regelungen treffen kann, die für die Großgeräteplanung nach § 122 SGB V a.F. erforderlich sind.
Gegenstand der Großgeräte-Richtlinien kann somit nicht sein, was der Gesetzgeber schon durch § 122 SGB V a.F. geregelt hat oder was der Großgeräteausschuß in eigener Kompetenz, wie etwa die Geschäftsordnung oder die Großgeräteplanung als solche regeln kann. Infolgedessen umfaßt die Richtlinienkompetenz nach § 92 Abs. 1 S. 2 Nr. 9 SGB V a.F., auch wenn man sie in Verbindung mit § 92 Abs. 6 SGB V a.F. sieht, nicht die Festschreibung von Vorgaben für die Errichtung einer Standortplanung[412]. Diese finden vielmehr ihre abschließende Regelung in § 122 SGB V a.F.
Der Bundesausschuß ist damit weder selbst Planungsorgan noch ist er befugt, durch Regelung der Standortplanung diese anstelle des Großgeräteausschusses vorwegzunehmen.

Berücksichtigt man weiterhin die Zwecksetzung der Großgeräte-Richtlinien für den Großgeräteausschuß, so engt sich der Regelungsspielraum des Bundesausschusses noch weiter ein.
Der Bundesausschuß kann aus Kompetenzgründen nur Regelungen für die kassenärztliche Versorgung, nicht aber für die stationäre Versorgung, treffen[413]. Jedoch soll durch die Richtlinienkompetenz in bezug auf den Großgeräteausschuß die Bundeseinheitlichkeit der Bedarfsplanung sichergestellt werden. Dieses kann aber,

---

412) So aber: Schneider, Medizinisch-technische Großgeräte, S. 130.

413) § 92 Abs. 1 S. 1 SGB V a.F.: " Die Bundesausschüsse beschließen zur Sicherung der *ärztlichen* Versorgung.....".

bezogen auf den Großgeräteausschuß, keine Verfahrensfragen betreffen, da ansonsten die Richtlinien auch den stationären Bereich mitregeln würden[414]. Regelungsgegenstand sollen vielmehr nur die Festlegungen allgemeiner Richt- und Planungsleitlinien sein. Das bedeutet, daß der Großgeräteausschuß eine Liste der medizinisch-technischen Geräte aufstellt und den jeweiligen Gerätetypen Kriterien für die Standortplanung im ambulanten Bereich zuordnet (z.B. Verhältnis Einwohner pro medizinisch-technisches Großgerät, Auslastungsquote pro Gerät)[415]. Dadurch kann trotz der förderalen Organisation der Großgeräteausschüsse eine für das Bundesgebiet vergleichbare Versorgungssituation bei medizinisch-technischen Großgeräten festgestellt werden.

Dieses hindert den Großgeräteausschuß aber nicht, sich bei seiner Entscheidung von regionalen Gegebenheiten leiten zu lassen. Er kann, da die Richtlinien des Bundesausschusses lediglich von ihm zu berücksichtigen sind, auch von deren Vorgaben abweichen. Insoweit haben die Großgeräte-Richtlinien daher für den Großgeräteausschuß nur die Funktion von Orientierungshilfen bzw. Anhaltspunkten[416].

Damit ist aber nicht gesagt, daß sich die Großgeräte-Richtlinien, von ihrem Regelungsinhalt her gesehen, auf diesen informationsvermittelnden Charakter beschränken müssen. Soweit sie nicht die Harmonisierungsfunktion des Großgeräteausschusses beschränken, können sie zur Unterstützung der Standortplanung Regelungen für die kassenärztliche Vereinigung und die einzelnen Kassenärzte enthalten. Beispiel einer solchen Regelung ist etwa der in § 92 Abs. 6 SGB V a.F. aufgeführ-

---

414) Im Ergebnis: Krause, SGb 1992, S. 59.

415) Ebsen, ZSR 1992, S. 338.

416) Eine derartige Einordnung gilt aber nur in bezug auf den Großgeräteausschuß. Nicht soll damit eine generelle Aussage über die Rechtsnatur der Richtlinien vorgenommen werden.

te Vergütungsausschluß. Denkbar ist ebenfalls, daß durch die Großgeräte-Richtlinien des Bundesausschusses der Ärzte und Krankenkassen der Inbetriebnahme eines Großgerätes ein bestimmtes Verfahren zur Gewährleistung der Standortplanung vorangestellt wird.
Letzteres sind indes Rechtsfragen, die nicht die Großgeräteplanung im Großgeräteausschuß betreffen, sondern vielmehr im Bereich der Planungsumsetzung und Planungsgewährleistung angesiedelt sind.

B. Die Planfeststellung

Bevor es jedoch zu einer Planungsumsetzung kommen kann, ist die Großgeräteplanung durch die Planfeststellung abzuschließen.

I. Die Zuständigkeit des Großgeräteausschusses

Durch die Planfeststellung wird das Ergebnis des Planungsverfahrens festgeschrieben. Anders als z.B. bei der Bauleitplanung nach § 10 BauGB[417] liegen bei der Großgeräteplanung Planungsaufstellung und Planungsfeststellung in einer Hand. Zuständig sowohl für die Planaufstellung als auch für die Planfeststellung ist der Großgeräteausschuß. Dieser setzt gemäß § 122 Abs. 2 SGB V a.F. den Großgeräteplan als Ergebnis der Abstimmung fest. Nach § 122 Abs. 2 S. 2 SGB V a.F. ist das Ergebnis der Abstimmung vom Landesausschuß der Ärzte und Krankenkassen zu beachten. Demzufolge werden mit dem Ausdruck "Ergebnis der Abstimmung" diejenigen Feststellungen des Großgeräteausschusses umschrieben, die Grundlage

417) Bei der Bauleitplanung werden etwa Bebauungspläne von den zuständigen kommunalen Behörden erstellt, während die Planfeststellung dem Vertretungsorgan der Gemeinde obliegt (Achterberg, S. 551).

für die Entscheidungsfindung anderer Gremien sind. Da somit andere Organe, wie der Landesausschuß der Ärzte und Krankenkassen bzw. die zuständigen Stellen nach dem KHG, schon mit der Durchführung bzw. der Umsetzung der Planung betraut sind, muß dem eine Feststellung der Großgeräteplanung vorausgegangen sein, die nur durch den Großgeräteausschuß erfolgt sein kann. Dieses ist auch insoweit sachgerecht als der Großgeräteausschuß nach der Konzeption des Gesetzgebers das Harmonisierungsinstrument für den geplanten Großgeräteeinsatz bilden soll. Unterstrichen wird die Kompetenz des Großgeräteausschusses zur Planfeststellung dadurch, daß gegen dessen Entscheidung gemäß § 122 V SGB V a.F. der Rechtsweg gegeben ist, was wiederum nur sinnvoll ist, wenn die Entscheidung des Großgeräteausschusses die Planfeststellung beinhaltet.

II. Die Entscheidungsfindung

Die Entscheidungen des Großgeräteausschusses werden gemäß § 122 Abs. 4 SGB V a.F. einvernehmlich getroffen. Von der Wortbedeutung her setzt "Einvernehmlichkeit" die Einstimmigkeit der Entscheidung voraus[418]. Strittig ist indes, ob sich dieses auf die entsendenden Körperschaften bezieht oder auf die entsandten Vertreter abzustellen ist.

Geht man davon aus, daß sich die Einvernehmlichkeit nur auf die nach § 122 Abs. 1 SGB V a.F. beteiligten Gruppen bezieht, so hat dieses den Vorteil, daß sich abweichende Auffassungen innerhalb der Beteiligten (etwa der unterschiedlichen Kassenarten) nicht auf die Arbeit des Großgeräteausschusses auswirken[419]. Vielmehr ist es an den Beteiligten, dafür Sorge zu tragen, daß sie einheitlich im Groß-

418) Schneider, Medizinisch-technische Großgeräte, S. 134.

419) Bruckenberger, f & w 1989, S. 256.

geräteausschuß auftreten. Diese Einheitlichkeit könnte im Vorwege durch eine Mehrheitsentscheidung innerhalb der Beteiligten erreicht werden. Bezieht man also nur das Einvernehmen auf die vier Beteiligten des Großgeräteausschußverfahrens (Kassenärzte, Krankenkassen, Krankenhäuser, Landesbehörde), so würde sich dieses leichter herstellen lassen, als wenn man die Einvernehmlichkeit aller (vielleicht über 20) Vertreter fordert[420]. Unter Effizienzgesichtspunkten geht diese Ansicht also davon aus, daß im Großgeräteausschuß lediglich die Interessen von vier Gruppen, die jeweils als eine Einheit auftreten, zu harmonisieren sind.

Indes ist selbst der Gesetzgeber davon ausgegangen, daß im Großgeräteausschuß eine Mehrzahl unterschiedlicher, auch gruppeninterner Interessen aufeinandertreffen sollen. Deshalb hat er die Zahl der Vertreter von Kassenärzten, Krankenhäusern und Krankenkassen nicht begrenzt, wie etwa für den Vertreter der zuständigen Landesbehörde. Vielmehr war er sich der Schwierigkeiten der Entscheidungsfindung im Großgeräteausschuß bewußt und hat daher ein besonderes Konfliktlösungsmittel durch das Letztentscheidungsrecht der Landesbehörde (§ 122 Abs. 4 S. 2 SGB V a.F.) geschaffen[421]. Nach der Konzeption des Gesetzgebers sollte es gerade die Aufgabe des Großgeräteausschusses sein, für alle von der Großgeräteplanung Betroffenen zu einer tragbaren Lösung zu kommen. Wollte man nur auf die im Großgeräteausschuß vertretenen Gruppen für eine einvernehmliche Lösung abstellen, so könnten bestimmte Interessen, die etwa in ihrer jeweiligen Gruppe sich nicht haben durchsetzen können, auch keine Berücksichtigung bei der Entscheidung im Großgeräteausschuß selbst finden. Für die Gruppe der Krankenkassen wären etwa die sog. RVO-Kassen (Orts-, Betriebs- und Innungskrankenkassen) zusammen

420) Bruckenberger, f & w 1989, S. 256; Diese Gefahr sieht auch Schneider, Medizinisch-technische Großgeräte, S. 134.

421) "Die Übertragung der Konfliktlösung auf das Land gewährleistet eine zügige Streitentscheidung, wenn die Ausschuß*mitglieder* sich im konkreten Fall nicht ... verständigen können." (BT-Drucks. 11/2237, S. 204).

in der Lage, die Ersatzkassen von jeglicher Einflußnahme auf die Großgeräteplanung abzuhalten, obwohl in § 122 Abs. 3 S. 3 SGB V a.F. letztere ausdrücklich Erwähnung finden. Wenn also Einstimmigkeit der Entscheidungen des Großgeräteausschusses gefordert wird, so kann dieses, von der Systematik und der Zielsetzung des § 122 SGB V a.F. her gesehen, sich nur auf alle Mitglieder des Ausschusses unabhängig von ihrer Gruppenzugehörigkeit beziehen[422]. Demzufolge müssen alle Mitglieder des Großgeräteausschusses zu einem Konsens kommen, wenn sie nicht ihre Entscheidungskompetenz an die zuständige Landesbehörde verlieren wollen[423].

III. Die Rechtsnatur der Entscheidung

Wie indes die Entscheidung des Großgeräteausschusses nach § 122 Abs. 4 S. 1 SGB V a.F. rechtlich eingeordnet werden kann, ist ebensowenig geklärt. Für die rechtliche Einordnung ist dabei der Umfang der Entscheidungskompetenz des Großgeräteausschusses mitentscheidend.

So wurde die Entscheidung des Großgeräteausschusses teilweise als Verwaltungsakt gegenüber den betroffenen Ärzten und Krankenhäusern qualifiziert[424]. Dabei ging man davon aus, daß der Großgeräteausschuß die konkrete Standortentscheidung zu treffen habe. Dieses widerspricht jedoch, wie oben dargelegt, der rechtlichen Regelung[425]. Demzufolge kann nicht ohne weiteres davon ausgegan-

---

422) Kass.Kom. - Hess, § 122 SGB V, Rn. 10.

423) Schneider, Medizinisch-technische Großgeräte, S. 134; Krankenhausgesellschaft Schleswig-Holstein e.V., Mitteilungen, Lfd.Nr. 099 vom 25.8.1989, S. 1.

424) Vgl. SG Düsseldorf, Beschl. v. 2.8.1990, Az.: S 4 Kr 227/90, S. 5.

425) S.o.

gen werden, daß es sich bei der Entscheidung des Großgeräteausschusses um einen Verwaltungsakt gegenüber den Ärzten handeln müßte.

Für die Einordnung der Ausschußentscheidung als Verwaltungsakt spricht zwar die Regelung des § 122 Abs. 5 SGB V a.F. Danach findet bei Klagen gegen die Entscheidung des Großgeräteausschusses ein Vorverfahren nicht statt. Da ein Vorverfahren gemäß §§ 78 ff. SGG nur bei Verwaltungsakten in Betracht kommt[426], würde die Regelung des § 122 Abs. 5 SGB V a.F. entbehrlich, wenn es sich bei der Entscheidung nach § 122 Abs. 4 SGB V a.F. nicht um einen Verwaltungsakt handeln würde[427].

Die Einordnung der Ausschußentscheidung als Verwaltungsakt setzt aber voraus, daß dieser die Voraussetzungen des § 31 SGB X erfüllt, insbesondere ihm unmittelbare Außenwirkung zukommt. Nach der Gesamtkonzeption des § 122 SGB V a.F. ist die Entscheidung im Großgeräteausschuß jedoch umsetzungsbedürftig. Gemäß § 122 Abs. 2 S. 2 SGB V a.F. ist das Ergebnis der Abstimmung (= Entscheidung des Großgeräteausschusses) von dem Landesausschuß einerseits und von den zuständigen Stellen nach dem KHG zu beachten. Die Entscheidungen des Großgeräteausschusses sind also nicht aus sich heraus nach außen verbindlich, sondern bedürfen vielmehr der Umsetzung, um gegenüber den Betroffenen Geltung zu erlangen. Insoweit ist der Großgeräteplan des Großgeräteausschusses wiederum vergleichbar mit dem Krankenhausplan[428]. Ebenso wie diesem kommt auch dem

426) Meyer-Ladewig, § 83 SGG, Rn. 3.

427) Darauf weist zu Recht auch das LSG Nordrhein-Westfalen in seinem Urteil vom 9.8.1989, Az.: L 11 Ka 37/89, S. 33, hin.

428) S.o. und vgl. Zimmer, Krankenhaus-Umschau 1990, S. 933.

Großgeräteplan lediglich nur interne Wirkung zu[429]. Zwar ist der Großgeräteplan, wie er von dem Großgeräteausschuß erstellt worden ist, verbindlich für die zur Planumsetzung zuständigen Stellen[430]. Daraus kann freilich seine Eigenschaft als Verwaltungsakt nicht abgeleitet werden. Auch haben die Ausschußentscheidungen Auswirkungen auf die einzelnen Ärzte und Krankenhäuser[431]. Diese Auswirkungen treffen die einzelnen Leistungserbringer in ihrer Rechtsstellung nur insoweit, als der Großgeräteplan durch die Planumsetzung eine Konkretisierung erfahren hat. Erst zu diesem Zeitpunkt läßt sich ein bestimmtes Großgerät als plangemäß oder planwidrig einordnen. Demzufolge haben die Großgerätepläne auf die Leistungserbringer nur mittelbare Auswirkungen. Eine unmittelbare Außenwirkung, wie sie nach der Vorschrift des § 31 SGB X erforderlich ist, fehlt hingegen dem Großgeräteplan.

Wie schon der Krankenhausplan, beinhaltet der Großgeräteplan keinen Verwaltungsakt gegenüber Ärzten und Krankenhäusern.

Anders aber als bei einem Krankenhausplan wird der Großgeräteplan nicht durch eine Behörde, sondern durch einen besonderen Ausschuß erstellt, der aus gleichberechtigten Mitgliedern besteht. Diese Mitglieder sind Interessenvertreter ihrer jeweiligen Entsendungskörperschaften, ohne jedoch selbst weisungsgebunden zu sein[432]. Ihre Aufgabe ist es, den Großgeräteplan so auszuhandeln, daß alle Mitglieder des Ausschusses diesem zustimmen können. Der Großgeräteplan kommt also nur bei Willensübereinstimmung aller Großgeräteausschußmitglieder zustande.

---

429) Bruckenberger, f & w 1989 , S. 256; Zimmer, Krankenhaus-Umschau 1990, S. 933; Schneider, Medizinisch-technische Großgeräte, S. 149; vgl. auch zum alten Rechtszustand: LSG Nordrhein-Westfalen, Urt. v. 9.8.1989, Az.: L 11 Ka 37/89, S. 24.

430) BSG, NJW 1991, S. 780; BVerfG, MedR 1991, S. 83; Schneider, NJW 1991, S. 2331.

431) BVerfG, MedR 1991, S. 83.

432) S.o.

Dem entspricht es, wenn man den Großgeräteplan als mehrseitigen Kollektivvertrag charakterisiert, dem unmittelbare Bindungswirkung gegenüber den Entsendungskörperschaften zukommt[433]. Zwar werden in § 122 Abs. 4 SGB V a.F. die "Entscheidungen des Großgeräteausschusses" erwähnt, jedoch kann dieses nur so ausgelegt werden, daß damit die Entscheidungen[434] aller Mitglieder des Großgeräteausschusses gemeint sind, da dem Großgeräteausschuß selbst sowohl Rechtsfähigkeit als auch Organeigenschaft fehlen[435]. Durch die Konstruktion des Großgeräteplans als mehrseitigen Vertrag wird darüber hinaus die relative Bindungswirkung der Planung durch den Großgeräteausschuß berücksichtigt und der Konsenscharakter[436], der auf einem umfassenden Interessenausgleich beruht, herausgestellt.

IV. Das Letztentscheidungsrecht der Landesbehörde

Kommt es bei den Mitgliedern des Großgeräteausschusses nicht zum Konsens, so entscheidet die zuständige Landesbehörde (§ 122 Abs. 4 S. 2 SGB V a.F.). Nicht indes entscheidet das Ausschußmitglied, das als Vertreter der Landesbehörde im Großgeräteausschuß sitzt, sondern die Landesbehörde hat eine eigenständige Entscheidung zu treffen[437]. Nach dem Willen des Gesetzgebers sollte durch das Letztentscheidungsrecht der Landesbehörde eine zügige Streitentscheidung gewähr-

433) Heinze, M., SGb 1990, S. 174.

434) Der Begriff "Entscheidung" beinhaltet aus seinem Wortsinn heraus dabei keinen einseitigen Willensakt (a.A.: LSG Nordrhein-Westfalen, Urt. v. 9.8.1989, Az.: L 11 Ka 37/89, S. 33).

435) S.o.

436) § 122 Abs. 4 S. 2 SGB V a.F. spricht in diesem Zusammenhang auch von einer Einigung.

437) Hauck/Haines, § 122 SGB V, Rn. 3.

leistet werden[438]. Auf dem Hintergrund dieser Zwecksetzung hat die zuständige Landesbehörde nur über die Feststellung des Planes zu entscheiden. Dabei hat sie die vom Großgeräteausschuß ermittelten Daten zugrunde zu legen. Ebenfalls muß die Landesbehörde die vom Großgeräteausschuß festgelegten Planungsziele bei ihrer Entscheidung beachten, will sie nicht den durch § 122 Abs. 4 S. 2 SGB V a.F. umgrenzten Kompetenzbereich verlassen. Dieser besteht schon nach dem Wortlaut des § 122 Abs. 4 S. 2 SGB V a.F. nur darin, den für die Planfeststellung vorgeschriebenen Konsens zu ersetzen. Insofern wird auch teilweise in bezug auf das Letztentscheidungsrecht der Landesbehörde von einer "Ersatzvornahme" gesprochen[439].

Allerdings ist für diese Art der Ersatzvornahme zu betonen, daß die zuständige Landesbehörde nicht dieselbe Kompetenz hat wie der Großgeräteausschuß, sondern vielmehr auch an die planerischen Vorgaben des Ausschusses, soweit vorhanden, gebunden ist. Planerisch gestaltend tätig sein, kann sie durch das Letztentscheidungsrecht nur in dem von den Vorgaben des Großgeräteausschusses begrenzten Freiraum.

Nach der gesetzgeberischen Grundkonzeption soll allein die Vorhaltung des Letztentscheidungsrechts der Landesbehörde zu einer Kompromißbereitschaft der Ausschußmitglieder führen. Wollen die Ausschußmitglieder ihre volle Planungskompetenz behalten, können sie dieses nur einvernehmlich, indem sie zu einer Einigung über den Großgeräteplan kommen. Das Letztentscheidungsrecht der Landesbehörde ist deshalb für solche Fälle eingeführt, wo dieser Mechanismus im Großgeräteausschuß versagt.

438) GKV - Tuschen, § 122 SGB V, Rn. 6.

439) Schneider, Medizinisch-technische Großgeräte, S. 135.

Demzufolge soll das Letztentscheidungsrecht der Landesbehörde nur Ausnahmecharakter besitzen. Damit verträgt es sich nicht, wenn gezielt durch einzelne Ausschußmitglieder durch kompromißlose Haltung die Entscheidungskompetenz des Großgeräteausschusses unterlaufen wird, um so eine Entscheidung der Landesbehörde nach § 122 Abs. 4 S. 2 SGB V a.F. herbeizuführen[440]. Ein derartiges Vorgehen verstößt gegen die Gesamtregelung des § 122 SGB V a.F., wonach die übergreifende Großgeräteplanung einem besonderen Selbstverwaltungsgremium und nicht einer Landesbehörde zugewiesen ist. Jedoch kann die Landesbehörde auch in solchen Fällen nicht auf ihr Letztentscheidungsrecht verzichten. Sie muß im Interesse einer zügigen Streitentscheidung eine Entscheidung treffen, wobei sie alle Interessen und nicht nur ihre eigenen angemessen zu berücksichtigen hat. Sie übt das Letztentscheidungsrecht eben nicht als Beteiligter der Großgeräteplanung, sondern als unparteiischer Dritter aus. Dieses begründet zwar für die Landesbehörde eine nicht unproblematische "Zwitterstellung", die jedoch so vom Gesetzgeber gewollt war. Die Beteiligten können das aber dadurch kompensieren, indem sie zu einer einvernehmlichen Feststellung des Großgeräteplanes kommen.

V. Die Bekanntmachung des Großgeräteplans

Sowohl für den Fall, daß der Großgeräteausschuß den Großgeräteplan feststellt, als auch für den Fall, daß die Landesbehörde entscheidet, ist der Großgeräteplan in geeigneter Weise bekanntzumachen[441]. Zwar enthält das SGB V keine Regelung darüber, jedoch ergibt sich solches aus dem Rechtsstaatsprinzip[442]. Dieses gebietet, daß staatliche Planungsvorgänge offenzulegen sind, sofern von ihnen Aus-

---

440) Dazu auch: Kass. Kom - Hess, § 122 SGB V, Rn. 10.

441) LSG, Baden-Württemberg, MedR 1991, S. 278.

442) LSG, Baden-Württemberg, MedR 1991, S. 278.

wirkungen auf die Rechtspositionen einzelnen ausgehen. Der Großgeräteplan hat, wenn er umgesetzt wird, derartige, wenn auch mittelbare, Auswirkungen auf Ärzte und Krankenhäuser[443]. Um die Betroffenen in die Lage zu versetzen, die Planumsetzung rechtlich überprüfen zu können, müssen sie Kenntnis von den Umsetzungsvorgaben, d. h. dem Großgeräteplan haben. Insofern erfordert das eine geeignete Bekanntmachung des Großgeräteplans. Durch eine derartige Bekanntmachung findet dann die Planfeststellung ihren Abschluß.

C. Die Planumsetzung

Der von dem Großgeräteausschuß erstellte Plan ist für die Leistungserbringer, wie Kassenärzte und Krankenhäuser, nicht aus sich heraus verbindlich. Insbesondere fehlen dem Großgeräteplan Angaben darüber, welches Großgerät an welchen Betriebsort eingesetzt werden soll. Daher muß die planerische Konzeption des Großgeräteausschusses jeweils für Ärzte und Krankenhäuser umgesetzt werden. Entsprechend des unterschiedlichen Regelungssystems für Kassenärzte und Krankenhäuser finden sich auch verschiedene Umsetzungsmechanismen.

I. Die Planumsetzung im ambulanten Bereich

1. Der Landesausschuß der Ärzte und Krankenkassen

Für den ambulanten Bereich ist in § 122 Abs. 2 S. 2 Hs. 1 SGB V a.F. angeordnet, daß das Ergebnis der Abstimmung im Großgeräteausschuß von dem Landesausschuß der Ärzte und Krankenkassen bei der Durchführung der Großgeräte-Richtli-

443) BVerfG, MedR 1991, S. 83.

nien zu beachten ist. Zuständig für die Planumsetzung im ambulanten Bereich ist damit der Landesausschuß der Ärzte und Krankenkassen (§ 90 SGB V a.F.).

Dieses Gremium besteht gemäß § 90 Abs. 2 S. 1 SGB V a.F. aus einem unparteiischen Vorsitzenden, zwei weiteren unparteiischen Mitgliedern, acht Vertretern der Ärzte und acht Vertretern der verschiedenen Krankenkassen.

Aufgabe dieser Landesausschüsse ist u.a., wie sich aus § 122 Abs. 2 S. 2 SGB V a.F. ergibt, auch die Durchführung der Großgeräte-Richtlinien.
Bei der Durchführung der Großgeräte-Richtlinien soll nach § 122 Abs. 2 S. 2 SGB V a.F. der Großgeräteplan des Großgeräteausschusses beachtet werden. Demnach geht die Konzeption des § 122 Abs. 2 SGB V a.F. davon aus, daß der Großgeräteplan im Wege der Durchführung der Großgeräte-Richtlinien umgesetzt wird. Zu diesem Zweck haben die Großgeräte-Richtlinien Verfahrensvorschriften über die Planumsetzung im ambulanten Bereich zu enthalten[444]. Das im Großgeräteausschuß gefundene Planungsergebnis wird dann durch Vollzug dieser, in den Großgeräte-Richtlinien enthaltenen, Vorgaben umgesetzt.

Nach den Großgeräte-Richtlinien ist jeder Kassenarzt verpflichtet, die beabsichtigte Anschaffung, Nutzung oder Mitbenutzung eines medizinisch-technischen Großgeräts der kassenärztlichen Versorgung anzuzeigen[445]. Auf der Grundlage der vorliegenden Anträge hat im Anschluß daran der Landesausschuß der Ärzte und Krankenkassen für den ambulanten Bereich die konkrete Standortvergabe vorzunehmen[446]. Dabei hat er den für den jeweiligen Standortraum durch den Großgeräteausschuß aufgestellten Planinhalt zu beachten. Ein Abweichen des Landesaus-

444) Ebsen, ZSR 1992, S. 338.

445) Großgeräte-Richtlinien - Ärzte vom 16.10.1990, Pkt. D 1.

446) BSG, MedR 1993, S. 32; Kass.Kom. - Hess, § 122 SGB V, Rn. 7 f.

schusses von den Vorgaben des Großgeräteplans und damit eine Nichtbeachtung der planerischen Vorstellungen des Großgeräteausschusses ist deshalb unzulässig[447].

Beabsichtigen mehrere Ärzte die Inbetriebnahme von medizinisch-technischen Großgeräten, obwohl dadurch die Bedarfszahlen im Großgeräteplan überschritten werden, hat der Landesausschuß einen Entscheidungsspielraum, welchen der in Betracht kommenden Großgerätestandorte er als plangerecht einordnen will[448]. Bei seiner Entscheidungsfindung hat der Landesausschuß sich daran zu orientieren, welches der geplanten Großgeräte für eine bedarfsgerechte, leistungsfähige und wirtschaftliche Versorgung am besten geeignet ist. Dabei sind insbesondere Möglichkeiten von Kooperationen zwischen Ärzten untereinander und zwischen Ärzten und Krankenhäusern zu berücksichtigen[449].

2. Die Kassenärztliche Vereinigung

Fraglich ist indes, ob der Landesausschuß der Ärzte und Krankenkassen allein für die Planumsetzung zuständig ist oder ob in diesem Zusammenhang auch den kassenärztlichen Vereinigungen Befugnisse zukommen.
Für eine ausschließliche Kompetenz des Landesausschusses spricht zwar, daß in § 122 SGB V a.F. die kassenärztliche Vereinigung als Entscheidungsgremium

447) GKV - Tuschen, § 122 SGB V, Rn. 3.a; Schneider, SGb 1990, S. 92; BVerfG, MedR 1991, S. 83.

448) Kass.Kom - Hess, § 122 SGB V, Rn. 8.

449) Kass.Kom. - Hess, § 122 SGB V, Rn. 8. Regelmäßig wird der Landesausschuß der Ärzte und Krankenkassen sogar dazu verpflichtet sein, einen Standort als Kooperationsstandort auszuweisen, da andernfalls sich die Entscheidung für die abgelehnten Bewerber häufig als Eingriff in deren Berufsfreiheit darstellen würde (BSG, MedR 1993, S. 34).

keine Erwähnung gefunden hat. In § 122 Abs. 2 S. 2 SGB V a.F. ist vielmehr ausschließlich der Landesausschuß zur Durchführung der Großgeräte-Richtlinien ermächtigt worden und eben nicht die kassenärztliche Vereinigung.
Jedoch ist in § 122 Abs. 2 S. 2 SGB V a.F. auch geregelt, daß die Ausgestaltung der Vorgaben für die Umsetzung der Großgeräteplanung im ambulanten Bereich dem Richtliniengeber überlassen ist. Letzterer hat in den Großgeräte-Richtlinien angeordnet, daß ein Kassenarzt, will er ein medizinisch-technisches Großgerät betreiben und die damit erbrachten Leistungen zu Lasten der Versichertengemeinschaft abrechnen, einer Genehmigung der kassenärztlichen Vereinigung bedarf. Die Genehmigung ist zum einen vom Vorliegen der besonderen Qualifikationserfordernisse beim Arzt und zum anderen von der Vereinbarkeit des medizinisch-technischen Großgeräts mit den Entscheidungen von Großgeräteausschuß und Landesausschuß abhängig[450].

Die Zulässigkeit dieses Verfahrens und insbesondere die Einschaltung der kassenärztlichen Vereinigung in die Planumsetzung, läßt sich zwar nicht dadurch begründen, daß bei alleiniger Zuständigkeit der Landesausschüsse diese unzulässigerweise auch über die persönlichen Qualifikationserfordernisse der jeweiligen Ärzte mit zu entscheiden hätten[451]. Auch wenn den Landesausschüssen die Kompetenz zur Feststellung des Vorliegens der persönlichen Qualifikationserfordernisse nach § 90 Abs. 4 SGB V a.F. fehlt, folgt daraus nicht, daß deshalb die kassenärztliche Vereinigung in das Verfahren der Planumsetzung notwendig einbezogen werden muß. Ebenso könnte das Betreiben eines Großgerätes von zwei Genehmigungen abhängig gemacht werden, wobei die Landesausschüsse gegenüber dem Arzt allein

450) Vgl.: Großgeräte-Richtlinien - Ärzte vom 16.10.1990, Pkt. D 4.1 , D 4.2; § 7 BMV-Ä; § 29 EKV-Ä.

451) So aber: LSG Nordrhein-Westfalen, Urt. v. 6.6.1990, Az.: L 11 Ka 35/89, S. 43.

über die Plangemäßheit des Großgerätes und die kassenärztliche Vereinigung über die persönliche Qualifikation entscheiden könnten.

Entscheidend für die Zulässigkeit der Einbeziehung der kassenärztlichen Vereinigung in die Planumsetzung ist, daß der Gesetzgeber den Richtliniengeber ermächtigt hat, diesen Bereich im Wege der Richtlinienkompetenz einer Regelung zuzuführen. Nach § 122 Abs. 2 S. 2 SGB V a.F. ist der Landesausschuß der Ärzte und Krankenkassen zuständig für die Durchführung der Großgeräte-Richtlinie. Damit ist es dem Bundesausschuß der Ärzte und Krankenkassen überlassen, durch Richtlinien das Verfahren im Landesausschuß auszugestalten. Der Bundesausschuß kann zwar nicht den Landesausschuß von der Beteiligung bei der Umsetzung der Großgeräteplanung herausnehmen, er ist aber nicht gehindert, weitere Stellen zur Planumsetzung heranzuziehen. Der Landesausschuß kann insoweit nicht die ausschließliche Kompetenz zur Planumsetzung für sich beanspruchen, vielmehr steht seine Zuständigkeit unter dem Vorbehalt der Verfahrensvorschriften, wie sie durch den Bundesausschuß der Ärzte und Krankenkassen erlassen werden.

Eine verfahrensmäßige Einbeziehung der kassenärztlichen Vereinigung bei der Planumsetzung liegt auch insofern nahe, als ihr bei der Plangewährleistung maßgebliche Bedeutung zukommt. Nach § 92 Abs. 6 SGB V a.F. haben die Großgeräte-Richtlinien auch Regelungen über den Ausschluß der Vergütung solcher Leistungen zu enthalten, die mit nicht in die Standortplanung einbezogenen medizinisch-technischen Großgeräten erbracht werden.
Sofern ein Anspruch besteht, erhalten die Kassenärzte ihre Vergütung von der kassenärztlichen Vereinigung (§ 85 Abs. 4 S. 1 SGB V a.F.). Zu Unrecht erhobene kassenärztliche Ansprüche darf die kassenärztliche Vereinigung auch kürzen[452]. Derartige Kürzungen von Honorarforderungen müssen etwa bei Leistungserbrin-

452) Schneider, Kassenarztrecht, S. 248; Bley, Handlexikon, Stichwort "Kassenärztliche Versorgung", S. 152.

gung mit einem nicht plangerechten Großgerät erfolgen. Stellt nun die kassenärztliche Vereinigung im vorwege schon fest, daß Leistungen eines Kassenarztes, die mit einem bestimmten Großgerät erbracht werden, vergütet werden können, da dieses plangerecht ist, so führt das dazu, daß die kassenärztliche Vereinigung auch nach Leistungserbringung mit dem Großgerät an ihre Feststellung gebunden ist. Durch die Entscheidung der kassenärztlichen Vereinigung steht für den Kassenarzt im vorhinein verbindlich fest, ob er ein Großgerät betreiben und die erbrachten Leistungen mit der kassenärztlichen Vereinigung abrechnen kann. Damit ist es ihm möglich, sich plangerecht zu verhalten, was gerade auch erforderlich ist, um die geplante Versorgung mit bedarfsgerechten wirtschaftlichen und leistungsfähigen Großgeräten sicherzustellen.
Demzufolge steht die Regelung des § 122 SGB V a.F. der Einbeziehung der kassenärztlichen Vereinigung in die Planumsetzung nicht entgegen[453].

Will der kassenärztliche Großgerätebetreiber die mit dem Großgerät erbrachte Leistung abrechnen, bedarf er gemäß § 7 BMV-Ä, § 29 EKV-Ä, Pkt. D.4.1 der Großgeräte-Richtlinien vom 16.10.1990 der vorherigen Genehmigung der kassenärztlichen Vereinigung. Diese erfüllt gegenüber dem Arzt alle Merkmale eines Verwaltungsaktes i.S.d. § 31 S. 1 SGB X[454]. Die Genehmigung ist jeweils zu erteilen, wenn das Großgerät nach der Standortplanung an dem gewählten Standort genutzt werden darf und die vorgeschriebenen Qualifikationserfordernisse nachgewiesen sind.

---

453) So: LSG Nordrhein-Westfalen, Urt. v. 6.6.1990, Az.: L 11 Ka 35/89, S. 43 - mit anderer Begründung; auch LSG Schleswig-Holstein, KURS 130-2200/5, S. 35; zum alten Rechtszustand: BSG, Beschl. v. 9.5.1990, Az. 6 BKa 58/89; vgl. zu dieser Problematik: Schnath, Bedarfsplanung, S. 161; Schneider, Medizinisch-technische Großgeräte, S. 147, der von einem Wahlrecht des Bundesausschusses ausgeht.

454) BSG, MedR 1991, S. 779; LSG Nordrhein-Westfalen, Urt. v. 9.8.1989, Az.: L 11 Ka 37/89, S. 37; LSG Nordrhein-Westfalen, Urt. v. 6.6.1990, Az.: L 11 Ka 35/89, S. 44; Laufs/Uhlenbruck (Genzel), S. 541; Jörg, Rn. 559.

Insofern handelt es sich bei der Genehmigung um einen gebundenen Verwaltungsakt. Liegen die Qualifikationserfordernisse beim jeweiligen Kassenarzt vor und ist das jeweilige Großgerät mit dem Großgeräteplan und den entsprechenden Entscheidungen der Landesausschüsse vereinbar, so muß die Genehmigung dem jeweiligen Arzt erteilt werden. Die Feststellungen von Großgeräteausschuß und Landesausschuß sind dabei von der kassenärztlichen Vereinigung bindend bei ihrer Entscheidung zugrundezulegen[455]. Insoweit kommt ihnen eine sog. "Tatbestandswirkung"[456] zu[457].

Der Genehmigung als gebundenen Verwaltungsakt können unter den Voraussetzungen des § 32 Abs. 1 Alt. 2 SGB X Nebenbestimmungen beigefügt werden. In Betracht kommt hier die Aufnahme eines Widerrufsvorbehalts in die Genehmigung, um zu gewährleisten, daß die Voraussetzungen des Verwaltungsaktes in der Zukunft weiter erfüllt werden. Damit bleibt es der kassenärztlichen Vereinigung möglich, die Genehmigung wieder aufzuheben, wenn sich die planerischen Gegebenheiten geändert haben, etwa weil sich das betreffende Großgerät als nicht mehr bedarfsgerecht, wirtschaftlich oder leistungsfähig erweist.

Eine Besonderheit ergibt sich daraus, daß die Verteilung der Großgerätestandorte sich regelmäßig für die unberücksichtigt gebliebenen Bewerber als Einschränkung ihrer Berufsfreiheit darstellt. Will man unter diesem Aspekt die Großgeräteplanung verfassungsrechtlich noch rechtfertigen, so muß diesen Bewerbern aus verfassungsrechtlichen Gründen der Zugang zur Großgerätemedizin in einem gewissen Umfang

---

455) BSG, MedR 1991, S. 780; LSG Schleswig-Holstein, KURS 130-2200/5, S. 35; Schneider, NJW 1991, S. 2331; Wirzbach, DtÄrzteBl. 1990, Ausg. B, S. 2772.

456) Darunter ist die inhaltliche Bindung an die Regelungen einer anderen Behörde oder eines anderen Gremiums zu verstehen (vgl. dazu: Erichsen/ Martens (Erichsen), S. 259 f.).

457) BSG, MedR 1991, 780; Preißler, NJW 1991, S. 739; GK-SGB V - Jung, § 122 SGB V, Rn. 16, 26.

erhalten bleiben. Daher hat das Bundessozialgericht über die Regelung des § 32 Abs. 1 SGB X hinaus die Verknüpfung der Standortgenehmigung mit einer Auflage, derzufolge abgelehnten Bewerbern eine Mitbenutzungsmöglichkeit für ein bestimmtes Großgerät zu gestatten ist, aus verfassungsrechtlichen Gründen für Rechtens erachtet[458].

II. Die Planumsetzung im stationären Bereich

Im stationären Bereich hängt die Planumsetzung von den Vorgaben durch das Krankenhausfinanzierungsgesetz und, soweit vorhanden, von den Regelungen der zum Teil recht unterschiedlichen Landeskrankenhausgesetze ab.

1. Allgemeines

Unabhängig von der jeweiligen Ausgestaltung in den Krankenhausfinanzierungsgesetzen des Bundes und der Länder regelt § 122 Abs. 2 S. 2 SGB V a.F., daß das Planungsergebnis des Großgeräteausschusses von den zuständigen Stellen bei der Anschaffung, Nutzung oder Mitbenutzung medizinisch-technischer Großgeräte nach dem Krankenhausfinanzierungsgesetz zu beachten ist. Zwar nimmt das SGB V damit teilweise eine Formulierung auf, die sich auch in § 10 S. 1 KHG a.F. findet. Dieses kann aber nicht bedeuten, daß der Gesetzgeber die Planumsetzung auf das Verfahren nach § 10 KHG a.F. beschränken wollte. Vielmehr soll durch die Formulierung "Anschaffung, Nutzung und Mitbenutzung medizinisch-technischer Großgeräte" sichergestellt werden, daß jede Inbetriebnahme eines medizinisch-technischen Großgerätes im stationären Bereich zu Lasten der Krankenkassen nur

---

458) BSG, MedR 1993, S. 34; Steinhilper, MedR 1993, S. 37.

im Rahmen der Planumsetzung des Großgeräteplans erfolgen darf. Durch wen die Umsetzung zu erfolgen hat und damit auch das jeweilige Umsetzungsverfahren, steht gemäß § 122 Abs. 2 SGB V a.F. unter dem Vorbehalt des Krankenhausfinanzierungsgesetzes. Das KHG wiederum hat dabei insbesondere die Regelung von Verfahrensfragen den Landeskrankenhausgesetzen überlassen[459].

Unabhängig von der Ausgestaltung des Verfahrens haben die nach dem KHG zuständigen Stellen jedoch nicht die Kompetenz von den Vorgaben des Großgeräteausschusses abzuweichen, da ansonsten der vom Gesetzgeber mit der Regelung des § 122 SGB V a.F. verfolgte Zweck einer übergeordneten Großgeräteplanung unterlaufen werden würde[460].

2. Planumsetzung im Rahmen des § 10 KHG a.F.

Für die Bundesländer, die den Großgeräteeinsatz in Krankenhäusern lediglich der Regelung des § 10 KHG a.F. unterstellen wollen, gilt dabei folgendes:
Die Abstimmung der Krankenhäuser mit der Landesbehörde nach § 10 KHG a.F. kann sich nur auf solche Geräte beziehen, die im Großgeräteplan des Großgeräteausschusses für den jeweiligen Standortraum, bezogen auf den stationären Bereich, als bedarfsgerecht, leistungsfähig und wirtschaftlich ausgewiesen sind. Der Abstimmungspflicht nach § 10 KHG a.F. unterliegt grundsätzlich jede Anschaffung, Nutzung oder Mitbenutzung medizinisch-technischer Großgeräte durch ein Krankenhaus. Dieses Verfahren endet mit der Feststellung des Abstimmungsergebnisses durch die zuständige Landesbehörde in Form eines Verwaltungsaktes gegenüber

459) Vgl.: § 6 Abs. 3 KHG a.F.

460) Vgl.: Brandecker/Dietz/Bofinger, § 10 KHG, Anm. 10: Danach ist die Regelung des § 10 KHG nur noch modifiziert anwendbar.

dem Krankenhaus. Dadurch wird festgestellt, daß die zuständige Behörde keine rechtlichen Einwände gegen die Anschaffung, Nutzung und Mitbenutzung erhebt. Ein solcher Einwand besteht indes, wenn die Vorgaben des Großgeräteausschusses der Anschaffung, Nutzung oder Mitbenutzung des Großgerätes entgegenstehen. In einem solchen Fall ist die zuständige Landesbehörde daran gehindert, ein Abstimmungsergebnis festzustellen, da eine Abstimmung für das betreffende Gerät wegen eines rechtlichen Hindernisses nicht erfolgen kann. Damit handelt es sich bei dem betreffenden Großgerät dann um ein nicht abgestimmtes Gerät.

3. Planumsetzung durch Krankenhausplanung

Alternative zur Umsetzung der Großgeräteplanung durch Abstimmung ist die Planumsetzung im Rahmen der Krankenhausplanung.

a. Normativer Befund

Dieses Umsetzungsverfahren hat in den Bundesländern unterschiedlich Ausprägungen erfahren[461]. Teilweise wird die Krankenhausplanung aufgrund der Landesgesetze selbständig neben der Abstimmung nach § 10 KHG a.F. als Verfahren bereitgehalten[462]. In diesem Fall findet die Abstimmung nach § 10 KHG a.F., wegen der Kompetenz der Länder die Krankenhausplanung zu regeln, nur subsidiäre Anwendung[463]. Bei der Einordnung der Großgeräte in den Krankenhausplan gelten jedoch die Grundsätze, die für die Krankenhausplanung als solche

---

461) Brandecker/Dietz/Bofinger, § 10 KHG, Anm. 8.

462) So in Schleswig-Holstein.

463) Vollmer/Graeve, § 10 KHG, KennZiff. 310.05, Rn. B 57; dazu auch Brandecker/Dietz/Bofinger, § 10 KHG, Anm. 8; Krauskopf/Feuerstein, § 10 KHG, Bl. 6-59.

entwickelt wurden[464]. Demzufolge ist grundsätzlicher Inhalt des Krankenhausplanes eine Großgerätezielplanung, eine Bedarfsanalyse, eine Großgerätebestandsanalyse und eine Großgeräteversorgungsplanung[465].

Diese grundsätzliche Struktur des Krankenhausplanes findet jedoch durch § 122 Abs. 2 S. 2 SGB V a.F. insoweit eine Modifikation, als die zuständigen Krankenhausplanungsbehörden als zuständige Behörden nach dem KHG gemäß § 122 Abs. 2 S. 2 SGB V a.F. an die Ergebnisse des Verfahrens im Großgeräteausschuß gebunden sind. Dementsprechend kann sich die Großgerätezielplanung im Krankenhausplan nur im Rahmen der Zielplanung des vorgegebenen Großgeräteplans halten. Auch ist die im Krankenhausplan anzustellende Bedarfsanalyse auf die Übernahme der Bedarfszahlen des Großgeräteplans zu beschränken. Im Hinblick auf den vom Großgeräteausschuß vorgegebenen Standortraum ist es daher der zuständigen Landesbehörde verwehrt, bei ihrer Bedarfseinschätzung von den Festlegungen des Großgeräteplanes abzuweichen. Bei der im Krankenhausplan zu treffenden Versorgungsentscheidung in bezug auf die stationär betriebenen Großgeräte geht es dabei "nur noch" um eine Auswahl der im Standortraum befindlichen Krankenhäuser als potentielle Großgerätestandorte.

b. Die Auswahlentscheidung

Eine Auswahlentscheidung zwischen zwei verschiedenen Krankenhäusern als Großgerätestandorte ist aber nur in dem Fall erforderlich, daß bereits die Aufnahme von einem zusätzlichen medizinisch-technischen Großgerät den bestehenden Bedarf decken würde[466]. Maßgebend für diese Auswahlentscheidung ist, welcher statio-

---

464) OVG Münster, KRS 85.116, S. 9.

465) Vollmer/Graeve, § 10 KHG, KennZiff. 310.40.

466) Vollmer/Graeve, § 10 KHG, KennZiff. 310.48.

näre Großgerätestandort den Zielen des Krankenhausplanes, die sich für diesen Bereich aus dem Großgeräteplan ergeben, am besten gerecht wird, d.h., welcher Standort die Aufgabe einer bedarfsgerechten, leistungsfähigen und wirtschaftlichen Großgeräteversorgung am besten verwirklicht[467]. Dabei steht der zuständigen Behörde ein Beurteilungsspielraum zu[468]. Ein Anspruch des Krankenhauses auf Ausweisung als Großgerätestandort im Krankenhausplan besteht, wie sich aus § 8 Abs. 2 S. 2 KHG a.F. ergibt, hingegen grundsätzlich nicht[469]. Demnach liegt die Entscheidung, wo ein bestimmtes Großgerät betrieben werden soll, allein bei der zuständigen Planungsbehörde, soweit es sich um Krankenhäuser handelt, die in die Krankenhausplanung aufgenommen sind.

c. Der Feststellungsbescheid

Außenwirkung erlangen die Festschreibungen im Krankenhausplan aber erst mit dem sog. Feststellungsbescheid der zuständigen Landesbehörde. Dabei handelt es sich um einen Verwaltungsakt gegenüber dem jeweiligen Krankenhaus[470], in dem die Anerkennung des Krankenhauses als Standort für ein bestimmtes Großgerät bindend festgeschrieben ist. Die Feststellung der Aufnahme des medizinisch-technischen Großgerätes in den Krankenhausplan ist Voraussetzung dafür, daß dem Krankenhaus grundsätzlich ein Rechtsanspruch auf Förderung der betriebsnotwendigen Investitionskosten für das Gerät zusteht (§ 8 Abs. 1 KHG a.F.)[471]. Ob ein derartiger Förderungsanspruch im Einzelfall besteht, richtet sich dann nach den

467) Vollmer/Graeve, § 10 KHG, KennZiff. 310.48.

468) OVG Münster, KRS 85.116, S. 9.

469) OVG Münster, KRS 85.116, S. 8.

470) Vollmer/Hoffmann, S. 28.

471) Vollmer/Graeve, § 10 KHG, KennZiff. 310.50.

§§ 9 ff. KHG a.F. und den entsprechenden Landesgesetzen[472]. Dieses gilt jedoch nur für in die Krankenhausplanung einbezogenen Krankenhäuser. Soweit aber Krankenhäuser als potentielle Großgerätestandorte betroffen sind, die nicht der Krankenhausplanung unterliegen, kommt allenfalls als Umsetzungsverfahren die Abstimmung nach § 10 KHG a.F. in Betracht[473].

d. Planumsetzung bei Fehlen landesrechtlicher Regelungen

In ähnlicher Weise stellt sich die Rechtslage für solche Bundesländer dar, die noch nicht gemäß § 6 Abs. 3 KHG a.F. das Nähere zur Krankenhausplanung durch Landesrecht bestimmt haben. Für diese gelten dann gemäß § 29 Abs. 1 KHG a.F. die entsprechenden Vorschriften des Zweiten Abschnitts der bis zum 31. Dezember 1984 geltenden Fassung des KHG weiter[474]. Nach § 6 Abs. 2 S. 6 KHG i.d.F. bis 31.12.1984 konnte die Vorhaltung medizinisch-technischer Großgeräte im Krankenhausplan[475] festgelegt werden. Demzufolge gilt für die Umsetzung der Großgeräteplanung dasselbe Verfahren wie in den Ländern, die durch ihre Landes-

---

472) Zu den Einzelheiten: Vollmer/Graeve, § 10 KHG, KennZiff. 310.50; Harsdorf/Friedrichs, § 9 KHG, Tz. 129 - Insbesondere ist hier die Verweisung des Krankenhauses auf seine pauschalen Fördermittel für die Beschaffung medizinisch-technischer Großgeräte (etwa in NRW - §§ 23, 24 KHG NW) problematisch. Derartige Regelungen werden z.T. unter Berufung auf das Prinzip der dualen Finanzierung für rechtswidrig erachtet (so z.B.: Vollmer/Graeve, § 10 KHG, KennZiff. 310.50; ähnlich zur Rechtslage vor 1985 das VG Freiburg, das Krankenhaus 1982, S. 179 f.; Harsdorf/Friedrich, § 9 KHG, Tz. 129 a.E.; a.A.: Pant, § 24 KHG NW, Erl. S. 121, 125 f.).

473) Vgl. die Aufzählung bei Krauskopf/Feuerstein, § 10 KHG, Bl. 6-59.

474) Dieses bezieht sich ausschließlich nur auf solche Vorschriften des Krankenhausfinanzierungsgesetzes in der Geltung bis 31.12.1984, die fehlendes Landesrecht ersetzen sollen (Brandecker/ Dietz/Bofinger, § 29 KHG, Anm. 1). Trotz fehlender Landeskrankenhausgesetze gilt damit nicht etwa § 11a KHG i.d.F. bis zum 31.12.1984, sondern der regelungsidentische § 10 KHG in seiner derzeitigen Fassung.

475) Die Begriffe "Krankenhausbedarfsplan" und "Krankenhausplan" haben keine unterschiedliche rechtliche Bedeutung (Genzel/Hanisch/Zimmer, § 6 KHG, Anm. 3).

gesetze Großgerätekoordination durch Krankenhausplanung unabhängig von dem Abstimmungsverfahren nach § 10 KHG a.F. geregelt haben.

4. Planumsetzung im kombinierten Verfahren

Zum Teil haben einige Länder die Umsetzung der Großgeräteplanung durch die Krankenhausplanung mit einem Abstimmungsverfahren nach § 10 KHG a.F. kombiniert. Aufnahme in den Krankenhausplan finden danach nur solche Geräte, die vorher gemäß § 10 KHG a.F. mit der zuständigen Behörde abgestimmt waren[476]. Zweck der Hereinnahme der Großgeräteabstimmung nach § 10 KHG a.F. in die Krankenhausplanung durch die Landeskrankenhausgesetze ist es, bei den an der ambulanten und stationären Versorgung Beteiligten eine Akzeptanz für einen bestimmten Großgerätebetriebsort im stationären Bereich herzustellen. Allerdings hat sich die Abstimmung nach § 10 KHG a.F. im Vorfeld der Krankenhausplanung in den Grenzen zu vollziehen, die ihr durch den Großgeräteplan des Großgeräteausschusses gesteckt werden. Die Krankenhausplanungsbehörde ist durch § 122 Abs. 2 S. 2 Hs. 2 SGB V a.F. daran gehindert, ein Abstimmungsergebnis in den Krankenhausplan zu übernehmen, das dem Planungsergebnis des Großgeräteausschusses widerspricht. Damit stellt sich die Aufnahme des im stationären Bereich betriebenen Großgerätes in den Krankenhausplan auch als Feststellung des Abstimmungsergebnisses nach § 10 KHG a.F. dar, wobei dieses erst durch den Feststellungsbescheid nach § 8 KHG a.F. Außenwirkung erlangt. Ist die Aufnahme des Großgerätes in den Krankenhausplan aber einmal festgestellt, so erhält der Krankenhausträger gemäß § 8 Abs. 1 S. 1 KHG a.F. einen Rechtsanspruch auf

---

476) Zur Kompetenz der Länder, den Inhalt und das Aufstellungsverfahren für den Krankenhausplan zu regeln: Krauskopf/Feuerstein, § 6 KHG, Bl. 6 - 33.

Förderung der betriebsnotwendigen Investitionskosten für die jeweilige Anlage[477].

5. Resümee

Insgesamt zeigt sich damit, daß mit dem bestehenden Instrumentarium des Krankenhausfinanzierungsgesetzes eine reibungsfreie Umsetzung der Großgeräteplanung im stationären Bereich möglich ist.

D. Die Plangewährleistung

Um die Großgeräteplanung wirksam zu machen, bedurfte es der Einführung von Instrumenten zur Plangewährleistung[478]. Plangemäß wird nur derjenige handeln, dem dafür entsprechende Anreize gegeben werden. Diese Anreize gewährleisten, daß sich Wirklichkeit und Planinhalt einander annähern.
Die Großgeräteplanung durch den Großgeräteausschuß ist weder für die ambulanten noch für die stationären Leistungserbringer mit unmittelbaren Rechtswirkungen versehen. Es bedurfte vielmehr der Einführung eines Instrumentariums, welches die effektive Ausführung des Planinhalts begleitend zur Planumsetzung gewährleistet[479].

---

477) Vollmer/Graeve, § 10 KHG, KennZiff. 310.48.

478) "Wirksame Steuerung setzt nun einmal wirksame Sanktionsmöglichkeiten gegen den voraus, der sich nicht an vereinbarte Spielregeln hält." (Bruckenberger, Niedersächsisches Ärzteblatt 1985, Heft 19, S. 17).

479) Vgl. zur Bedeutung von Sanktionsmöglichkeiten bei planwidrigem Verhalten: Lubecki, DOK 1986, S. 220; Bruckenberger, f & w 1986, S. 15, SG Dortmund, Breithaupt 1989, S. 631.

I. Plangewährleistung im ambulanten Bereich

Für den ambulanten Bereich ordnet § 92 Abs. 6 SGB V a.F. an, daß die Großgeräte-Richtlinien Regelungen enthalten müssen, wonach die Vergütung solcher Leistungen ausgeschlossen ist, die mit nicht in die Standortplanung einbezogenen medizinisch-technischen Großgeräten erbracht werden. Eine dementsprechende Regelung findet sich in Punkt D 4.3. der Großgeräte-Richtlinien vom 16. Oktober 1990. Dementsprechend ist die Vergütung ärztlicher Leistungen in der kassen- und vertragsärztlichen Versorgung, die mit Großgeräten erbracht werden, ausgeschlossen, wenn der Arzt ein Großgerät nutzt, welches nicht nach der maßgeblichen Großgeräteplanung durch Entscheidungen des Großgeräteausschusses und der jeweiligen Landesausschüsse als bedarfsgerechtes Großgerät anerkannt worden ist.

Begleitend dazu regelt Punkt D 4.1 der Großgeräte-Richtlinien vom 16.10.1990 als auch textidentisch § 7 BMV-Ä und § 29 EKV-Ä, daß die Abrechnung ärztlicher Leistungen, die mit medizinisch-technischen Großgeräten erbracht werden, der vorherigen Genehmigung durch die kassenärztliche Vereinigung bedarf, wobei die Erteilung der Genehmigung voraussetzt, daß das betreffende Großgerät in die Großgeräteplanung aufgenommen wurde[480]. Die Erteilung der Genehmigung als Teil der Planumsetzung hat zur Folge, daß dem Kassenarzt gegenüber schon vor Einsetzen der Großgeräte für eine Behandlung deren Abrechnungsfähigkeit festgestellt wird. Ist eine solche Genehmigung nicht erteilt bzw. abgelehnt worden, so greift der Vergütungsausschluß in Punkt 4.3 der Großgeräte-Richtlinien als Sanktion für planwidriges Verhalten ein. Demzufolge sichert der Vergütungsausschluß die plangemäße Umsetzung der durch Großgeräteausschuß und Landesausschuß gefundenen Ergebnisse. Aufgrund dieses Vergütungsausschlusses sind also solche

480) Dazu siehe auch die Ausführungen zur Planumsetzung.

Leistungen nicht vergütungsfähig, die mit Geräten erbracht werden, die nicht im Plan aufgenommen wurden oder bei denen das Verfahren der Planumsetzung noch nicht durchlaufen ist. Folge eines derartigen Vergütungsausschlusses ist, daß ein Arzt, der ein planwidriges Großgerät betreibt, von der Behandlung von Kassenpatienten Abstand nehmen muß, will er nicht die Behandlungskosten, die durch die Großgeräteanwendung entstanden sind, selber tragen. Sofern also der Bedarf an Großgeräten in einem Standortraum gedeckt ist, ist es einem Arzt, der kein Plangerät hat, faktisch unmöglich, ein solches wirtschaftlich zu betreiben. Aufgrund dieser Umstände wurde nach Maßgabe des Art. 12 Abs. 1 GG vielfach der Vergütungsausschluß, auch wie er sich nach den Großgeräte-Richtlinien vom 16.10.1990 darstellt, als verfassungsrechtlich fragwürdig eingestuft[481]. Letztlich wird die Diskussion über dieses Problem erst dann einen Abschluß finden, wenn das Bundesverfassungsgericht abschließend über die Verfassungsmäßigkeit des Vergütungsausschlusses im Hinblick auf Art. 12 Abs. 1 GG entscheidet. Bisher hat sich das Bundesverfassungsgericht lediglich mit einem Randbereich der Großgeräteplanung (Akteneinsichtsrecht von Ärzten bei der Großgeräteplanung) beschäftigt[482]. In dieser Entscheidung lassen sich aber keine Anhaltspunkte für eine verfassungsrechtliche Problematisierung des Vergütungsausschlusses finden.

II. Plangewährleistung im stationären Bereich

Im stationären Bereich wurden ebenfalls normative Vorkehrungen zur Plangewährleistung getroffen. Gemäß § 17 Abs. 3 Nr. 3 KHG a.F. sind die Kosten für den Betrieb von medizinisch-technischen Großgeräten, deren Anschaffung, Nutzung

---

481) Vgl. zur Rechtslage nach Inkrafttreten der Großgeräte-Richtlinien - Ärzte vom 16.10.1990: Preißler, MedR 1991, S. 122 f.; Schneider, NJW 1991, S. 2332 f.; differenzierend: LSG Baden-Württemberg, MedR 1991, S. 272 ff.

482) BVerfG, MedR 1991, S. 81 ff.

oder Mitbenutzung entgegen § 10 KHG a.F. nicht abgestimmt sind, nicht im Pflegesatz zu berücksichtigen. Wie in der ambulanten Versorgung wird auch hier für die Plangewährleistung bei den Betriebskosten angeknüpft[483]. Nur mit einem abgestimmten Großgerät vermag der Leistungserbringer über den Pflegesatz die Betriebskosten eines Großgerätes zu finanzieren.

1. Adressat der Plangewährleistung

Sowohl die Kostenträger als auch die Krankenhäuser sind an diese Regelung gebunden. Wegen des eindeutigen Wortlauts des § 17 Abs. 3 Nr. 3 KHG a.F. ("... sind nicht zu berücksichtigen ...") können also keine abweichenden Vereinbarungen von dieser Regelung getroffen werden. Da Adressaten der Regelung des § 17 Abs. 3 Nr. 3 KHG a.F. sowohl die Krankenhäuser als auch die Kostenträger sind, ist es daher letzteren untersagt, eine dem § 17 Abs. 3 Nr. 3 KHG a.F. zuwiderlaufende Abrechnungspraxis der Krankenhäuser zu dulden[484]. Dieses betrifft auch gerade die Fälle, in denen die Betriebskosten für nicht abgestimmte Großgeräte nicht als solche ausgewiesen werden[485], sondern in anderen pflegesatzwirksamen Positionen vorhanden sind.

---

483) Ob darüberhinaus auf der Grundlage des § 10 KHG a.F. der Betrieb eines nicht abgestimmten Großgerätes sogar untersagt werden kann, ist noch nicht abschließend geklärt (vgl.: VG Arnsberg, KRS 90.031, S. 4; OVG Münster, NJW 1991, S. 2984).

484) Zu derartigen Umsetzungspraktiken: Kirchberger, Arbeit und Sozialpolitik 1988, S. 328; Kirchberger, MMG 14 (1989), S. 91.

485) Dazu: Kirchberger, MMG 14 (1989), S. 91.

2. Voraussetzungen des § 17 Abs. 3 Nr. 3 KHG

Ob die Betriebskosten eines Großgeräts in den Pflegesätzen Berücksichtigung finden, hängt nach der Regelung des § 17 Abs. 3 Nr. 3 KHG a.F. davon ab, inwieweit das betreffende Gerät der nach § 10 KHG a.F. gebotenen Abstimmung entspricht. Anders als in der Regelung des KHG, die bis zum 31.12.1984 Gültigkeit hatte, kommt es nicht darauf an, ob das Gerät trotz entgegenstehender Abstimmung wirtschaftlich betrieben wird[486]. Diese Verschärfung ist so vom Gesetzgeber beabsichtigt worden, um im Bereich der laufenden Betriebs- und Behandlungskosten einen weiteren Kostenschub durch eine unkontrollierte Anschaffung der immer teurer werdenden medizinisch-technischen Großgeräte verstärkt entgegenzuwirken[487]. Dadurch, daß jetzt § 17 Abs. 3 Nr. 3 KHG a.F. allein auf die Abstimmung nach § 10 KHG a.F. abstellt, wird durch die Sanktionsnorm unmittelbar an die Phase der Planumsetzung angeknüpft. Wird also ein Großgerät entgegen den Ergebnissen der Planumsetzung betrieben, so tritt die Sanktionswirkung des § 17 Abs. 3 Nr. 3 KHG a.F. ein, ohne daß es auf weitere Voraussetzungen noch ankommt.

3. Plangewährleistung bei reiner Planlösung

Fraglich ist aber, wie in den Fällen zu verfahren ist, in denen die Landeskrankenhausgesetze eine reine Planlösung ohne Bezugnahme auf die Regelung des § 10 KHG a.F. vorsehen[488]. In diesem Fall ist jedoch die Anschaffung, Nutzung oder

486) Brandecker/Dietz/Bofinger, § 17 KHG, Anm. 3.

487) Gesetzentwurf der Bundesregierung vom 28.8.1984, BR-Ducks. 391/84, S. 26; vgl. auch Vollmer, BKK 1985, S. 215.

488) So in Schleswig-Holstein.

Mitbenutzung eines medizinisch-technischen Großgeräts, das zwar in den Krankenhausplan aufgenommen wurde, eben nicht i. S. d. § 10 KHG a.F. abgestimmt worden. Es handelt sich also um ein Großgerät, das entgegen § 10 KHG a.F. nicht abgestimmt ist, und damit um ein Gerät i. S. d. § 17 Abs. 3 Nr. 3 KHG a.F., obwohl es in den Krankenhausplan aufgenommen wurde.
Damit scheidet eine direkte Anwendung von § 17 Abs. 3 Nr. 3 KHG a.F. in den Ländern aus, die eine reine Planlösung in ihren Landeskrankenhausgesetzen aufgenommen haben.

Geht man aber von der Notwendigkeit einer Sanktionsnorm für den planwidrigen Betrieb von Großgeräten aus, so stellt sich die Frage nach der Rechtsgrundlage für eine derartige Sanktionsnorm.
Nicht zum Ziel führt ein Rückschluß auf § 108 SGB V a.F. Danach dürfen die Krankenkassen Krankenhausbehandlung nur durch zugelassene Krankenhäuser (Hochschulkliniken, Plankrankenhäuser, Krankenhäuser für die ein Versorgungsvertrag besteht) erbringen, wobei die Zulassung sich nur auf einen Teil des Krankenhauses beschränken kann[489]. Selbst wenn aber ein Teil des Krankenhauses, nämlich das stationär betriebene Großgerät, nicht Inhalt des Krankenhausplanes geworden ist, folgt daraus nicht sofort die fehlende Zulassung zur Versorgung von Kassenpatienten. Vielmehr besteht nach der Regelung des § 108 SGB V a.F. immer noch die Möglichkeit, die Zulassung durch Abschluß eines Versorgungsvertrages nach § 108 Nr. 3 SGB V a.F. zu erreichen. Dieses auf Großgeräte angewandt, würde bedeuten, daß die für den Abschluß von Versorgungsverträgen zuständigen Verbände der Krankenkassen und Krankenhausträger (§ 109 SGB V a.F.) es in der Hand hätten, durch Vertragsgestaltung die Großgeräteplanung zu unterlaufen. Über die Frage, wo ein Großgerät im stationären Bereich zu betreiben ist, steht den Partnern der Versorgungsverträge gerade keine Ent-

489) Kass.Kom. - Hess, § 108 SGB V, Rn. 5.

scheidungskompetenz zu, da dieses der Kompetenzzuweisung des KHG (Planlösung oder Abstimmungsverfahren) widersprechen würde.
Demzufolge paßt sich die Regelung des § 108 SGB V a.F. nicht in das Regelungsgefüge der Großgeräteplanung ein. Auch aus einem Rückschluß auf § 108 SGB V a.F. läßt sich damit keine Sanktionsmöglichkeit für planwidriges Verhalten bei der reinen Planlösung folgern, so daß hier eine Regelungslücke besteht.

Während bis zum 31.12.1984 eine Sanktionsmöglichkeit auch gegeben war, wenn ein Großgerät entgegen der Zuordnung im Krankenhausbedarfsplan betrieben wurde, ist dieses mit Wirkung vom 1.1.1985 entfallen. Eine Begründung dafür findet sich in den Gesetzesmaterialien nicht. Folglich kann davon ausgegangen werden, daß es sich hierbei um ein redaktionelles Versehen handelt, zumal Ziel der Neufassung gerade eine Verschärfung der bisherigen Regelung war[490]. Zur Ausfüllung dieser so planwidrig entstandenen Regelungslücke ist der § 17 Abs. 3 Nr. 3 KHG a.F. analog heranzuziehen. Bleibt man bei dem Prinzip, daß die Sanktion für planwidrig betriebene Großgeräte über den Pflegesatz erfolgen soll, so ist interessengerecht, wenn in Bundesländern, die in ihren Landeskrankenhausgesetzen eine reine Planlösung vorgesehen haben, eine den § 17 Abs. 3 Nr. 3 KHG a.F. entsprechende Sanktion Anwendung findet, die dieses ansonsten zu Lasten der Effizienz der Großgeräteplanung und damit zu Lasten der Beitragszahler der gesetzlichen Krankenversicherung ginge.
Demnach ist in diesen Fällen eine analoge Anwendung des § 17 Abs. 3 Nr. 3 KHG a.F. geboten, derzufolge auch die Kosten für den Betrieb solcher medizinisch-technischer Großgeräte im Pflegesatz nicht zu berücksichtigen sind, die weder gemäß § 10 KHG a.F. abgestimmt noch - bei Vorliegen einer reinen Planlösung - in den Krankenhausplan aufgenommen worden sind.

---

490) Vollmer, BKK 1985, S. 216.

III. Zusammenfassung

Insgesamt werden den Großgerätebetreibern sowohl im stationären als auch im ambulanten Bereich bei planwidrig betriebenen Großgeräten die mit diesen Geräten erbrachten Leistungen nicht vergütet. Dadurch wird verhindert, daß aufgrund einer steigenden Geräteanzahl es zu einer überflüssigen Inanspruchnahme der Großgerätemedizin kommt, die zu einer weiteren Kostensteigerung bei der gesetzlichen Krankenversicherung führt. Kann aber der potentielle Großgerätebetreiber nicht die Kosten gegenüber der gesetzlichen Krankenversicherung abrechnen, so wird er auch kein Gerät anschaffen und Inbetrieb nehmen. Betrieben werden deshalb nur diejenigen Großgeräte, die den Vorgaben der Großgeräteplanung entsprechen und deren Leistungen der (potentielle) Gerätebetreiber abrechnen kann. Demnach wird der Gerätebetreiber aufgrund seines wirtschaftlichen Eigeninteresses dazu angehalten, sich plangerecht zu verhalten, insofern liegt in dem Vergütungsausschluß und in § 17 Abs. 3 Nr. 3 KHG a.F. ein Mittel zur Gewährleistung der Großgeräteplanung.

Voraussetzung, daß dieses Regelungssystem so funktioniert, wie es der Gesetzgeber beabsichtigt hat, ist es jedoch, daß diese Sanktionsnormen Wirkung entfalten. Werden dagegen von den Kostenträgern in rechtswidriger Weise Leistungen vergütet, die mit planwidrigen bzw. nicht abgestimmten Großgeräten erbracht werden, so führt dieses zu einer Lähmung der Großgeräteplanung. Die Anwendung von Plangewährleistungsinstrumenten ist daher mitentscheidend dafür, daß eine bedarfsgerechte, leistungsfähige und nicht zuletzt wirtschaftliche Großgeräteversorgung bereitgehalten wird.

Vierter Teil: Der Rechtsschutz im Bereich der Großgeräteplanung

Für den Rechtsschutz im Bereich der Großgeräteplanung ist zu unterscheiden zwischen dem Rechtsschutz gegen den eigentlichen Großgeräteplan und dem Rechtsschutz gegen die Umsetzung des Planes.

A. Der Rechtsschutz gegen den Großgeräteplan

I. Der Rechtsweg

Unabhängig von der Rechtsnatur sind Streitigkeiten aufgrund von Entscheidungen der gemeinsamen Gremien von Ärzten, Zahnärzten, Krankenhäusern oder anderen Leistungserbringern und Krankenkassen sowie des Großgeräteausschusses gemäß § 51 Abs. 2 S. 1 Nr. 2 SGG den Sozialgerichten zugewiesen. Dieses gilt gemäß § 51 Abs. 2 S. 1 SGG auch, wenn durch diese Angelegenheiten Dritte betroffen werden, mit Ausnahme der Streitigkeiten, die in Angelegenheiten nach § 122 SGB V a.F. aufgrund der Zuordnung von medizinisch-technischen Großgeräten zu Hochschulkliniken oder Plankrankenhäusern entstehen (§ 51 Abs. 2 S. 1 letzter Hs. SGG).

Die in § 51 Abs. 2 S. 1 Nr. 2 SGG genannten Streitigkeiten aufgrund von Entscheidungen des Großgeräteausschusses sind dabei ausschließlich solche über den Großgeräteplan[491].

491) Schneider, SGb 1990, S. 95.

Nicht davon erfaßt sind dagegen die im Rahmen der Planumsetzung ergehenden Entscheidungen[492]. § 51 Abs. 2 SGG betrifft nur Streitigkeiten in Angelegenheiten nach dem SGB V. Die Planumsetzung ist aber nicht ohne weiteres eine Angelegenheit des SGB V. Gerade für den Bereich der Umsetzung im stationären Bereich handelt es sich um eine Frage der Krankenhausfinanzierung und Krankenhausplanung. Dementsprechend befinden sich in den jeweiligen Bundes- und Landesgesetzen die Planumsetzungsvorschriften und nicht im SGB V. Damit ist also die Planumsetzung nicht mitumfaßt, wenn von Streitigkeiten aufgrund der Entscheidungen des Großgeräteausschusses die Rede ist[493]. Vielmehr betrifft § 51 Abs. 2 S. 1 Nr. 2 SGG ausschließlich die Streitigkeiten aufgrund der Feststellung des Großgeräteplans im Großgeräteausschuß.

Zum Teil wird in der Regelung des § 51 Abs. 2 Nr. 2 SGG die Gefahr einer parallelen Zuständigkeit von Sozial- und Verwaltungsgerichtsbarkeit gesehen (sog. "Doppelzuständigkeit")[494]. Dabei wird besonders auf § 51 Abs. 2 S. 1 letzter Hs. SGB V a.F. hingewiesen, wonach die Zuständigkeit der Sozialgerichte für solche Streitigkeiten nicht gegeben ist, die in Angelegenheiten nach § 122 SGB V a.F. aufgrund einer Zuordnung von medizinisch-technischen Großgeräten zu Hochschulkliniken oder Plankrankenhäusern entstehen. Ist, so wird argumentiert, die Entscheidung des Großgeräteausschusses über die Zuordnung eines bestimmten Großgerätes in einem bestimmten Standort im Streit, so ist die Zuordnung (bzw. Nichtzuordnung) des Gerätes zu einer Hochschulklinik oder einem Plankrankenhaus durch die Verwaltungsgerichtsbarkeit, die entsprechende Nichtzuordnung (bzw.

492) Schneider, SGb 1990, S. 95.

493) Peters/Sautter/Wolff, § 51 SGG, Rn. 327.

494) Kass.Kom.-Hess, § 122 SGB V, Rn. 11; GK-SGB V - Jung, § 122 SGB V, Rn. 53.

Zuordnung) des gleichen Großgerätes zu einem Vertragskrankenhaus oder einem Kassenarzt durch die Sozialgerichtsbarkeit zu überprüfen[495].

Dabei wird jedoch übersehen, daß durch die Entscheidung des Großgeräteausschusses, d. h. durch den Großgeräteplan, keine Anordnung eines bestimmten Standortes vorgenommen wird[496]. Der Großgeräteausschuß entscheidet gerade nicht, ob ein bestimmtes Großgerät einem Plankrankenhaus, einer Hochschulklinik oder einer Kassenarztpraxis zugeordnet wird. Dieses sind vielmehr Fragen, die für die Planumsetzung Relevanz erlangen. Insofern ist die Einschränkung des § 51 Abs. 2 S. 1 letzter Hs. SGG für den Rechtsschutz gegen den Großgeräteplan überflüssig. Bei Klagen gegen den Großgeräteplan kann sich deshalb auch niemals das Problem von Doppelzuständigkeiten stellen.

Da Klagen gegen den Großgeräteplan durch § 51 Abs. 2 Nr. 2 SGG ausdrücklich der Sozialgerichtsbarkeit zugewiesen sind, werden von dieser Zuweisung auch die Fälle des § 122 Abs. 4 S. 2 SGB V a.F. erfaßt, in denen der Großgeräteausschuß eine einvernehmliche Entscheidung nicht zu treffen vermochte und demzufolge die zuständige Landesbehörde die Entscheidung über den Großgeräteplan trifft. Zwar ist die Landesbehörde nicht ausdrücklich in § 51 Abs. 2 S. 1 Nr. 2 SGG erwähnt, jedoch gebietet es der Sachzusammenhang, diese Zuweisungsnorm auch auf den Fall anzuwenden, daß die Landesbehörde den Großgeräteplan festlegt[497]. Eine Aufteilung des Rechtsweges je nachdem, ob der Großgeräteausschuß über den Großgeräteplan einvernehmlich entschieden hat oder nicht, wäre sinnwidrig und

---

495) GK-SGB V - Jung, § 122 SGB V, Rn. 53.

496) S.o.

497) Schneider, SGb 1990, S. 95; Jahn - Limpinsel, § 122 SGB V, Rn. 8.

würde der Intention des Gesetzgebers, daß derartige Fragen unabhängig von ihrer Rechtsnatur den Sozialgerichten zugewiesen sind, zuwiderlaufen[498].

Damit steht für Klagen gegen den Großgeräteplan unabhängig davon, ob dieser vom Großgeräteausschuß oder von der zuständigen Landesbehörde gemäß § 122 Abs. 4 S. 2 SGB V a.F. festgelegt wurde, ausschließlich der Rechtsweg zu den Sozialgerichten offen.

II. Zuständigkeitsfragen

Für Klagen gegen die Entscheidung des Großgeräteausschusses oder der Landesregierung nach § 122 Abs. 4 S. 2 SGB V a.F. ist das Sozialgericht zuständig, in dessen Bereich die Landesregierung ihren Sitz hat (§ 57 Abs. 4 SGG)[499].

Funktionell zuständig ist die jeweilige Fachkammer i.S.d. § 10 Abs. 1 SGG[500].

---

498) Peters/Sautter/Wolff, § 51 SGG, Rn. 326.

499) Meyer-Ladewig, § 57 SGG, Rn. 11a.

500) Schneider, Medizinisch-technische Großgeräte, S. 144; Schneider, SGb 1990, S. 96.: Es handelt sich bei Klagen gegen den Großgeräteausschuß nicht um Streitigkeiten des Kassenarztrechtes, d. h. um Streitigkeiten aufgrund der Beziehung zwischen Ärzten, Zahnärzten und Krankenkassen. Zu den Angelegenheiten i.S.d. Kassenarztrechtes gehören jedenfalls nicht solche, an denen weitere Leistungserbringer beteiligt sind (Schneider, SGb 1990, S. 96). Da sich die Mitglieder des Ausschusses nicht auf die Vertreter dieser Gruppen beschränken, sondern ebenfalls Vertreter der zuständigen Landesbehörde und der Krankenhäuser im Großgeräteausschuß mitwirken, sind Klagen gegen Entscheidungen des Großgeräteausschusses nicht den Fachkammern für Kassenarztrecht i.S.d. § 10 Abs. 2 SGG zugewiesen (Peters/Sautter/Wolff, § 10 SGG, Rn. 11).

III. Klagearten

Für eine Klage gegen den Großgeräteplan ist hinsichtlich der Klageart entscheidend, welche Rechtsnatur dem Großgeräteplan zuzumessen ist. Unabhängig davon, ob der Großgeräteplan durch den Großgeräteausschuß oder durch die zuständige Landesbehörde festgestellt wurde, handelt es sich bei dieser Entscheidung, insbesondere wegen der fehlenden unmittelbaren Rechtswirkung des Großgeräteplans nach außen, nicht um einen Verwaltungsakt[501]. Insofern hat die Regelung des § 122 Abs. 5 SGB V a.F., wonach gegen die Entscheidungen des Großgeräteausschusses kein Vorverfahren stattfindet, lediglich deklaratorischen Charakter[502]. Zur Überprüfung des Großgeräteplans kommt nur eine Feststellungsklage gemäß § 55 Abs. 1 S. 1 SGG in Betracht, mit der die Feststellung des Bestehens oder Nichtbestehens eines Rechtsverhältnisses begehrt werden kann. Streitiges Rechtsverhältnis ist in diesem Fall etwa die Vereinbarung über den Großgeräteplan, wie sie im Großgeräteausschuß geschlossen wurde.

IV. Die Klagebefugnis

Schwierig zu beantworten ist hingegen bei Klagen gegen den Großgeräteplan die Annahme der Klagebefugnis. Ebenso wie bei der Anfechtungsklage gemäß § 54 Abs. 1 S. 2 SGG muß es auch bei der Feststellungsklage dem Kläger um die Ver-

501) Vgl. dazu die Ausführungen zur Rechtsnatur des Großgeräteplans.

502) Nach der Ansicht von Brandecker/Dietz/Bofinger (§ 10 KHG, Anm. 10) ist § 122 Abs. 5 SGB V a.F. dahingehend auszulegen, daß nicht die Entscheidungen des Großgeräteausschusses gemeint sind, sondern der Gesetzgeber für Klagen gegen die Planumsetzung den Kläger von der Durchführung eines Vorverfahrens befreien wollte.

wirklichung seiner Rechte gehen, etwa wenn von dem festzustellenden Rechtsverhältnis auch eigene Rechte des Klägers abhängen[503].

Dieses läßt sich unproblematisch in den Fällen bejahen, bei denen Kläger Beteiligte des Großgeräteausschusses sind, etwa dann, wenn die zuständige Landesbehörde den Großgeräteplan erläßt oder falls es um die Einhaltung von Beteiligungsrechten geht[504].

Als problematisch wird hingegen der Fall angesehen, wenn sich ein Kassenarzt oder ein zugelassenes Krankenhaus gegen den Großgeräteplan wendet.
Die Annahme einer Klagebefugnis scheitert indes schon daran, daß weder der Kassenarzt noch der einzelne Krankenhausträger durch den Großgeräteplan in seinen Rechten betroffen ist. Eine derart individualistische Rechtsbetroffenheit vermag der Großgeräteplan eben nicht zu erzeugen. Zum einen enthält er nur allgemeine Festsetzungen der Großgeräteversorgung. Die Festschreibung eines Großgerätestandorts auf einen einzelnen Betreiber ist nicht Inhalt des Großgeräteplans. Zum anderen ist der Großgeräteplan umsetzungsbedürftig. Rechtliche Wirkungen entfaltet er daher nur gegenüber den Umsetzungsorganen. Insofern handelt es sich bei dem Großgeräteplan um eine verwaltungsinterne Entscheidung. Derartige verwaltungsintern wirkende Entscheidungen begründen nach außen hin keine rechtlichen Beziehungen[505]. Erst die Entscheidung im Umsetzungsverfahren

---

503) BVerwG, NVwZ 1991, S. 471; BSG, SozR 1500, § 55 SGG, Nr. 22; OVG Münster, NVwZ 1985, S. 523.

504) So auch: Kass.Kom.-Hess, § 122 SGB V, Rn. 11; Jörg, Rn. 563; Siewert, S. 161; GK-SGB V - Jung, § 122 SGB V, Rn. 56.

505) BVerwGE 61, 342, (351); kritisch zum Rechtsschutz bei "mehrstufigen" Entscheidungen: Kopp, DÖV 1980, S. 506 f.

wirkt unmittelbar nach außen in die Rechtssphäre des jeweiligen Krankenhausträgers oder eines anderen Großgerätebetreibers ein[506].

Dem steht auch nicht die Regelung des § 122 Abs. 5 SGB V a.F. entgegen. Zwar spricht der Wegfall eines Vorverfahrens dafür, daß der Gesetzgeber dem Leistungserbringer ein Klagerecht gegen den Großgeräteplan zuerkennen wollte, indes regelt diese Vorschrift ausschließlich Angelegenheiten des Vorverfahrens. Daß trotz fehlender Beschwerde eines Kassenarztes oder Krankenhausträgers eine Klage gegen den Großgeräteplan zulässig sein soll, kann dem Wortlaut dieser Regelung nicht entnommen werden[507].

Vereinzelt wird eine Klagebefugnis von Leistungserbringern angenommen, wenn für den Kläger durch die Planvorgaben eine negative Entscheidung im Umsetzungsverfahren vorweggenommen wird[508]. Diese Situation ist etwa dann gegeben, wenn ein Kassenarzt sich dagegen wendet, daß in einem Standortraum ein bestimmtes Großgerät nicht für den ambulanten Versorgungsbereich vorgesehen ist. Hier kann im Rahmen der Planumsetzung keine andere Entscheidung ergehen, als daß dem Kassenarzt die Genehmigung für ein derartiges Gerät versagt wird. Bei diesen Gegebenheiten wird eine Klagemöglichkeit des einzelnen Leistungserbringers aus präventiven Gründen für sinnvoll erachtet[509]. Gerade die Inanspruchnahme präventiven, also vorbeugenden Rechtsschutzes ist aber abhängig davon, daß

506) So: Schneider, Medizinisch-technische Großgeräte, S. 141 f.

507) Laufs/Uhlenbruck (Genzel), S. 242; Zuck, f & w 1990, S. 136; GK-SGB V - Jung, § 122 SGB V, Rn. 54.

508) Zuck, f & w 1990, S. 137.

509) Vgl. Zuck, f & w 1990, S. 137: Zulässig ist ein solches Vefahren gegen die präjudizierende Entscheidung des Großgeräteausschusses deshalb, da sonst erst ein überflüssiges Umsetzungsverfahren abgewartet werden müßte, und die Betroffenen dadurch Zeit und Geld verlören. Solches würde den Vorstellungen des Gesetzgebers von einem zügigen und umfassenden Rechtsschutz zuwiderlaufen.

dem Kläger ein qualifiziertes Rechtsschutzbedürfnis zusteht, sein Rechtsschutzinteresse also gerade auf die Inanspruchnahme vorbeugenden Rechtsschutzes gerichtet ist[510]. Ein solches Rechtsschutzbedürfnis liegt vor, wenn Rechtsnachteile drohen, die durch spätere Anfechtungs- oder Unterlassungsklagen nicht ausgeräumt werden können, oder ein nicht wiedergutzumachender Schaden droht[511]. Im Fall der Großgeräteplanung kann der potentielle Großgerätebetreiber indes die Planumsetzung abwarten und dann gerichtlich gegen diese vorgehen. Dabei ist es möglich, auch im Rahmen einer Inzident-Kontrolle den Großgeräteplan auf seine Rechtmäßigkeit hin zu überprüfen. Insofern entsteht durch die Verzögerung des Rechtsschutzes dem potentiellen Leistungserbringer kein derart unzumutbarer Schaden, der die Bejahung der Klagebefugnis im Rahmen präventiven Rechtsschutzes richtig erscheinen läßt.

Im Ergebnis läßt sich daher feststellen, daß eine Klage eines Leistungserbringers gegen den Großgeräteplan unzulässig wäre[512].

V. Der Kontrollumfang

Ist eine Klage gegen den Großgeräteplan einmal zulässig, so unterliegen die Gerichte bei der Überprüfung des Großgeräteplans bestimmten inhaltlichen Be-

---

510) BVerwG, NVwZ 1984, S. 168; BVerwG, DÖV 1975, S. 397; Eyermann/Fröhler, § 43 VwGO, Rn. 5; Maunz/ Dürig/Herzog/Scholz, Art. 19 Abs. 4 GG, Rn. 279; Meyer-Ladewig, § 55 SGG, Rn. 8.

511) Meyer-Ladewig, § 55 SGG, Rn. 8.

512) So auch: Jörg, Rn. 563; Siewert, S. 161; GK-SGB V - Jung, § 122 SGB V, Rn. 55.

schränkungen. Diese ergeben sich aus den dem Planungsträger obliegenden Prognoseentscheidungen sowie seinem Gestaltungsauftrag und Planungsermessen[513].

Bei Prognosen im Rahmen von Planentscheidungen sind zwar Rahmenannahmen und Datengrundlage der Prognosen sowie das zur Prognostizierung angewandte Verfahren einer gerichtlichen Überprüfung zugänglich, nicht dagegen das erzielte Prognoseergebnis[514]. Darauf, ob die Prognose durch die spätere Entwicklung widerlegt wird, kommt es indes nicht an. So gesehen führen Fehlprognosen, etwa bei der Bedarfsanalyse, nicht zur Rechtswidrigkeit des Großgeräteplans, wenn nur von richtigen Daten ausgegangen worden ist und man eine wissenschaftlich anerkannte Berechnungsmethode in Anwendung gebracht hat[515].

Die rechtmäßige Ausübung des planerischen Gestaltungsspielraums findet ihre Grenze in dem Gebot der Planrechtfertigung, den Planungsleitsätzen sowie dem Abwägungsgebot[516]. Schwerpunkt richterlicher Plankontrolle ist indes die Nachprüfung des Großgeräteplans auf Abwägungsfehler[517].
Zum einen ist das verwendete Abwägungsmaterial auf seine Vollständigkeit zu überprüfen. Zum anderen hat das Gericht festzustellen, ob überhaupt eine Abwägung stattgefunden hat, in die Abwägung an Belangen eingestellt wurde, was nach Lage der Dinge eingestellt werden mußte, und ob weder die Bedeutung der betroffenen Belange verkannt noch der Ausgleich zwischen ihnen in einer Weise vorgenommen wurde, die zur objektiven Gewichtigkeit einzelner Belange außer

---

513) Dazu für sämtliche Planungen: Ossenbühl, Gutachten, S. B-183 ff.; Maunz/Dürig/Herzog/Scholz, Art. 19 Abs. 4 GG, Rn. 208 jeweils mit weiteren Nachweisen.

514) Maunz/Dürig/Herzog/Scholz, Art. 19 Abs. 4 GG, Rn. 200.

515) Vollmer/Graeve, § 10 KHG, KennZiff. 310.41; für die Krankenhausplanung: BVerwG, Buchholz 451.74, § 8 KHG, Nr. 7, S. 56 f.

516) Erichsen/Martens (Badura), S. 503 f.

517) Dazu: Jörg, Rn. 561.

Verhältnis stand[518]. Insgesamt kann das Gericht also die Einhaltung des Planungsermessens durch den Großgeräteausschuß nur dahingehend überprüfen, ob verbindliche Planungsvorgaben eingehalten wurden und widerstrebende, öffentliche und private Belange hinreichend gewürdigt und gegeneinander abgewogen sind[519].

B. Der Rechtsschutz gegen die Planumsetzung

I. Der Rechtsweg

Die Planumsetzung wird auf der Grundlage des vom Großgeräteausschuß bzw. von der zuständigen Landesbehörde erstellten Großgeräteplans vorgenommen. Dabei entscheidet gegenüber den Krankenhäusern die zuständige Landesbehörde über die Umsetzung, während bei den Kassenärzten im Verhältnis zu diesen die kassenärztliche Vereinigung diese Aufgabe wahrnimmt. Demnach ist für Streitigkeiten hinsichtlich der Planumsetzung im Rahmen des KHG der Rechtsweg zu den Verwaltungsgerichten nach § 40 Abs. 1 VwGO gegeben, während Klagen gegen die Umsetzung im kassenärztlichen Bereich gemäß § 51 Abs. 2 S. 1 Nr. 1 SGG der Sozialgerichtsbarkeit zugewiesen sind.

Nicht dagegen ergibt sich die Rechtswegverteilung bei Planumsetzungsentscheidungen aus § 51 Abs. 2 S. 1 Nr. 2 SGG. Danach sind die Gerichte der Sozialgerichtsbarkeit zuständig für Streitigkeiten in Angelegenheiten nach dem SGB V aufgrund von Entscheidungen des Großgeräteausschusses mit Ausnahme solcher, die aufgrund der Zuordnung medizinisch-technischer Großgeräte zu Hochschul-

---

518) BVerwGE 48, 56, (63 f.); Maunz/Dürig/Herzog/ Scholz, Art. 19 Abs. 4 GG, Rn. 213.

519) SG Dortmund, Breithaupt 1989, S. 635; Vollmer/ Graeve, § 10 KHG, KennZiff. 310.40.

kliniken oder Plankrankenhäusern entstehen. Um Streitigkeiten, auch von Entscheidungen des Großgeräteausschusses, handelt es sich jedoch nur dann, wenn der Kläger sich gegen die Entscheidung des Großgeräteausschusses, nämlich den Großgeräteplan, wendet, nicht aber, wenn der Kläger die Umsetzungsentscheidung mit Rechtsmitteln angreift[520]. Andernfalls käme es zu einer Rechtswegspaltung, wonach bei Umsetzungsentscheidungen im Rahmen des KHG grundsätzlich die Verwaltungsgerichte zuständig wären, jedoch bei Vertragskrankenhäusern die Entscheidung der Sozialgerichtsbarkeit obläge[521].Dieses widerspräche dem Willen des Gesetzgebers, wonach gerade Streitigkeiten im Rahmen des KHG und der Krankenhausplanung den Verwaltungsgerichten überlassen bleiben sollten[522].

Insgesamt sind für die Überprüfung der Umsetzungsentscheidungen im Bereich der kassenärztlichen Versorgung die Sozialgerichte und im Bereich der Krankenhausversorgung die Verwaltungsgerichte zuständig[523].

II. Klagearten

Die Klageart richtet sich nach dem jeweiligen Rechtsschutzbegehren des Klägers. In der Regel wird der Kläger die beklagte Umsetzungsbehörde mit einer Verpflichtungsklage auf Anerkennung eines von ihm betriebenen medizinisch-technischen Großgeräts als plangemäß in Anspruch nehmen. Denkbar ist aber auch, daß ein anerkannter Leistungserbringer von Großgeräteleistungen sich gegen die Anerken-

520) So auch der Ausschuß für Arbeit und Sozialordnung (BT-Drucks. 11/3480, S. 77): Danach betrifft die Regelung des § 51 Abs. 2 S. 1 SGG nur die Klagen gegen den Großgeräteausschuß.

521) Zuck, f & w 1990, S. 138.

522) BT-Drucks. 11/2493, S. 51; BT-Drucks. 11/3480, S. 77.

523) Schneider, SGb 1990, S. 96; Zuck, f & w 1990, S. 138.

nung eines Konkurrenzstandortes wendet. In diesem Fall handelt es sich um eine Anfechtungsklage. Die Zulässigkeit der jeweiligen Klagen richtet sich dann nach den allgemeinen Regeln von VwGO und SGG[524].

III. Die Klagebefugnis

Sowohl für die Erhebung der Verpflichtungsklage als auch für die Erhebung der Anfechtungsklage muß der Kläger die erforderliche Klagebefugnis besitzen (§ 40 Abs. 2 VwGO, § 54 Abs. 1 S. 2 SGG).

1. Allgemeines

Bei einer Verpflichtungsklage setzt das voraus, daß der Kläger behauptet, durch die Ablehnung oder Unterlassung eines Verwaltungsaktes beschwert zu sein[525]. Damit muß der Kläger dartun, daß ihm ein Rechtsanspruch auf Erlaß des beantragten Verwaltungsakts zusteht[526]. Unzulässig ist die Klage in dem Fall, daß unter keinem rechtlichen Gesichtspunkt dem Kläger ein Anspruch auf den Erlaß des beantragten Verwaltungsakts zusteht. Will ein Leistungserbringer die Anerkennung für einen Großgerätestandort erhalten, so ist zu unterscheiden, ob es sich dabei um ein Gerät im ambulanten oder im stationären Bereich handelt.

---

524) § 122 Abs. 5 SGB V a.F. findet indes wegen seines eindeutigen Wortlautes, der sich nur auf Klagen gegen den durch Großgeräteausschuß bzw. Landesbehörde erlassenen Großgeräteplan bezieht, keine Anwendung auf Klagen gegen Planumsetzungsentscheidungen. Mithin bestimmt sich die Erforderlichkeit eines Vorverfahrens ausschließlich nach den allgemeinen Regelungen von VwGO und SGG (so: Zuck, f & w 1990, S. 136, a.A.: Brandecker/ Dietz/Bofinger, § 10 KHG, Anm. 10).

525) Meyer-Ladewig, § 54 SGG, Rn. 20; Schunck/De Clerck, § 42 VwGO, Anm. 3 c.

526) Meyer-Ladewig, § 54 SGG, Rn. 21; Peters/Sautter/Wolff, § 54 SGG, Anm. 5 b.

a. Klagebefugnis im ambulanten Bereich

Den Kassenärzten steht unter den Voraussetzungen des § 95 SGB V a.F. das Recht auf Teilnahme an der kassenärztlichen Versorgung zu. Dieses beinhaltet das Recht, Versicherte auf Krankenschein zu behandeln und dafür an der Honorarverteilung teilzunehmen[527]. Im Bereich der Großgerätemedizin werden jedoch diese Rechte dann eingeschränkt, wenn einer Kassenarztpraxis die Anerkennung als Großgerätestandort versagt wird, da infolge des Vergütungsausschlusses für planwidrige Großgeräte eine Behandlung zu Lasten der Krankenversicherung durch den Kassenarzt nicht erfolgen kann. Insofern sind die betreffenden Kassenärzte klagebefugt, wenn ihnen die Anerkennung als plangerechter Großgerätestandort versagt wird, und sie die Rechtswidrigkeit dieser Versagung geltend machen.

b. Klagebefugnis im stationären Bereich

Die Klagebefugnis der Krankenhäuser beruht darauf, daß sie bei Einhaltung der gesetzlichen Voraussetzungen Anspruch auf Förderung haben (§§ 1, 8 Abs. 1 KHG a.F.)[528] und ihre Erlöse aus den Pflegesätzen erzielen. Wird ihnen die Anerkennung als Großgerätestandort rechtswidrig verweigert mit der Folge, daß dann das

---

527) Kass.Kom. - Hess, § 95 SGB V, Rn. 55; Schneider, Kassenarztrecht, S. 174.

528) Zwar regelt § 8 Abs. 2 S. 1 KHG a.F., daß ein Anspruch auf Feststellung der Aufnahme in den Krankenhausplan nicht besteht, wobei die Aufnahme in den Krankenhausplan die Förderungsfähigkeit begründet. Durch diese Regelung sollte jedoch nicht der Rechtsweg ausgeschlossen werden, sondern die gerichtliche Überprüfung sollte sich auf eine Ermessenüberprüfung beschränken (Zuck, NJW 1984, S. 643; Vollmer/Hoffmann, S. 30 f.; vgl. auch BVerwG, Buchholz 451.74, § 8 KHG, Nr. 11, S. 101 f.; OVG Koblenz, NVwZ 1991, S. 574). Insofern steht die Regelung des § 8 Abs. 2 S. 2 KHG a.F. der Annahme einer Klagebefugnis der Krankenhäuser nicht entgegen, wenn sich diese gegen die Verweigerung der Anerkennung als plangemäße Großgerätestandorte richten.

Großgerät nicht gefördert wird und die Kosten für dessen Betrieb nicht pflegesatz-relevant werden, so werden sie dadurch in ihren o.g. Rechten verletzt.[529]

2. Die Konkurrentenklage

Problematisch ist hingegen der Fall, wenn ein anerkannter Großgerätebetreiber gegen die Anerkennung eines anderen Großgerätestandortes vorgehen will[530]. Nach § 54 Abs. 1 S. 2 SGG ist die Klage gegen einen Verwaltungsakt zulässig, wenn der Kläger behauptet, durch diesen in seinen rechtlich geschützten Interessen verletzt zu sein[531]. Dazu genügt es aber nicht, wenn der Kläger lediglich behauptet, der Verwaltungsakt sei rechtswidrig. Vielmehr ist es erforderlich, daß wirkliche Rechtspositionen bestehen, auf die der Verwaltungsakt in einer dem Kläger nachteiligen Weise überhaupt einwirken kann[532]. Dieses ist auch bei einem Verwaltungsakt möglich, der gegen einen Dritten ergangen ist, wenn der Verwaltungsakt wenigstens mittelbar in rechtlich geschützte Interessen des Klägers eingreift[533]. Der Kläger muß dann allerdings geltend machen können, durch den an den Dritten ergangenen Verwaltungsakt in eigenen Rechten verletzt zu sein[534]. Für die Annahme einer eigenen Rechtsverletzung des Klägers durch den an einen Dritten gerichteten Verwaltungsakt ist erforderlich, daß Rechte des Klägers vom Schutz-

---

529) Dazu vgl.: OVG Münster, KRS 85.116, S. 7; VG Minden, KRS 83.122, S. 4. Zur Klagebefugnis eines leitenden Arztes im Krankenhaus: OVG Münster, NJW 1991, S. 2984; OVG Münster, KRS 91.028, S. 2 ff.

530) Diese Konstellation einer sog. Konkurrentenklage lag der Entscheidung des BSG vom 9.5.1990 (Az.: 6 RKa 27/88), NJW 1991, S. 776, zugrunde.

531) Meyer-Ladewig, § 54 SGG, Rn. 10; BSGE 62, 231, (232) m.w.N.

532) BSG, NJW 1991, S. 2989.

533) BSGE 62, 231, (232); BSGE 35, 224, (225); BSGE 47, 214, (217 f.).

534) BVerfGE 83, 182, (196).

zweck der dem Verwaltungsakt zugrundeliegenden Norm in der Weise erfaßt sind, daß dieser Norm ein Rechtssatz zu entnehmen ist, welcher zumindest auch den Individualinteressen des Klägers zu dienen geeignet ist[535].

Die Anerkennung einer Kassenarztpraxis oder eines Krankenhauses als Großgerätestandort hat als Planumsetzungsentscheidung im Rahmen der Großgeräteplanung den Zweck, die bedarfsgerechte Versorgung der Versicherten mit leistungsfähigen, wirtschaftlich genutzten medizinisch-technischen Großgeräten sicherzustellen. Wird in einem Standortraum ein nicht bedarfsgerechtes Gerät betrieben, so wird dadurch der wirtschaftliche Einsatz aller Geräte im Standortraum beeinträchtigt. Der mit der Großgeräteplanung beabsichtigte Zweck eines wirtschaftlichen Einsatzes der Geräte besteht aber in erster Linie darin, die Versicherungsgemeinschaft vor unnötigen Kosten der Großgerätemedizin zu schützen, die dadurch entstehen, daß bei überzähligen Geräten in einem Standortraum Krankenhäuser und Ärzte nicht notwendige Großgeräteleistungen erbringen, um eine noch wirtschaftliche Auslastungsquote zu erreichen[536]. Die Großgeräteplanung und auch die auf ihr beruhende Umsetzungsentscheidung bezweckt damit notwendigerweise, den wirtschaftlichen Einsatz der Großgeräte durch Krankenhaus und Kassenarzt zu gewährleisten. Insofern ist Schutzzweck der den Anerkennungsbescheiden zugrundeliegenden Normen auch der Schutz von Individualinteressen der Leistungserbringer. Wenn also ein zusätzliches Großgerät die Anerkennung für einen Standortraum erhalten soll, so sind in diesem Standortraum die Individualinteressen der bisher anerkannten Großgerätebetreiber insofern beeinträchtigt, als deren Interesse an einer wirtschaftlichen Auslastung des Geräts beeinträchtigt sein kann. Dies begründet wiederum die Klagebefugnis jener Großgerätebetreiber, die in einem Standortraum

---

535) BSG, NJW 1991, S. 2989; BSGE 27, 297, (307); Meyer-Ladewig, § 54 SGG, Rn. 12.

536) BSG, NJW 1991, S. 777.

schon im Vertrauen auf eine schon bestehende Anerkennung ein Großgerät betreiben[537].

Dem läßt sich nicht entgegenstellen, daß der Schutz der Leistungserbringer vor einem unwirtschaftlichen Großgerätebetrieb lediglich ein "Reflex" des Ziels einer wirtschaftlichen, da kostengünstigen Großgeräteversorgung der Versicherten ist[538]. Um eine bloße Reflexwirkung[539] handelt es sich dann, wenn diese auf Normen beruht, die ausschließlich dem öffentlichen Interesse dienen sollen und nur als Nebenwirkung dem Individualinteresse zugute kommen, ohne daß dies durch die Norm beabsichtigt war[540].

Die Großgeräteplanung einschließlich der Umsetzungsentscheidung zielt gerade darauf ab, dem Individualinteresse der Leistungserbringer auf eine wirtschaftliche Auslastung der Geräte gerecht zu werden, um eine wirtschaftliche Großgeräteversorgung der Versicherten dadurch zu gewährleisten, daß den Leistungserbringern die Veranlassung genommen wird, durch nicht notwendige Großgeräteleistungen eine kostendeckende Auslastungsquote zu erreichen. Dadurch stellt sich der Schutz der Individualinteressen der anerkannten Großgerätebetreiber als Mittel zum Zweck dar, nämlich zur Sicherstellung einer wirtschaftlichen Großgeräteversorgung (§ 122 Abs. 1 SGB V a.F.)[541]. Demzufolge handelte es sich deshalb nicht um einen

---

537) So auch: BSG, NJW 1991, S. 777; kritisch dazu: Schnath, Bedarfsplanung, S. 124 f.

538) So aber: Schnath, SGb 1991, S. 25; Schnath, Bedarfsplanung, S. 123.

539) Dazu vgl.: BSGE 55, 110, (111).

540) Meyer-Ladewig, § 54 SGG, Rn. 14; Eyermann/Fröhler, § 42 VwGO, Rn. 155; Peters/Sautter/Wolff, § 54 SGG, Anm. 2 d.

541) Davon geht auch das BSG (NJW 1991, S. 777) aus:

> "Um als Endzweck die Wirtschaftlichkeit der kassenärztlichen Versorgung gegen die genannten Gefahren zu sichern, ist unmittelbares Ziel der Regelung auch der Schutz der Ärzte mit installierten Geräten."

Rechtsreflex im oben genannten Sinne, da gerade auch durch die Planumsetzung der Schutz von Individualinteressen bezweckt ist, so daß die Bedenken, die gegen eine Klagebefugnis von Leistungserbringern im Rahmen einer Konkurrentenklage sprechen, nicht durchgreifen.

IV. Der Kontrollumfang

Die Überprüfung der Planumsetzungsentscheidung beschränkt sich dabei nicht nur auf den Umsetzungsvorgang als solchen. Vielmehr wird in diesem Rahmen auch inzident eine Überprüfung des Großgeräteplans stattfinden müssen. Dabei wird nicht jeder Fehler im Großgeräteplan zu einer Rechtsverletzung des Klägers führen. Eine Verletzung seiner Rechte kann nur dann vorliegen, wenn der fehlerhafte Inhalt des Großgeräteplans Auswirkungen auf die von dem Kläger angegriffene Umsetzungsentscheidung hat. Insofern beinhaltet eine inzidente Prüfung des Großgeräteplans nicht eine umfassende Plankontrolle, sondern beschränkt sich gemäß dem Rechtsschutzinteresse des Klägers auf die Überprüfung des Plans im Hinblick auf die Einhaltung der für ihn relevanten Planungsvorschriften.

Daraus kann aber nicht gefolgert werden, daß der Arzt deshalb etwaige Konkurrenz bekämpfen darf, um nicht in die Versuchung zu geraten, nicht notwendige Leistungen zu erbringen (so: Schnath, Bedarfsplanung, S. 123). Vielmehr darf er deshalb gegen die Standortgenehmigung eines konkurrierenden Großgerätes vorgehen, da nach dem Sinn und Zweck des § 122 SGB V verhindert werden soll, daß das plangerecht betriebene Großgerät gerade *für den Betreiber* unwirtschaftlich wird, damit so "als Endzweck die Wirtschaftlichkeit der kassenärztlichen Versorgung" gesichert ist.

Fünfter Teil: Neuerungen im Bereich der Großgeräteplanung ab dem 1. Januar 1993

Aufgrund der vielfach geäußerten Kritik an der Rechtslage wie sie sich nach dem Gesundheits-Reformgesetz darstellte[542], entschloß sich der Gesetzgeber des Gesundheitsstrukturgesetzes (GSG)[543], die Vorschriften über die Großgeräteplanung zu ergänzen und für einige Problembereiche neu zu regeln.

Zwar ist es bei dem Auftrag des Großgeräteausschusses geblieben, die bedarfsgerechte Versorgung der Versicherten mit leistungsfähigen, wirtschaftlich genutzten medizinisch-technischen Großgeräten sicherzustellen (§ 122 Abs. 1 SGB V n.F.). Jedoch wurde das Planungsverfahren weitgehend gestrafft und konkretisiert. Gleichzeitig hat der Gesetzgeber auf die verfassungsrechtlichen Bedenken reagiert, wie sie u.a. das Bundessozialgericht gegen die Großgeräteplanung geäußert hat[544].

---

542) Dotter, ZfS 1992, S. 258 ff., Hess, Sozialer Fortschritt 1992, S. 114 f.; von Leszcynski, SGb 1992, S. 328; Lubecki, DOK 1992, S. 203 f.

543) Gesetz zur Sicherung und Strukturverbesserung der gesetzlichen Krankenversicherung (Gesundheitsstrukturgesetz) vom 21. Dezember 1992, BGBl. I S. 2266.

544) BSG, NJW 1991, S. 781 f.; BSG, MedR 1993, S. 32 ff.

A. Rechtsverordnung statt Großgeräte-Richtlinie

I. Allgemeines

Zu den verfassungsrechtlichen Problemfälle der Großgeräteplanung zählten auch immer die Großgeräte-Richtlinien des Bundesausschusses der Ärzte und Krankenkassen[545]. Um den damit zusammenhängenden Problemen aus dem Weg zu gehen, hat sich der Gesetzgeber des Gesundheitsstrukturgesetzes dazu entschlossen, die Großgeräte-Richtlinien wegfallen zu lassen und hat an deren Stelle eine Ermächtigung zum Erlaß einer entsprechenden Rechtsverordnung begründet (§ 122 Abs. 2 SGB V n.F.)[546]. Danach bestimmt der Bundesminister für Gesundheit durch entsprechende Rechtsverordnung mit Zustimmung des Bundesrates den Katalog der abstimmungspflichtigen medizinisch-technischen Großgeräte sowie die Anhaltszahlen für den bedarfsgerechten, leistungsfähigen und wirtschaftlichen Einsatz der Großgeräte. Insofern hat die Rechtsverordnung unter regelmäßiger Überprüfung und Fortschreibung sowohl eine Liste von medizinisch-technischen Großgeräte als auch die für eine bundeseinheitliche Planung notwendigen Anhaltszahlen zu enthalten. Die inhaltlichen Vorgaben für die Rechtsverordnung umschreiben im wesentlichen Planungsgrößen, wie sie schon in den (z.T. rechtswidrigen) Großgeräte-Richtlinien vom 16.10.1990 enthalten waren. Anders als die Großgeräte-Richtlinien gilt aber die Rechtsverordnung des Bundesministers für Gesundheit nach § 122 Abs. 2 SGB V n.F. sowohl für den ambulanten als auch für den stationären Versorgungsbereich des Gesundheitswesens. Da gerade im Bereich der Krankenhausversorgung die Interessen der Länder berührt sind, bedarf die

---

545) Zur verfassungsrechtlichen Problematik ausführlich: Schneider, Medizinisch-technische Großgeräte, S. 102 ff., 155 ff.

546) Schauenburg, BKK 1993, S. 183; Jörg, Rn. 557; Mittlerweile hat der Bundesausschuß der Ärzte und Krankenkassen festgestellt, daß die Großgeräte-Richtlinien-Ärzte nicht mehr fortgelten (Kirsch/ Lubecki, DOK 1993, S. 241).

Rechtsverordnung gemäß § 122 Abs. 2 S. 1 SGB V n.F. der Zustimmung des Bundesrates.

II. Der Großgerätekatalog

Die Einschätzung eines medizinischen Gerätes als abstimmungspflichtiges medizinisch-technisches Großgerät liegt aber nicht im Belieben des Bundesministers für Gesundheit. Vielmehr ist dieser als Verordnungsgeber gemäß Art. 80 Abs. 1 GG an die Ermächtigungsnorm gebunden. § 122 Abs. 2 SGB V n.F. regelt, daß der Bundesminister nur den Katalog der medizinisch-technischen Großgeräte bestimmen kann. Damit ist der Gesetzgeber von einer bestimmten Umschreibung eines medizinisch-technischen Großgerätes ausgegangen[547]. Will der Verordnungsgeber den ihm gesetzten Rahmen seiner Ermächtigung nicht überschreiten, so muß er sich an die dem § 122 Abs. 2 SGB V n.F. zugrundeliegende Begriffsbestimmung halten. Da es sich hierbei aber um einen unbestimmten Rechtsbegriff mit Beurteilungsspielraum handelt[548], hat der Bundesminister für Gesundheit allerdings insoweit einen Entscheidungsrahmen für die Erstellung eines Großgerätekataloges.
Wird durch den Verordnungsgeber dann ein Großgerät im Rahmen der Ermächtigung des § 122 Abs. 2 SGB V n.F. in den Großgerätekatalog aufgenommen, so steht für die Beteiligten an der Großgeräteplanung fest, daß es sich hierbei um ein abstimmungspflichtiges Gerät handelt. Dadurch kann dann vermieden werden, daß

---

547) In der Gesetzesbegründung (BT-Drucks. 12/3608, S. 105) heißt es:

> "Herkömmlicherweise sind Großgeräte solche medizinisch-technischen Geräte, die angesichts außergewöhnlich hoher Investitionskosten bei gleichzeitiger begrenzter Nutzungsmöglichkeit nicht in unbeschränkter Zahl wirtschaftlich betrieben werden können, also zur Wirtschaftlichkeit einen bestimmten Auslastungsgrad benötigen."

Diese Definition stimmt inhaltlich sowohl mit der des Bundessozialgerichts (BSG, MedR 1993, S. 29) als auch mit der dieser Arbeit zugrundeliegenden Begriffsbestimmung überein.

548) S.o.

in verschiedenen Bundesländern unterschiedliche Geräte der Großgeräteplanung unterliegen[549].

III. Die Anhaltszahlen für den Großgeräteeinsatz

Die Bundeseinheitlichkeit der Großgeräteplanung soll ebenfalls dadurch erreicht werden, daß neben dem Großgerätekatalog durch die Rechtsverordnung des Bundesministers für Gesundheit Anhaltszahlen für den bedarfsgerechten, leistungsfähigen und wirtschaftlichen Einsatz der Großgeräte bestimmt werden[550]. Zu diesem Zweck ist der tatsächlich zu versorgende Bedarf in Form von Diagnose- und Therapieleistungen unter Zugrundelegung von Wirtschaftlichkeitskriterien in die Zahl der zur Leistungserbringung benötigten medizinisch-technischen Großgeräte umzusetzen[551]. Derartige planungsrelevante Anhaltszahlen beinhalten etwa die angemessene Relation zwischen einem bestimmten Großgerät und der Einwohnerzahl sowie das angemessene Verhältnis von Großgeräteindikationen und wirtschaftlicher Auslastung des Gerätes[552]. Denkbar ist auch, daß für die Planung bestimmte Indikationen jeweilig einem Großgerätetyp zugeordnet werden.

Aus der Bezeichnung dieser Planungsvorgaben als Anhaltszahlen folgt schon von der Wortbedeutung her, daß es sich hierbei nicht um für den Großgeräteausschuß verbindliche Größen handelt, sondern die Vorgaben der Großgeräte-Richtlinien

549) N.N., DtÄrzteBl. 1993, Ausg. B, S. 289.

550) BT-Drucks. 12/3608, S. 105.

551) So jedenfalls die Begründung des Gesetzgebers: BT-Drucks. 12/3608, S. 105.

552) Vgl. die Gesetzesbegründung (BT-Drucks. 12/3608, S. 105).

insofern lediglich Richtwerte beinhalten, von denen in begründeten Fällen, etwa bei regionalen Besonderheiten, abgewichen werden darf[553].

IV. Die Übergangsregelung für den Großgeräteausschuß

Bis zum Erlaß der Rechtsverordnung haben gemäß § 122 Abs. 2 S. 2 SGB V n.F. die Großgeräteausschüsse die entsprechenden Regelungen zu treffen. Dabei handelt es sich ausschließlich um die Befugnis, Übergangsregelungen zu treffen. Gleichzeitig hat der Großgeräteausschuß aber auch die Verpflichtung, für eine Übergangszeit derartige Regelungen zu treffen. Aus dem Umstand, daß der Gesetzgeber eine besondere Kompetenz zur Schaffung von Übergangsregelungen in § 122 Abs. 2 S. 2 SGB V n.F. vorgesehen hat, ergibt sich weiterhin, daß der Großgeräteausschuß nicht inzident mit jedem einzelnen Planungsvorgang Übergangsregelungen schaffen darf, sondern der Großgeräteausschuß hat vor der Aufnahme seiner Planungstätigkeit in einem besonderen Verfahren diese Übergangsregelungen mit dem in § 122 Abs. 2 S. 1 SGB V n.F. geregelten Inhalt zu schaffen. Da es sich hierbei um Ersatzregelungen für eine entsprechende Rechtsverordnung handelt, unterliegt der Großgeräteausschuß denselben Bindungen und Verpflichtungen wie der Verordnungsgeber. Insbesondere ist der Großgeräteausschuß aus rechtsstaatlichen Gründen gehalten, die Übergangsregelungen in geeigneter Weise zu veröffentlichen.

---

553) Gesetzesbegründung (BT-Drucks. 12/3608, S. 105).

B. Die Planaufstellung nach dem GSG

I. Der Gegenstand der Planung

Gemäß § 122 Abs. 4 S. 1 SGB V n.F. stimmen die Beteiligten im Großgeräteausschuß einvernehmlich den Standort eines Großgerätes und seine Mitbenutzung durch Dritte ab.

1. Der Standort als Planungsgegenstand

Im Gegensatz zur Regelung des § 122 Abs. 2 S. 1 SGB V a.F., wonach Gegenstand der Abstimmung die Abgrenzung, der Bedarf und die Standorte der medizinisch-technischen Großgeräte war, hat nunmehr nach dem Gesetzeswortlaut der Großgeräteausschuß lediglich den Standort eines Großgerätes und eine Mitbenutzung durch Dritte abzustimmen. Dieses stellt aber keine Beschränkung des Planungsumfanges dar, sondern erklärt sich vielmehr aus einem gewandelten Verständnis der Standortplanung.

Während vor 1993 der Begriff "Standort" in § 122 SGB V a.F. nur im Sinne der Bestimmung eines Standortraumes ausgelegt werden konnte[554], hat nunmehr der Gesetzgeber diesen Begriff ausdrücklich auf ein konkretes Großgerät bezogen[555]. Der Großgeräteausschuß entscheidet damit über jeden einzelnen Betriebsort eines derartigen Gerätes[556]. Dadurch nimmt der Großgeräteausschuß jetzt Aufgaben wahr, die bisher dem Landesausschuß der Ärzte und Krankenkassen bzw. der

---

554) S.o.

555) BT-Drucks. 12/3608, S. 105: Nach Ansicht des Gesetzgebers handelt es sich lediglich um eine Klarstellung, wenn sich der Begriff "Standort" auf den jeweiligen Einzelfall und damit auf jedes einzelne Großgerät bezieht.

556) Jörg, Rn. 559a.

zuständigen Landesbehörde vorbehalten waren. Wenn der Großgeräteausschuß nun aber auch Aufgaben wahrnimmt, die den bisher mit der Planumsetzung betrauten Stellen oblagen, so folgt daraus, daß als Vorüberlegung für die Zuweisung eines bestimmten Gerätes zu einem konkreten Großgerätebetriebsort, wie nach der bisherigen Rechtslage, eine Entscheidung über die Abgrenzung, den Bedarf und die Versorgungssituation in dem jeweiligen Standortraum zu treffen ist. Der Großgeräteausschuß muß also, um den konkreten Standort eines Großgerätes festzulegen, zumindest als Vorüberlegung eine Standortplanung durchführen, die vom Planungsumfang dem entspricht, was nach § 122 Abs. 2 SGB V a.F. als Standortplanung durch den Großgeräteausschuß vorgesehen war.
Ähnlich wie bei der Krankenhausplanung hat der Großgeräteausschuß - wie schon vor 1993 - eine Zielplanung, eine Bedarfsanalyse, eine Bestandsanalyse und eine Versorgungsplanung durchzuführen, wobei er die Vorgaben durch die Rechtsverordnung gemäß § 122 Abs. 2 SGB V n.F. zu beachten hat. Der Großgeräteausschuß ist aber durch die Rechtsverordnung des Bundesministers für Gesundheit nicht gehindert, ergänzende Kriterien für die Großgeräteplanung heranzuziehen[557].

Sind in einem Standortraum mehrere Bewerber für einen konkreten Großgerätestandort vorhanden, so muß ein Auswahlverfahren durchgeführt werden[558]. Dieses Verfahren oblag bisher dem Landesausschuß der Ärzte und Krankenkassen bzw. der zuständigen Landesbehörde. Nunmehr hat der Großgeräteausschuß sowohl für den ambulanten als auch für den stationären Bereich diese Auswahl zu treffen. Dabei sind die schon vor 1993 geltenden Auswahlkriterien maßgeblich.

---

557) Vgl. die Gesetzesbegründung (BT-Drucks. 12/3608, S. 105).

558) Jörg, Rn. 559a.

Eine Neuerung haben die Regelungen über die Großgeräteplanung dadurch gefunden, daß Planungsgegenstand nicht nur die Standortbestimmung durch den Großgeräteausschuß ist, sondern gemäß § 122 Abs. 4 S. 1 SGB V n.F. auch eine Mitnutzung eines Großgerätes durch Dritte besonderer Planbestandteil ist[559]. Durch diese Möglichkeit soll erreicht werden, daß mehrere Leistungserbringer, welche für ihre Berufsausübung auf die Nutzung medizinisch-technischen Großgeräte angewiesen sind, diese Geräte auch tatsächlich benutzen können. Damit hat der Gesetzgeber die Folgerung aus dem Urteil des Bundessozialgerichts vom 14.5.1992 gezogen.

Das Bundessozialgericht hat dort einen Verstoß gegen die durch Art. 12 Abs. 1 GG geschützte Berufsausübungsfreiheit angenommen, wenn die Großgeräteplanung zur Folge hat, daß nur wenigen Ärzten ermöglicht wird, die für ihre Tätigkeit erforderliche Großgerätemedizin im Rahmen der gesetzlichen Krankenversicherung zu nutzen. Es sei danach nicht gerechtfertigt, wenn zur Gewährleistung einer bedarfsgerechten und wirtschaftlichen Versorgung der Versicherten mit medizinisch-technischen Großgeräten neben der Geräteanzahl auch die Zahl der zugangsberechtigten Ärzte begrenzt wird[560].
Sind in einem Standortraum also mehrere geeignete Bewerber für einen konkreten Großgerätestandort vorhanden, so hat der Großgeräteausschuß, wenn eine Mitbenutzung des Gerätes tatsächlich in Betracht kommt, einem dieser Bewerber den Großgerätestandort als sog. Kooperationsstandort zuzuweisen. Dieses bedeutet, daß schon im Großgeräteplan festgelegt wird, daß in einem Standortraum ein Großgerät von mehreren Ärzten oder Krankenhäusern benutzt werden darf.

---

559) Dazu ausführlich: Jörg, Rn. 559a.

560) BSG, MedR 1993, S. 34.

In seiner Gesetzesbegründung geht der Gesetzgeber davon aus, daß bei Ausweisung eines Krankenhauses als Großgerätestandort dieses schon rein vorsorglich als Kooperationsstandort ausgewiesen werden muß, um zukünftigen Bewerbern aus dem ambulanten Bereich aus verfassungsrechtlichen Gründen die Mitnutzung dieses Gerätes zu ermöglichen[561]. Eine derartige Verpflichtung läßt sich aber nicht nur auf die Krankenhäuser als Großgerätestandorte beschränken. Vielmehr besteht auch bei Zuweisung eines Großgerätes an eine Arztpraxis die Gefahr, daß in der Zukunft Leistungserbringer von einer wirtschaftlichen Nutzung der für ihre Berufsausübung notwendigen Großgerätemedizin ausgeschlossen werden, so daß sich auch bei Arztpraxen die vorsorgliche Ausweisung als Kooperationsstandort anbietet. Im Hinblick auf die derzeit vorhandene hohe Großgerätedichte in der Bundesrepublik Deutschland, zumindest soweit es die alten Bundesländer betrifft, und bei gleichzeitigem Ansteigen der Zahl der Fachärzte werden die Großgeräteausschüsse vorläufig[562] dazu gezwungen sein, die meisten Standorte als Kooperationsstandorte auszuweisen, um für die Zukunft die für bestimmte Ärztegruppen verfassungsrechtlich gebotene Zugangsmöglichkeit zur Großgerätemedizin zu gewährleisten.

II. Die Abstimmung im Großgeräteausschuß nach dem GSG

1. Allgemeines

Durch die Neuregelung des § 122 Abs. 4 SGB V n.F. sind auch die Vorgaben für die Abstimmung im Großgeräteausschuß erheblich konkretisiert worden. Darüberhinaus hat sich das Planungsverfahren dadurch, daß nunmehr der Großgeräte-

561) BT-Drucks. 12/3608, S. 105.

562) Dieses gilt jedenfalls solange, bis die ebenfalls neu geregelte Bedarfsplanung für die Fachärzte (§§ 99 ff. SGB V n.F.) wirksam wird.

ausschuß auch eine Planentscheidung im Hinblick auf den einzelnen Großgerätestandort trifft, der Systematik der Krankenhausplanung nach dem KHG weiter angenähert.

Insofern besteht der Großgeräteplan nach § 122 SGB V n.F. wiederum aus einer Zielplanung, einer Bedarfsanalyse, einer Bestandsanalyse sowie einer Versorgungsplanung, allerdings mit dem Unterschied, daß der Umfang der Planung jetzt auch den konkreten Großgerätestandort mitumfaßt. Letzteres hat gegenüber der bisherigen Rechtslage in Teilbereichen zu Veränderungen geführt.

2. Die Großgerätebestandsanalyse nach dem GSG

Für die Bestandsanalyse, die eine Beschreibung der vorhandenen Großgerätekapazitäten nach Standort und Leistungsmerkmalen enthält, gilt indes, daß sie auch diejenigen Großgeräte umfassen muß, die bisher nicht durch den Großgeräteausschuß abgestimmt sind, sofern diese unter die Übergangsregelungen des § 85 Abs. 2a S. 2 u. 3 SGB V n.F. fallen. Danach gelten unter den dort genannten Voraussetzungen bestimmte medizinisch-technische Großgeräte von Kassen- oder Vertragsärzten als im Sinne von § 122 SGB V n.F. abgestimmt[563]. Wenn derartige Geräte (vorläu-

---

563) § 85 Abs. 2a S. 2 SGB V n.F.: "Medizinisch-technische Großgeräte, die von Kassen- oder Vertragsärzten vor dem 15. Mai 1992 erworben wurden und mit denen diese bis zum Ablauf des 2. Quartals 1992 Leistungen erbracht haben, gelten bis zum 31. Dezember 1998 als abgestimmt im Sinne des § 122, wenn sie bis zum 31. März 1993 dem Großgeräteausschuß mit Nachweisen über Erwerb und Leistungserbringung gemeldet worden sind."

§ 85 Abs. 2a S. 3 SGB V n.F.: "Ärzte, die bis zum 15. Mai 1992 die Nutzung eines Großgerätes angezeigt oder beantragt haben, ohne Leistungen bis zum Ablauf des 2. Quartals 1992 nachweisen können, erhalten eine vorläufige Genehmigung gemäß Satz 2, wenn ihnen nicht bis zum 30. September 1993 eine Mitnutzungsmöglichkeit nachgewiesen wird und die Mitnutzung nicht bis zum 30. Juni 1994 durchgesetzt werden kann."

fig) als abgestimmt gelten, so sind sie bei der für die Planung erforderlichen Bedarfsbeschreibung mitzuberücksichtigen. Dieses führt zwar dazu, daß die ungenehmigte Anschaffung und Nutzung von medizinisch-technischen Großgeräten unter Geltung des GRG nachträglich legalisiert wird. Jedoch ist die Anerkennung vollendeter Tatsachen aus Gründen des Vertrauensschutzes und zur Erreichung einer effektiven und realitätsbezogenen Planung hinzunehmen[564].

Als zeitliche Grenze für Inanspruchnahme des Vertrauensschutzes hat der Gesetzgeber den 15. Mai 1992 festgesetzt und damit Bezug genommen auf die Entscheidung des Bundessozialgerichts vom 14. Mai 1992[565]. In dieser Entscheidung hat das Bundessozialgericht im wesentlichen die Rechtmäßigkeit der Großgeräteplanung festgestellt und somit den unsicheren Rechtszustand, wie er sich insbesondere nach der Entscheidung des Bundessozialgerichts vom 1. Oktober 1990 darstellte[566], grundsätzlich beseitigt. Nach dem Ergehen dieser Entscheidung konnten die betroffenen Ärzte daher keine Vertrauensschutztatbestände mehr schaffen. Infolgedessen fallen Geräte, die nicht bis zu 15. Mai 1992 angeschafft worden waren oder deren Nutzung bis zu diesem Termin angezeigt oder beantragt worden war, nicht unter die Übergangsbestimmungen des § 85 Abs. 2a S. 2 u. 3 SGB V n.F. Das hat wiederum zur Folge, daß die betreffenden Großgeräte, als planwidrige Geräte, nicht in die Bestandsanalyse aufgenommen werden dürfen, da die Bestandsanalyse lediglich die im Großgeräteplan aufgenommenen Geräte zu erfassen hat[567].

Ausführlich zu diesen Übergangsvorschriften: Steinhilper, MedR 1993, S. 163 ff.

564) Insoweit kritisch: N.N., Krankenhaus-Umschau 1993, S. 336; Bruckenberger, das Krankenhaus 1993, S. 30; Auf den Konflikt von Bestandsschutz und Effektivität der Planung weisen auch v. Stackelburg u.a.,(DOK 1993, S. 61), hin.

565) BSG, MedR 1993, S. 26 ff.

566) BSG, NJW 1991, S. 778 ff.

567) Für die Krankenhausplanung: Vollmer/Hoffmann, S. 25.

3. Die Großgeräteversorgungsplanung nach dem GSG

Weiter hat der Gesetzgeber des GSG für die eigentliche Versorgungsplanung genauere Anforderungen getroffen.

a. Die Planungskriterien

Gemäß § 122 Abs. 4 S. 2 SGB V n.F. sind bei der Planung die in der Rechtsverordnung des Bundesministers der Gesundheit bestimmten Anhaltszahlen sowie insbesondere die medizinischen Leistungserfordernisse, die Bevölkerungsdichte und -struktur, die Zumutbarkeit der Entfernung für die Versicherten, die bereits zur Verfügung stehenden Großgeräte, die Qualifikation für das Betreiben eines Großgerätes und die Förderung einer gemeinsamen Nutzung sowie der sich aus Forschung und Lehre ergebende Gerätebedarf zu berücksichtigen.

Dabei handelt es sich nicht um verbindliche Planungsleitsätze. Für derartige Planungsleitsätze ist vielmehr Voraussetzung, daß diese eine verbindliche, nicht einmal durch das Abwägungsgebot überwindbare Vorgabe für die Planung darstellen[568]. Da aber der Großgeräteausschuß die genannten Vorgaben lediglich zu berücksichtigen hat, kann auch nicht aufgrund der Regelung des § 122 Abs. 4 S. 2 SGB V n.F. von deren Verbindlichkeit ausgegangen werden. Dieses wird für die in der Rechtsverordnung des Bundesministers für Gesundheit enthaltenen Anhaltszahlen durch § 122 Abs. 4 S. 3 SGB V n.F. noch einmal ausdrücklich klargestellt[569].

568) BVerfGE 71, 163, (165).

569) Dagegen ist auch für den Großgeräteausschuß der in der Rechtsverordnung des Bundesministers für Gesundheit enthaltene Großgerätekatalog verbindlich. Zwar kann der Großgeräteausschuß bei regionalen Besonderheiten gemäß § 122 Abs. 4 S. 3 SGB V n.F. von der Rechtsverordnung abweichende Regelung treffen. Regionale Besonderheiten

Vielmehr bilden die in § 122 Abs. 4 S. 2 SGB V n.F. genannten Kriterien Planungsgrundsätze, die ihre rechtliche Bedeutung im wesentlichen im Rahmen des Abwägungsgebots erlangen und somit das Planungsermessen des Großgeräteausschusses begrenzen[570]. Die dort genannten Kriterien umfassen hauptsächlich die zwingend abwägungsrelevanten Belange. Das zur Abwägung benötigte Datenmaterial ergibt sich dabei aus der zuvor durchgeführten Bedarfs- und Bestandsanalyse.

Im Gegensatz zur früheren Rechtslage sind maßgebliche Abwägungskriterien auch solche, die in der Person des potentiellen Großgerätebetreibers begründet sind, z.B. dessen Qualifikation (§ 122 Abs. 4 S. 3 SGB V n.F.). Dieses erklärt sich aus der Tatsache, daß nach dem SGB V n.F. der Großgeräteausschuß die einzelne Standortentscheidung trifft.

b. Kooperation durch Planung

Besondere Bedeutung hat der Gesetzgeber des GSG der Eröffnung von Mitnutzungsmöglichkeiten für medizinisch-technische Großgeräte zugemessen. So kann gemäß § 122 Abs. 4 S. 4 SGB V n.F. der Großgeräteausschuß zur Sicherstellung eines gleichmäßigen Zugangs zur Großgerätenutzung bestimmen, daß die Mitnutzung durch andere Antragsteller im Rahmen der vorhandenen Nutzungsmöglichkeiten zu gestatten ist. Im Hinblick auf die hohe Großgerätedichte zumindest in den alten Bundesländern und dem verfassungsrechtlichen Gebot, Ärzten, die auf die

---

können aber nur ein Abweichen von den Anhaltszahlen der Rechtsverordnung rechtfertigen, nicht dagegen hängt die Einordnung eines Gerätes als medizinisch-technisches Großgerät von regionalen Gegebenheiten ab. Eine Befugnis zur Erweiterung des Großgerätekatalogs durch den Großgeräteausschuß findet sich also entgegen der Gesetzesbegründung (BT-Drucks. 12/3608, S. 105) im Gesetz nicht.

570) BT-Drucks. 12/3608, S. 105.

Großgerätemedizin angewiesen sind, Zugangsmöglichkeiten zu medizinisch-technischen Großgeräten zu verschaffen[571], wird die Versorgungsplanung darauf hinauslaufen, daß der Großgeräteausschuß in den meisten Fällen von seiner Planungsbefugnis nach § 122 Abs. 4 S. 4 SGB V n.F. Gebrauch machen muß[572]. Zur planerischen Ausweisung von Mitbenutzungsstandorten sind die Betreiber medizinisch-technischer Großgeräte verpflichtet, dem Großgeräteausschuß gemäß § 122 Abs. 4 S. 5 SGB V n.F. die erforderlichen Auskünfte zu erteilen. Wenn damit auch diejenigen, die schon ein medizinisch-technisches Großgerät betreiben, zur Prüfung von Kooperationsmöglichkeiten Auskünfte zu erteilen haben, so folgt daraus, daß unter bestimmten Voraussetzungen sogar noch solche Gerätestandorte als Kooperationsstandorte ausgewiesen werden können[573]. Allerdings wird dabei der Vertrauensschutz des Großgerätebetreibers in Abwägung zu den Rechten der Antragsteller zu bringen sein.

4. Die Rechtsnatur des Großgeräteplans

Auch der Großgeräteplan nach § 122 SGB V n.F. hat gegenüber den Ärzten und Krankenhausträgern keine unmittelbaren Rechtswirkungen. Vielmehr regelt § 122 Abs. 5 SGB V n.F., daß der Großgeräteplan[574] gegenüber den Krankenhausträgern durch Bescheid der zuständigen Landesbehörde und gegenüber den Vertrag-

---

571) BSG, MedR 1993, S. 34.

572) Bruckenberger, das Krankenhaus 1993, S. 83.

573) In der Gesetzesbegründung wird auf die Möglichkeit einer solchen nachträglichen Ausweisung als Kooperationsstandort für den Fall einer Ersatzbeschaffung hingewiesen (BT-Drucks. 36/3608, S. 106). Dieses wird auch schon im Urteil des Bundessozialgerichts vom 14. Mai 1992 (BSG, MedR 1993, S. 36 f.) ausgeführt.

574) Dafür macht es keinen Unterschied, ob der Großgeräteausschuß oder die Landesbehörde im Wege des Letztentscheidungsrechts gemäß § 122 Abs. 4 S. 6 SGB V n.F. den Großgeräteplan festgestellt hat.

särzten durch Bescheid des zuständigen Landesausschusses der Ärzte und Krankenkassen umgesetzt wird. Damit ist die Entscheidung des Großgeräteausschusses auch kein Verwaltungsakt. Insofern verbleibt es bei der bisherigen Rechtslage.

C. Die Planfeststellung nach dem GSG

Im Hinblick auf die Planfeststellung hat sich keine Veränderung aufgrund des GSG ergeben.

D. Die Planumsetzung nach dem GSG

I. Allgemeines

Demgegenüber hat sich das Recht der Planumsetzung durch das GSG weitgehend geändert. Gemäß § 122 Abs. 5 SGB V n.F. wird der Großgeräteplan durch Bescheid des zuständigen Landesausschusses der Ärzte und Krankenkassen bzw. durch die zuständige Landesbehörde für den stationären Bereich umgesetzt. Dadurch hat der Gesetzgeber ein weitgehend eigenständiges Planumsetzungsverfahren geschaffen. Auf der Grundlage des § 122 Abs. 5 SGB V n.F. ergeht ein entsprechender Umsetzungsbescheid, also ein Verwaltungsakt, gegenüber dem jeweiligen antragstellenden Arzt bzw. Krankenhausträger. Dieses zieht eine Aufteilung der Umsetzungskompetenzen derzufolge nach sich, daß für den Standort Arztpraxis der Landesausschuß, für den Standort Krankenhaus die zuständige Landesbehörde und bei einer kooperativen Nutzung von Vertragsärzten und Krankenhäusern jeweils

getrennt nach Versorgungsbereichen sowohl Landesbehörde als auch Landesausschuß zuständig sind[575].
Das jeweilige Umsetzungsorgan ist dabei an die Vorgaben des Großgeräteplans gebunden. Einen Entscheidungs- oder Ermessensspielraum steht weder dem Landesausschuß noch der zuständigen Landesbehörde zu.

II. Planumsetzung bei Kooperationsstandorten

Ist ein Standort als Kooperationsstandort ausgewiesen, so muß dem Umsetzungsbescheid eine entsprechende Nebenbestimmung i.S.d. § 32 SGB X beigefügt werden. Hier kommt insbesondere eine Beifügung einer Auflage in Betracht, wonach der jeweilige Großgerätebetreiber verpflichtet ist, einem anderen die Mitbenutzung des Gerätes unter zumutbaren Bedingungen zu gestatten[576].

Die Zulässigkeit zur Beifügung einer Nebenbestimmung ergibt sich unmittelbar aus § 122 Abs. 4 S. 4 SGB V n.F. i.V.m. § 122 Abs. 5 S. 1 SGB V n.F.
Wenn der Großgeräteausschuß den gleichmäßigen Zugang zur Großgerätenutzung sicherzustellen und die Mitnutzung von Großgeräten durch andere Antragsteller zu gestatten, und das jeweilige Umsetzungsorgan diese Mitnutzungsmöglichkeit durch Bescheid umzusetzen hat, so kann eine derartige Umsetzung für denjenigen, der durch die Mitnutzungsmöglichkeit belastet wird, nur im Rahmen einer Nebenbestimmung erfolgen. Insofern stellen die Regelungen des § 122 SGB V n.F. eine Sondervorschrift zu § 32 SGB X dar, so daß es auf das Vorliegen der in § 32 SGB X genannten Voraussetzungen nicht ankommt.

575) Bruckenberger, das Krankenhaus 1993, S. 32.

576) BT-Drucks. 12/3608, S. 106.

III. Planumsetzung im Krankenhausbereich

Weiter führt die Einführung einer Planungskompetenz des Großgeräteausschusses im Hinblick auf eine konkrete Standortbestimmung und die Begründung eines eigenständigen Planumsetzungsverfahrens durch § 122 Abs. 5 SGB V n.F. zu einer gewandelten Bedeutung der Vorschriften über die Krankenhausfinanzierung, da weder die Abstimmung nach § 10 KHG n.F. noch eine Verknüpfung der Großgeräteplanung mit der Krankenhausplanung für die eigentliche Umsetzung des Großgeräteplanes und zur Ausweisung eines konkreten Großgerätestandortes noch erforderlich ist.

Zwar hat der Gesetzgeber des GSG ausdrücklich § 10 KHG in einer geänderten Fassung aufrechterhalten[577]. Weggefallen ist jedoch die Pflicht, das Benehmen mit der Kassenärztlichen Vereinigung und den Landesverbänden der Krankenkassen herzustellen. Dafür wird in § 10 S. 4 KHG n.F. angeordnet, daß im übrigen § 122 SGB V n.F. gelte. Damit regelt § 10 KHG n.F. im wesentlichen nur noch die Abstimmung zwischen Krankenhausträger und Land. Für die Großgeräteplanung nach § 122 SGB V n.F. hat diese Abstimmung als solche daher lediglich die Bedeutung einer Vorstufe für einen Antrag des Krankenhausträgers zur Aufnahme in den Großgeräteplan[578]. Demnach ist nunmehr das Verfahren nach § 10 KHG n.F. Voraussetzung für einen Antrag des Krankenhausträgers nach § 122 SGB V n.F.

Ergibt sich aus dem Antrag des Krankenhausträgers, daß eine Abstimmung nach § 10 KHG n.F. bisher nicht erfolgt ist, so fehlt diesem Antrag eine Rechtmäßigkeitsvoraussetzung, was eine Nichtberücksichtigung dieses Antrages durch den

577) Art. 11 Ziff. 5 des Gesetzes zur Sicherung und Strukturverbesserung der gesetzlichen Krankenversicherung (Gesundheitsstrukturgesetz) vom 21. Dezember 1992, BGBl. I S. 2266, (2309).

578) So auch die Gesetzesbegründung: BT-Drucks. 12/3608, S. 104.

Großgeräteausschuß nach sich zieht. Mit Ausnahme der Pflicht, das Benehmen mit der Kassenärztlichen Vereinigung und den Landesverbänden der Krankenkassen herzustellen, hat sich an den Voraussetzungen für eine Abstimmung nach § 10 KHG n.F. nichts geändert. Die Durchführung der Abstimmung nach § 10 KHG n.F. ist lediglich nicht mehr Teil der Planumsetzung sondern Antragsvoraussetzung.

Davon zu unterscheiden ist aber die Feststellung des Abstimmungsergebnisses des § 10 KHG n.F. Die Feststellung des Abstimmungsergebnisses durch Verwaltungsakt kann sinnvollerweise nur einheitlich zusammen mit der Planumsetzung nach § 122 Abs. 5 SGB V n.F. erfolgen. Da der Gesetzgeber des GSG zwar den § 10 KHG, nicht aber die Sanktionsvorschrift des § 17 Abs. 3 Nr. 3 KHG geändert hat, muß davon ausgegangen werden, daß durch § 17 Abs. 3 Nr. 3 KHG auch Verstöße gegen die Großgeräteplanung nach § 122 SGB V n.F. sanktioniert werden sollen. Wenn nun aber § 17 Abs. 3 Nr. 3 KHG lediglich an die Tatsache anknüpft, daß eine Abstimmung, d.h. ein entsprechendes Abstimmungsergebnis, nicht vorliegt, folgt daraus wiederum, daß zur Feststellung des entsprechenden Abstimmungsergebnisses nach § 10 KHG n.F. eine dementsprechende Umsetzungsentscheidung nach § 122 Abs. 5 SGB V n.F. vorliegt. Mit anderen Worten kann das Verhältnis von § 10 KHG n.F. und § 122 SGB V n.F. in der Weise beschrieben werden, daß vor der Durchführung der Großgeräteplanung nach § 122 SGB V n.F. die Abstimmung nach § 10 KHG n.F. erforderlich ist, jedoch die Feststellung(!) des Abstimmungsergebnisses nach § 10 KHG n.F. die Durchführung der Großgeräteplanung nach § 122 SGB V n.F. voraussetzt.

Damit ist die Großgeräteplanung nach dem SGB V n.F. als eine Art "Zwischenverfahren" in die Regelung des § 10 KHG n.F eingefügt worden. Die Feststellung des Abstimmungsergebnisses nach § 10 KHG n.F. bildet infolgedessen gleichzeitig die Planumsetzungsentscheidung nach § 122 Abs. 5 SGB V n.F., sofern der Großgeräteausschuß über den entsprechenden Standort entschieden hat.

Soweit einige Bundesländer die Aufnahme von medizinisch-technischen Großgeräten in die Krankenhauspläne vorsehen, ist dieses Verfahren nicht mehr Teil der eigentlichen Planumsetzung. Vielmehr beinhaltet die Aufnahme eines Großgerätes in den Krankenhausplan die Vollziehung der nach § 122 Abs. 5 SGB V n.F. zu treffenden Planumsetzungentscheidung. Voraussetzung für die Aufnahme eines Großgerätes in den Krankenhausplan ist indes das Vorliegen eines für den konkreten Großgerätestandort erteilten positiven Umsetzungsbescheids der zuständigen Landesbehörde.

E. Die Plangewährleistung nach dem GSG

I. Plangewährleistung im ambulanten Bereich

Die Plangewährleistung erfolgt im ambulanten Bereich gemäß § 85 Abs. 2a S. 1 SGB V n.F. durch den Ausschluß der Vergütung ärztlicher Leistungen, die mit nicht nach § 122 SGB V n.F. abgestimmten medizinisch-technischen Großgeräten erbracht werden. Ob ein Gerät abgestimmt ist, beurteilt sich grundsätzlich danach, ob der Landesausschuß der Ärzte und Krankenkassen einen entsprechenden Umsetzungsbescheid erlassen hat und so den Großgerätestandort als plangerecht anerkannt hat[579]. Diese Regelung entspricht inhaltlich dem bisher in den Großgeräte-Richtlinien des Bundesausschusses der Ärzte und Krankenkassen geregelten Vergütungsausschluß[580]. Die Einführung eines gesetzlichen Vergütungsausschlusses in § 85 Abs. 2a S. 1 SGB V n.F. ist schließlich die Reaktion des Gesetzgebers

579) Für besondere Fälle hat der Gesetzgeber in § 85 Abs. 2a S. 2 u. 3 SGB V n.F. Übergangsregelungen geschaffen (dazu s.o.); zu den Einzelheiten vgl. Steinhilper, MedR 1993, S. 163 ff.

580) Vgl.: Großgeräte-Richtlinien - Ärzte vom 16.10.1990, Pkt. D 4.3.

auf eine Entscheidung des Bundessozialgerichts[581], in der verfassungsrechtliche Bedenken an der Aufnahme eines Vergütungsausschlusses in die Großgeräte-Richtlinien geäußert wurden[582].

II. Plangewährleistung im stationären Bereich

Für den stationären Bereich bleibt es bei der Sanktionsvorschrift des § 17 Abs. 3 Nr. 3 KHG, wonach die Kosten für den Betrieb von medizinisch-technischen Großgeräten, deren Anschaffung, Nutzung oder Mitbenutzung entgegen § 10 KHG n.F. nicht abgestimmt sind, nicht im Pflegesatz zu berücksichtigen sind. Für die Auslösung der Sanktionswirkung ist auch hier entscheidend, daß das Großgerät entgegen dem Abstimmungsergebnis betrieben wird. Da das Abstimmungsergebnis nach § 10 KHG n.F. bei einer Entscheidung des Großgeräteausschusses auch immer die Planumsetzungsentscheidung nach § 122 Abs. 5 SGB V n.F. umfaßt, führt dies für planwidrig betriebene Großgeräte im stationären Bereich dazu, daß die Betriebskosten nicht im Pflegesatz berücksichtigt werden.

III. Plangewährleistung bei Kooperationsstandorten

Wird von einem Großgerätebetreiber indes gegen eine dem Planumsetzungsbescheid beigefügten Auflage verstoßen, wonach eine Mitnutzung des medizinisch-technischen Großgerätes auch anderen Ärzten oder Krankenhäusern zu gestatten ist, so besteht für das entsprechende Planumsetzungsorgan die Möglichkeit, den Planumsetzungsbescheid zu widerrufen (§ 47 Abs. 1 Nr. 2 SGB X, § 49 Abs. 2 Nr. 2

---

581) BSG, NJW 1991, S. 782 f.

582) Wigge, SGb 1993, S. 163.

VwVfG-NW[583]). Dieses setzt aber voraus, daß dem Großgerätebetreiber nachzuweisen ist, daß die Unmöglichkeit einer Mitnutzung seines Großgerätes gerade auf seinem Verhalten beruht.

Wie allerdings zu verfahren ist, wenn sich die Kooperationspartner nicht über die Bedingungen (z.B. die zeitliche Einteilung der kooperativen Nutzung[584]) einigen können, unter denen eine Mitnutzung des Gerätes erfolgen soll, ist dagegen bisher weitgehend ungeklärt[585]. Eine Lösung dieses Problems könnte einmal darin bestehen, in die Auflage, die den Großgerätebetreiber verpflichtet, eine Mitnutzung zuzulassen, gleichzeitig die Bedingungen der Mitnutzung zu regeln. Stattdessen könnte die Auflage auch vorsehen, daß sich die Kooperationspartner eine bestimmte Mitnutzungsordnung zu geben haben, die etwa einer vorgegebenen Musterkooperationsvereinbarung[586] entspricht. In einem solchen Fall wäre die Durchsetzung der Mitnutzungsmöglichkeit den Kooperationspartnern überlassen.

Wird jedoch der Planumsetzungsbescheid vom Landesausschuß der Ärzte und Krankenkassen oder der zuständigen Landesbehörde widerrufen, so hat vorher der Großgeräteausschuß darüber zu entscheiden, ob die Voraussetzungen für einen Widerruf vorhanden sind und ob von dieser Möglichkeit Gebrauch zu machen ist. Dieses folgt aus der durch das GSG eingeführten umfassenden Planungskompetenz des Großgeräteausschusses gemäß § 122 Abs. 4 SGB V n.F.

---

583) Für Großgerätestandorte in nordrhein-westfälischen Krankenhäusern.

584) Vgl.: Wimmer, NJW 1993, S. 769.

585) N.N., Krankenhaus-Umschau 1993, S. 337.

586) Vgl. dazu mit Beispielen: Büchner, f & w 1991, S. 279 ff.; Grundmann/ Lorig, das Krankenhaus 1991, S. 403 ff.; Trautmann, das Krankenhaus 1991, S. 80 ff.

F. Der Rechtsschutz nach dem GSG

Hinsichtlich der gerichtlichen Überprüfung der Großgeräteplanung und der jeweiligen Planumsetzungsentscheidungen verbleibt es im wesentlichen bei der bisherigen Rechtslage.

Der Großgeräteplan als solcher kann, wie bisher, mangels Klagebefugnis nicht durch den einzelnen Arzt oder den einzelnen Krankenhausträger angefochten werden. Dagegen ist die Umsetzungsentscheidung i.S.d. § 122 Abs. 5 S. 1 SGB V n.F. aufgrund einer Klage von Ärzten oder Krankenhausträgern einer gerichtlichen Überprüfung zugänglich[587]. Gemäß § 122 Abs. 5 S. 2 SGB V n.F. findet bei einer solchen Klage ein Vorverfahren nicht statt. Im Rahmen der gerichtlichen Überprüfung des jeweiligen Umsetzungsbescheids erfolgt dabei auch eine Inzident-Kontrolle des Großgeräteplans[588].

587) Die Ausweisung von Kooperationsstandorten, etwa die Mitnutzung eines Großgerätes in einem Krankenhaus durch niedergelassene Ärzte, führt im Falle einer gerichtlichen Überprüfung der entsprechenden Umsetzungsbescheide zu einer Rechtswegspaltung, da teilweise die Sozial- und teilweise die Verwaltungsgerichte über die Rechtmäßigkeit der Bescheide zu befinden haben (vgl.: Bruckenberger, das Krankenhaus 1993, S. 32 f.).

588) BT-Drucks. 12/3608, S. 106.

Zusammenfassung

Die Großgeräteplanung für das Gesundheitssystem der Bundesrepublik Deutschland erfolgt auch nach Inkrafttreten des GSG im Rahmen eines gestuften Plansystems. Betroffen von der Großgeräteplanung sind dabei sowohl Standorte in Krankenhäusern als auch solche in Kassenarztpraxen. Damit versucht die Großgeräteplanung in einem Teilbereich die Koordination von zwei Versorgungsbereichen mit unterschiedlichen Strukturen. Da bei den Krankenhäusern der staatliche Einfluß aufgrund der Krankenhausplanung und der Finanzierung im Vergleich zum kassenärztlichen Bereich höher ist, ist die bisherige Entwicklung der geplanten Großgeräteversorgung durch Umsetzungsschwierigkeiten gekennzeichnet.

Diese Probleme ließen sich auch nicht durch die Einführung des § 122 SGB V a.F. im Rahmen der Gesundheitsreform 1989 lösen, obwohl hierdurch erstmals ein einheitliches Planungssystem geschaffen wurde. Trotz eines geregelten mehrstufigen Planungsverfahrens traten insbesondere Unsicherheiten der Planungsumsetzung im kassenärztlichen Bereich auf, da diesem Versorgungsbereich eine durchsetzungsfähige Angebotslenkung fremd war.

Das mehrstufige Planungssystem, welches zum überwiegenden Teil Parallelen zu den Regelungen der Krankenhausplanung aufweist, ging bis zum Inkrafttreten des GSG von einem überregionalen Großgeräteplan aus, der für einzelne Standorträume die Verteilung von medizinisch-technischen Großgeräten nach Versorgungsbereichen beinhaltete. Dabei enthielt der Plan keine Aussagen darüber, ob eine bestimmte Kassenarztpraxis oder ein bestimmtes Krankenhaus als Großgerätestandort anerkannt wird oder nicht. Dieses oblag vielmehr getrennt nach ambulanten und stationären Versorgungsbereichen den Entscheidungsträgern, die für die Umsetzung der Planung zuständig waren (Landesausschüsse der Ärzte und Krankenkassen, kassenärztliche Vereinigungen, zuständige Landesbehörden nach dem KHG). Die Planumsetzung erfolgte nach teilweise sehr unterschiedlichen Verfahren. Während bei den Kassenärzten noch die Landesausschüsse der Ärzte und Krankenkassen die dem einzelnen Arzt gegenüber ergehende Entscheidung der kassenärztlichen Vereinigung vorbereiten mußten, wurden für die Krankenhäuser vom Gesetzgeber teilweise zwei verschiedene Umsetzungsverfahren vorgehalten. Zum einen konnte die Umsetzung der Großgeräteplanung je nach landesrechtlicher Gestaltung durch das Mittel der Krankenhausplanung erfolgen, zum anderen kam als Umsetzungsverfahren auch die Abstimmung nach § 10 KHG a.F. in Betracht.

Durch die Einführung des GSG ist das Verfahren der Großgeräteplanung erheblich konkretisiert und in seinen Abläufen vereinfacht worden. Eine der wichtigsten Änderungen, die sich durch die Einführung des GSG ergeben hat, besteht darin, daß nunmehr der Großgeräteausschuß nicht nur Standorträume zu beplanen hat, sondern ihm auch die Entscheidung im Hinblick auf den konkreten Betriebsort eines Großgerätes obliegt. Dabei hat der Großgeräteausschuß, was nunmehr der Gesetzgeber besonders betont hat, u.a. die gemeinsame Nutzung medizinisch-technischer Großgeräte durch mehrere Krankenhäuser und Ärzte zu fördern.

Um aber zu gewährleisten, daß den Planungsentscheidungen von den Leistungserbringern Folge geleistet wird, hat der Gesetzgeber des GRG und des GSG rechtliche Vorkehrungen getroffen. So erhalten die Leistungserbringer, die planwidrig medizinisch-technische Großgeräte betreiben, die mit diesen Geräten erbrachten Leistungen nicht vergütet. Zudem werden bei den Krankenhäusern die Investitionskosten für diese Geräte im Fall der planwidrigen Anschaffung nicht übernommen. Damit soll erreicht werden, daß der Steuerungseffekt des Großgeräteplans gewährleistet bleibt.

Lange Zeit problematisch waren die Regelungsbefugnisse des Bundesausschusses der Ärzte und Krankenkassen für den Bereich der Großgeräteplanung. Dieses Gremium der gemeinsamen Selbstverwaltung hatte gemäß § 92 SGB V a.F. die sog. Großgeräte-Richtlinien zu erlassen. Die Richtlinien hatten indes ausschließlich Auswirkungen auf den ambulanten Versorgungsbereich, wobei die Richtlinien nach der Systematik der Großgeräteplanung lediglich die verfahrensmäßige Absicherung der Großgeräteplanung enthalten durften, sich aber einer Regelung von materiellen Planungsaussagen weitgehend enthalten mußten. Insofern war es auch rechtswidrig, wenn der Richtliniengeber durch Aussetzung der Großgeräte-Richtlinien versuchte, Einfluß auf den Inhalt der Großgeräteplanung zu gewinnen.
Durch das GSG hat der Gesetzgeber das Instrument der Großgeräte-Richtlinien abgeschafft. Stattdessen sieht nunmehr das SGB V eine Verordnungsermächtigung für den Bundesminister für Gesundheit vor, sowohl den Katalog der abstimmungspflichtigen Großgeräte als auch die Anhaltszahlen für die Großgeräteplanung zu regeln. Eine derartige Regelungskompetenz bedeutet aber gleichzeitig, daß der Einfluß des Bundes auf das Selbstverwaltungsinstrument "Großgeräteausschuß" größer geworden ist.

Eine gerichtliche Überprüfung der Großgeräteplanung ist auf zwei Wegen möglich. Zum einen kann eine unmittelbare Überprüfung des Großgeräteplans erfolgen. Dafür ist indes Voraussetzung, daß sich die am Planungsverfahren Beteiligten gegen den Großgeräteplan wenden. Zum anderen kann auch ein einzelner Leistungserbringer eine gerichtliche Überprüfung des Planinhalts im Wege einer Inzident-Kontrolle erlangen, wenn er eine für ihn nachteilige Entscheidung im Planumsetzungsverfahren angreift.
Insgesamt gelten jedoch für den Rechtsschutz gegen die Großgeräteplanung keine Besonderheiten, so daß es für die Zulässigkeit auf die Einhaltung der allgemeinen Regeln ankommt.

Unabhängig von der Lösung rechtlicher Probleme ist entscheidend für die Verwirklichung der mit der Großgeräteplanung angestrebten Ziele, die Bereitschaft aller an der Großgeräteplanung Beteiligten, eine effektive Steuerung von medizinisch-technischen Großgeräten durchsetzen zu wollen. Nur in diesem Fall funktioniert das Kooperationsmodell "Großgeräteplanung" als Beispiel gemeinsamer Selbstverwaltung von Krankenkassen, kassenärztlichen Vereinigungen, Krankenhäusern und Landesbehörden.

Anhang

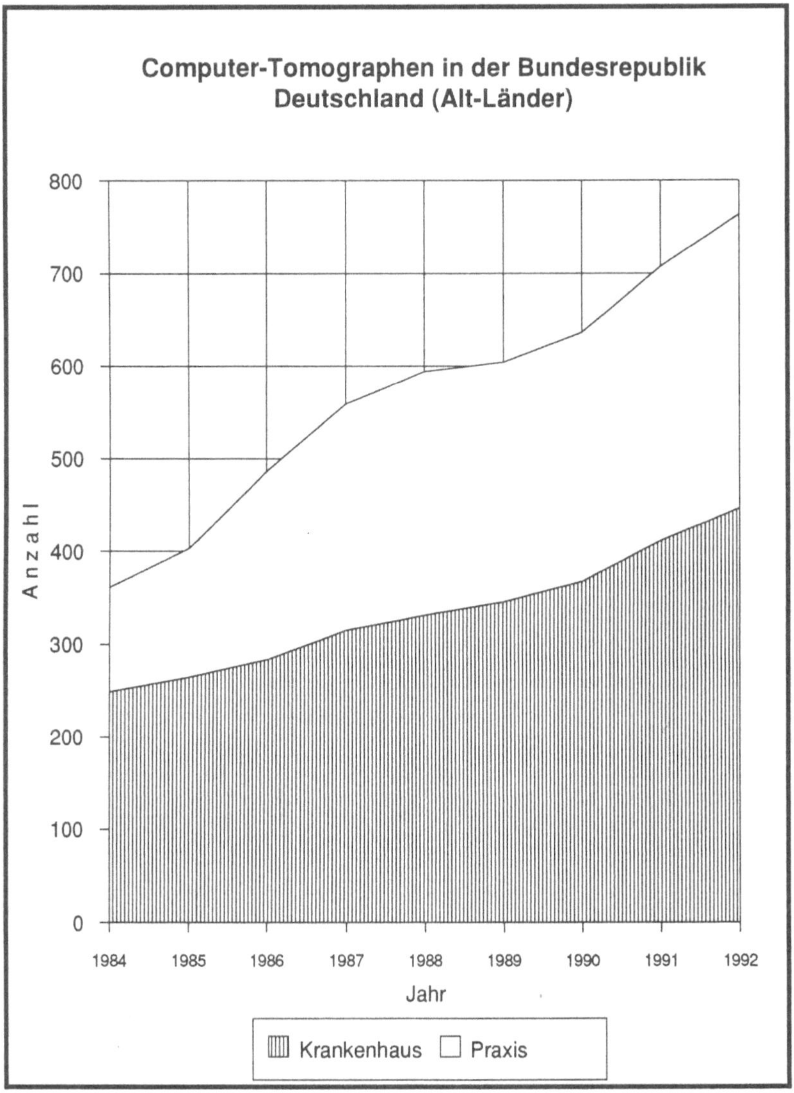
Computer-Tomographen in der Bundesrepublik
Deutschland (Alt-Länder)
800
700
600
500
400
300
200
100
0
Anzahl
1984
1985
1986
1987
1988
1989
1990
1991
1992
Jahr
Krankenhaus
Praxis

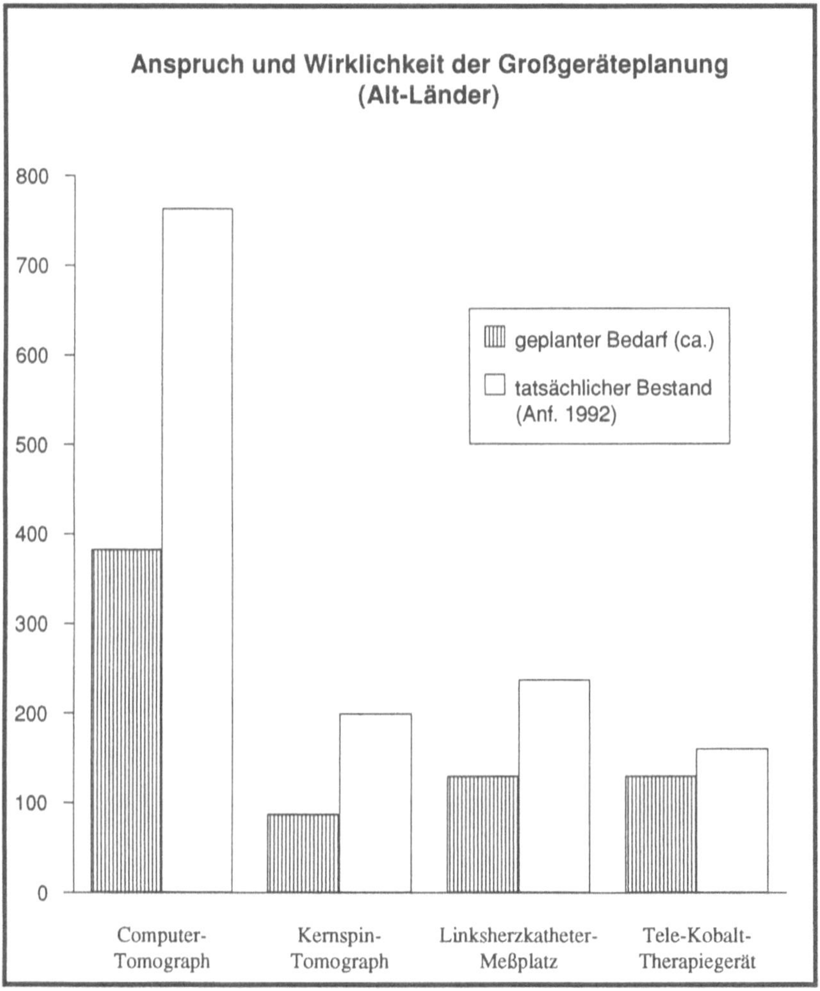
Anspruch und Wirklichkeit der Großgeräteplanung
(Alt-Länder)
800
700
600
500
400
300
200
100
0
geplanter Bedarf (ca.)
tatsächlicher Bestand
(Anf. 1992)
Computer-
Tomograph
Kernspin-
Tomograph
Linksherzkatheter-
Meßplatz
Tele-Kobalt-
Therapiegerät

FSC
www.fsc.org
MIX
Papier | Fördert
gute Waldnutzung
FSC® C083411

Kolibri 360 GmbH
Ferdinand-Jühlke-Straße 7
99095 Erfurt, Deutschland
produktsicherheit@kolibri360.de